Barbara Sher

Du musst dich nicht entscheiden, wenn du tausend Träume hast

Aus dem Englischen von
Bettina Lemke

Deutscher Taschenbuch Verlag

Von Barbara Sher
sind im Deutschen Taschenbuch Verlag erschienen:

Ich könnte alles tun, wenn ich nur wüsste, was ich will (24448)
Lebe das Leben, von dem du träumst (24585)

FSC
Mix
Produktgruppe aus vorbildlich
bewirtschafteten Wäldern und
anderen kontrollierten Herkünften

Zert.-Nr.GFA-COC-1278
www.fsc.org
© 1996 Forest Stewardship Council

Der Inhalt dieses Buches wurde auf einem nach den
Richtlinien des Forest Stewardship Council zertifizierten
Papier der Papierfabrik Munkedal gedruckt.

Deutsche Erstausgabe
Februar 2008
© Deutscher Taschenbuch Verlag GmbH & Co. KG,
München
www.dtv.de
Amerikanische Originalausgabe:
© 2006 Barbara Sher
unter dem Titel ›What do I do when I want to do everything?‹
erschienen bei Rodale Inc., Emmaus, PA, USA 2006
Deutschsprachige Ausgabe:
© 2008 Deutscher Taschenbuch Verlag GmbH & Co. KG, München
Umschlagkonzept: Balk & Brumshagen
Umschlaggestaltung: ARTPOOL, München
Umschlagbild: Martina Kerl, ARTPOOL, München
Satz: Greiner & Reichel, Köln
Gesetzt aus der Goudy Old Style 10,5/13˙ und der Officina
Druck und Bindung: Ebner & Spiegel, Ulm
Gedruckt auf säurefreiem, chlorfrei gebleichtem Papier
Printed in Germany · ISBN 978-3-423-24654-5

Für meinen Enkel Leo
Entdecker, Liebender, Lernender, Lehrer, Spaßmacher

»Ich wünschte, jemand würde mich einfach schütteln und mir ganz genau sagen, was ich mit meinem Leben anfangen soll. Ich bin es leid, mich für etwas zu begeistern und dann von einem wohlmeinenden Freund an all die Dinge erinnert zu werden, die ich ausprobiert habe und aus denen nichts geworden ist. Werde ich meine Fähigkeiten jemals nutzen? Werde ich auf dieser Welt jemals meine Spuren hinterlassen?«

Charlotte, eine Scannerin

»Durch die ganze Welt geht ein langer Schrei aus dem Herzen des Künstlers:
Gebt mir nur die Chance, mein Allerbestes zu tun!«

Isak Dinesen alias Karen Blixen

Inhalt

Sind Sie ein Scanner?   11

Teil eins
Was ist ein Scanner und sind Sie einer?   13

Kapitel 1
Alles über Scanner   15

Kapitel 2
Was stimmt mit mir nicht?   38

Kapitel 3
Scanner-Panik   57

Kapitel 4
Die Furcht vor Verbindlichkeit   71

Kapitel 5
Ich habe keine Zeit für meine
Lieblingsbeschäftigungen   84

Kapitel 6
Wenn ich nicht alles tun kann, mache ich
überhaupt nichts   94

Kapitel 7
Ich schaffe es nicht, mit etwas anzufangen 105

Kapitel 8
Ich bringe nie etwas zu Ende 117

Teil zwei
Welcher Scanner-Typ sind Sie? 137

Kapitel 9
Zyklische Scanner 143

Kapitel 10
Sind Sie ein Doppelagent? 145

Kapitel 11
Sind Sie ein Sibyllinischer Scanner? 166

Kapitel 12
Sind Sie ein Tellerjongleur? 187

Kapitel 13
Sequenz-Scanner 203

Kapitel 14
Sind Sie ein Serienspezialist? 205

Kapitel 15
Sind Sie ein Serienmeister? 220

Kapitel 16
Sind Sie ein Universalist? 231

Kapitel 17
Sind Sie ein Wanderer? 243

Kapitel 18
Sind Sie ein Ausprobierer? 257

Kapitel 19
Sind Sie ein Turbo-Wechsler? 269

Epilog
Ihr Meisterstück 279

Sind Sie ein Scanner?

»Ich mache wahnsinnig gerne viele verschiedene Dinge, aber ich kann mich auf keins konzentrieren oder länger dranbleiben!«

»Ich verliere die Lust an Dingen, auch wenn ich anfangs dachte, sie würden mich bis an mein Lebensende interessieren.«

»Etwas Neues zu lernen, macht mir Spaß – aber sobald ich weiß, wie es geht, langweilt es mich.«

»Ich finde es schrecklich, etwas zweimal zu machen.«

»Ich weiß, dass ich mich für eine Sache entscheiden sollte – aber für welche nur?«

»Ich ändere ständig meine Meinung darüber, was ich eigentlich machen möchte.«

»Ich mache schlecht bezahlte Jobs, weil ich mich auf nichts festlegen will.«

»Sein ganzes Leben lang auf nur einen Beruf festgenagelt zu sein, finde ich öde – was ist mit all den anderen Jobs, die mir auch noch gefallen könnten?«

»Nur wenn ich viele Dinge gleichzeitig tue, bin ich voll konzentriert.«

»Ich beschäftige mich nie lange mit etwas, weil ich Angst habe, etwas Besseres zu verpassen.«

»Ich werde nie ein Experte für irgendetwas sein – und ich bin mir auch nicht sicher, dass ich es gerne wäre. Aber wie kann ich Erfolg haben, ohne mich zu spezialisieren?«

Wenn Sie einen dieser Sätze schon einmal zu sich selbst gesagt haben, sind Sie wahrscheinlich ein Scanner – also jemand, der auf ganz besondere Weise denkt. Im Gegensatz zu Menschen, die mit einem einzigen Interessengebiet zufrieden sind, sind Sie genetisch so strukturiert, dass Sie sich für viele Dinge interessieren, *und genau das versuchen Sie zu leben.* Da Ihr Verhalten auf die Menschen in Ihrer Umgebung ungewöhnlich – und sogar beunruhigend – wirkt, erklärt man Ihnen immer wieder, dass Sie etwas verkehrt machen und sich ändern müssen. Doch das ist grundfalsch, eine Fehldiagnose. Sie sind nicht dafür geschaffen, sich auf ein Interesse festzulegen, und das müssen Sie auch nicht! Sie sind nämlich ein völlig anderes Geschöpf.

Was Sie als Unvermögen betrachten und mit reiner Willenskraft überwinden wollen, ist in Wirklichkeit eine außergewöhnliche Begabung. Sie sind ein Multitalent, ausgestattet mit einem bemerkenswerten Geist, das in einer Welt zurechtzukommen versucht, die weder Ihre Persönlichkeit noch Ihr Verhalten versteht.

Doch solange Sie nicht wissen, wer Sie sind, werden Sie den anderen zustimmen. Das wäre nicht nur ungerechtfertigt und falsch, es könnte Sie auch davon abhalten, Ihre Begabung zu fördern und Ihren persönlichen Beitrag in dieser Welt zu leisten. Es steht also sehr viel für Sie auf dem Spiel.

Sobald Sie sich als Scanner verstehen, verändert sich Ihr Blick auf sich selbst. Sie werden erkennen, dass Sie sofort damit aufhören sollten, der Norm entsprechen zu wollen, und stattdessen herausfinden, wer Sie wirklich sind. Für Ihren Start in die produktive Zukunft, für die Sie geschaffen wurden, benötigen Sie eine Art Gebrauchsanweisung. Die habe ich in diesem Buch für Sie aufgeschrieben.

Ich heiße Sie willkommen zu einem neuen Blick auf sich selbst … und beglückwünsche Sie! Eins steht fest: Sie sind weder ein Dilettant noch ein oberflächlicher Mensch. Sie sind einer Fehleinschätzung aufgesessen und daher vollkommen unschuldig. Ab sofort sind Sie frei von jeglicher Verurteilung und frei, das Leben zu führen, das Sie sich schon immer gewünscht haben.

Atmen Sie jetzt tief durch – und dann fangen wir noch einmal von vorne an.

Teil eins

Was ist ein Scanner und sind Sie einer?

Kapitel 1

Alles über Scanner

Elaine hat ein paar Stunden für sich, was nicht oft vorkommt, und sie hat sich entschlossen, etwas zu tun, das ihr wirklich Spaß macht. Was das genau ist, steht noch nicht fest, aber es wird nicht schwer sein, etwas zu finden, weil sie so viele Dinge gerne tut.

Sie steht vor einem großen Tisch in ihrer Werkstatt und betrachtet zwei angefangene Projekte, die sie bisher nie zu Ende gebracht hat. Links neben ihr stehen zwei Körbe mit buntem Garn, daneben liegen eine Tube Klebstoff und eine Mappe mit Tonpapier. Allein beim Anblick dieser Dinge bekommt sie feuchte Hände. Sie bastelt für ihr Leben gern und hat einer Freundin schon vor Monaten ein Album versprochen. Sie vermeidet es, ihren Blick zu den Regalen hinter dem Tisch schweifen zu lassen, wo ein Klumpen Ton in einer Plastiktüte verstaut ist, daneben einige Holzwerkzeuge. Wenn sie mehr Zeit hat, fertigt sie das Tongefäß an, das sie bereits im Kopf hat. Diese großartige Idee kam ihr, als sie vor einer Weile ein paar Bildbände über Antiquitäten durchsah. Aber am liebsten würde sie gleich damit anfangen.

Sie zwingt sich, wieder auf den Tisch zu schauen. Direkt vor ihr liegen – noch in der Einkaufstüte – vier Bücher über die Geschichte Polens, die sie schon vor Monaten gekauft hat. Außerdem enthält die Tüte ein Päckchen Tonkassetten und ein Gerät, mit dem sie Telefongespräche aufzeichnen kann. Sie möchte gerne Interviews mit den älteren Mitgliedern ihrer Familie führen, die alle aus Polen eingewandert sind. Doch seit sie die Bücher in der Buchhandlung entdeckt hat, hatte sie noch keine Minute Zeit hineinzusehen. Sie liegen auf dem Tisch wie ein verlockendes Dessert, das sie sich aufhebt, um es zu genießen, sobald die Hausarbeit erledigt ist. Aber einige Verwandte werden alt – sie sollte sie wirklich bald anrufen. Elaine überlegt, ob sie sofort zum Hörer greifen sollte, um ein paar Telefontermine mit ihren Familienangehörigen zu vereinbaren und auszuprobieren, wie das Aufnahmegerät funktioniert. Sie vermisst ihre Tante Jessie.

Doch rechts von ihr steht, an den Tisch gelehnt, eine hohe, schlanke Schachtel, in der sich originalverpackt das E-Piano befindet, das sie sich vor drei Monaten zum Geburtstag gekauft hat. Sie könnte es in zwanzig Minuten aufbauen, wenn es nur ein freies Fleckchen im Haus dafür gäbe. Elaine weiß, dass das Klavier einen festen Platz braucht, denn wenn sie es jedes Mal wieder wegpacken muss, wird sie nie darauf spielen. Aber wer hat schon die Zeit, eine einzige Stelle freizuräumen, wenn eigentlich das ganze Haus ausgemistet werden müsste?

Wenn sie fünf Personen auf einmal wäre und nicht nur eine, dann könnte sie das alles machen. Sofort. Noch heute. Sehnsüchtig blickt sie auf die schwarzen und weißen Tasten, die auf der Pianoverpackung abgebildet sind, und kann fast die Töne hören. Ihre Stimme scheint sich mit Musik zu füllen, und ihre Finger erinnern sich daran, wie sich die Tasten anfühlen. Könnte sie die Verpackung nicht einfach hier in der Werkstatt öffnen und vor dem Abendessen noch ein bisschen spielen?

Nein! Elaine hat ihrer achtjährigen Tochter ein Kostüm für eine Party versprochen, die in ein paar Wochen stattfindet. Deshalb sollte sie als Erstes damit anfangen und alles andere auf einen anderen Tag verschieben.

Aber plötzlich kommt ihr wieder die tolle Idee in den Sinn, die sie heute auf dem Nachhauseweg im Auto hatte – eine Idee, wie sie sich etwas dazuverdienen könnte, die garantiert funktionieren würde und für die sie nur sehr wenig investieren müsste. Und sofort steigt in Elaine das vertraute Gefühl auf, dass sie sofort aktiv werden muss, weil die Idee – wie alle ihre anderen guten Ideen – sonst weg ist.

Alles, was sie sieht oder worüber sie nachdenkt, findet sie prickelnd und fesselt ihre Aufmerksamkeit. Sie will alles machen. Aber dann steckt sie völlig fest und macht am Ende nichts von alledem. Sie könnte ebensogut putzen oder einkaufen gehen. Sie seufzt und geht nach draußen an die frische Luft. Wollte sie heute nicht joggen gehen? Ihr Hund trottet hinter ihr her und fragt sich, was sie bedrückt. Genau das fragt Elaine sich auch.

Elaine hat keine Aufmerksamkeitsstörung. Das hat sie schon vor Jahren medizinisch abklären lassen. Und sie weiß auch, dass sie sich nicht von unwichtigen Dingen ablenken lässt, wenn sie einmal an einem Projekt arbeitet.

Was also hindert sie daran? Warum ist sie so unentschlossen? Warum ist sie überhaupt so vielseitig interessiert? Warum fängt sie voller Begeisterung etwas an, doch dann geht ihr der Dampf aus, und sie hinterlässt lauter unabgeschlossene Projekte? Sie nimmt ihren Freunden und ihrer Familie nicht übel, dass sie wissend lächeln, wenn sie sich wieder in etwas Neues stürzt. Das lässt sie an sich abprallen – aber es nervt sie, dass sie fast nie zu einem Ergebnis kommt.

Aber wofür soll man sich bei so vielen Interessen denn entscheiden? Was ist das Richtige? Was das Wichtigste? Und dann fällt ihr noch etwas ein: Wollte sie nicht eigentlich ihre Spanischkenntnisse auffrischen, um nächstes Jahr vielleicht Teilzeit als Spanischlehrerin zu arbeiten und dadurch ihre Finanzen aufzubessern?

Elaine schüttelt den Kopf und verspürt fast schon eine Abneigung gegen die neue Idee und auch ein leises Gefühl der Verzweiflung. Immer wieder gerät etwas Neues und Interessantes in ihr Blickfeld, und selbst wenn sie das alles ignoriert und sich fest für ein Vorhaben entscheidet, sind die neuen Gedanken so mächtig, dass sie dann doch ins Grübeln kommt.

Die meisten Menschen, die sie kennt, wissen genau, was sie mit ihrem Leben anfangen wollen. Warum pickt sie sich nicht einfach etwas heraus und zieht es durch? Sie ist doch gescheit. Und hat man ihr nicht gesagt, dass sie alles schaffen kann? Warum legt sie nicht einfach los?

▪ Kommt Ihnen das bekannt vor?

Erinnert Elaine Sie an sich selbst? Fragen Sie sich auch, warum Sie in solch einem Dilemma stecken? Wissen Sie auch nicht, was Sie antreibt und warum Sie so anders sind als die Menschen, die sich schon früh für eine Sache entschieden und einen einzigen Weg verfolgt haben? Warum können *Sie* nicht Ihre Träume in Angriff nehmen – und dann auch dranbleiben? Wie wollen Sie Ihren neugierigen Geist jemals in eine Richtung lenken, wenn Sie es nicht schaffen, einer Sache auch mal den Rücken zu kehren? Wie ticken Sie?

Ob Sie's glauben oder nicht, es gibt sehr gute Antworten auf diese Fragen. Wenn Sie – wie so viele Scanner, denen ich begegnet bin – denken, dass die Lage hoffnungslos ist, habe ich ein paar nette Überraschungen für Sie. Hier die erste und wichtigste: *Wenn Scanner nicht meinen würden, sich auf einen Bereich beschränken zu müssen, wären 90 Prozent ihrer Probleme gelöst!*

▪ Was genau ist ein Scanner?

Scanner lieben es, zu lesen und zu schreiben, zu reparieren und Dinge zu erfinden, Projekte und Geschäftsideen zu entwickeln, zu kochen, zu singen und perfekte Dinnerpartys zu geben. (Sie werden bemerken, dass ich nicht das Wort »oder« verwende, denn Scanner mögen nicht das eine *oder* das andere, sondern alles.) Ein Scanner lernt vielleicht voller Begeisterung Bridge oder Boccia, aber sobald er es einigermaßen beherrscht, verliert er möglicherweise die Lust daran. Eine Scannerin zeigte mir stolz ihren Anstecker mit der Aufschrift: »Habe ich schon gemacht«.

Für Scanner ist die Welt wie ein riesiger Süßigkeitenladen voller Verlockungen. Und am liebsten würden sie mit beiden Händen zugreifen und sich die Taschen vollstopfen.

Das klingt eigentlich wunderbar, nicht wahr? Das Problem ist nur, dass Scanner im Süßwarenladen *verhungern*. Sie denken, dass sie nur von einer Süßigkeit naschen dürfen. Dabei wollen sie von allen naschen. Wenn sie sich zu einer Entscheidung durchringen, sind sie ewig unzufrieden. Doch in der Regel treffen Scanner gar keine Entscheidung. Und es geht ihnen nicht gut dabei.

Als Kindern ging es den meisten Scannern großartig. In der Schule hatte niemand etwas gegen ihre vielseitigen Interessen einzuwenden, schließlich ist in jeder Schulstunde ein anderes Fach dran. Aber spätestens in den höheren Klassen oder kurz danach wird erwartet, dass man sich entscheidet, und hier wird es für den Scanner problematisch. Während andere sich ohne Schwierigkeiten auf ein Fach festlegen können, ist ein Scanner dazu einfach nicht in der Lage.

Doch Volkes Stimme verkündet eine niederschmetternde und scheinbar unstrittige Botschaft: Als Hans-Dampf-in-allen-Gassen wirst du es nirgendwo zur Meisterschaft bringen. Du bleibst immer ein Dilettant, ein Amateur, ein oberflächlicher Mensch – und beruflich wirst du es gewiss nicht allzu weit bringen. Und so verwandelt sich ein Scanner, während seiner ganzen Schulzeit ein lernbegieriger Schüler, schlagartig in einen Versager.

Doch ein Gedanke geht mir nicht aus dem Kopf: Würde die Welt Scanner einfach weiterhin so akzeptieren, wie sie sind, dann hätten Scanner *keinerlei Probleme*. Sie müssten sich lediglich ein paar Managementtechniken aneignen und quer zur vorherrschenden Meinung zu sich selbst stehen. Sobald ein Scanner erkennt, wer er ist, und nicht länger versucht, ein an-

derer zu sein, verschwinden in aller Regel die Gefühle der Un-
zulänglichkeit, Scham, Frustration sowie seine Unentschlos-
senheit und Handlungsunfähigkeit.

Offensichtlich sind Scanner ein ungewöhnlicher Menschen-
schlag. Meist fällt ihnen das aber gar nicht auf, da sie nicht oft
Menschen treffen, die so sind wie sie.

Woran erkennen Sie, ob Sie ein Scanner sind?

Um diese Frage zu beantworten, sollten wir zunächst klären,
wer kein Scanner ist.

■ Wer ist kein Scanner?

Klar, Spezialisten sind keine Scanner. Wenn Sie in einem
Bereich völlig aufgehen und sich dort fühlen wie ein Fisch im
Wasser, nenne ich Sie einen »Taucher«. Zu dieser Kategorie
zählen eindeutig Profimusiker, Wissenschaftler, Mathematiker,
Profischachspieler, Sportler, Geschäftsinhaber und Bankiers.
Diese Menschen können sich bei einem Hobby zwar entspannen, aber ihre wahre Leidenschaft gilt eigentlich ausschließlich
ihrem Arbeitsgebiet. Taucher wundern sich sogar häufig darüber, dass es anderen Menschen nicht so geht wie ihnen.

Im Gegensatz dazu sind Scanner immer begierig zu erfahren, was es da draußen in der Welt noch so alles gibt, und
stecken ihre Nase gerne in alles Mögliche. Ein Taucher verschwendet kaum einen Gedanken daran, was er alles verpassen
könnte – ein Scanner dagegen verbringt viel Zeit damit, den
Horizont abzustecken und über seinen nächsten Schritt nachzudenken.

▪ Viele Menschen wirken wie Scanner, sind aber keine

Menschen, die ständig von einer Idee zur nächsten springen, tun dies aus sehr verschiedenen Gründen. Für manche ist das einfach ein Weg, zu einer Entscheidung zu finden. Und wenn sie dann die richtige Wahl getroffen haben, fällt es ihnen leicht, alles aufzugeben, mit dem sie zuvor geliebäugelt haben.

Andere haben – wie ich bemerkt habe – überraschende Gründe für ihre geistige Bewegungsfreude. Hier zwei Aussagen dazu.

»Ich habe Jahre damit verbracht, mich selbst und alle in meiner Umgebung zu frustrieren, indem ich ständig von einer Sache zur nächsten gesprungen bin. Allmählich habe ich erkannt, dass ich tief in meinem Inneren eigentlich wusste, was ich von Anfang an wollte. Aber ich hatte einfach zu viel Angst, mich darauf festzulegen. Meine unablässige Suche nach Alternativen war nichts anderes als eine ausgeklügelte Vermeidungstaktik.«

»Ich habe immer vermieden, das zu tun, was ich wirklich tun wollte, weil ich Angst davor hatte, mittelmäßig zu sein oder vollkommen zu versagen. Daher ließ ich mir, bevor meine Leistungen beurteilt werden konnten, ständig etwas Neues einfallen.«

Depressive Menschen halten sich fälschlicherweise häufig für Scanner. Depressionen können ein fahriges Bewusstsein hervorrufen, sodass die Betroffenen sich nicht lange auf etwas konzentrieren können. Und so mancher Depressive glaubt, seine Unfähigkeit, sich einer Sache intensiv zu widmen, sei der Grund für seine Depression. Aber das Gegenteil ist meistens der Fall: Er kann sich keiner Sache intensiv widmen, weil er depressiv ist. Eines der Hauptsymptome einer Depression ist das beständige Gefühl der Unlust.

Und dann ist da noch das Aufmerksamkeitsdefizitsyndrom (ADS). Bevor sie wissen, wer sie sind, denken viele Scanner, eine Aufmerksamkeitsstörung sei ihr Problem – einfach weil jeder davon ausgeht, dass es eine Form von Ablenkbarkeit ist, sich für ganz viele Dinge zu interessieren. Viele Scanner haben tatsächlich auch ADS – und sind trotzdem echte Scanner. Ich bin auch Menschen mit ADS begegnet, die keine Scanner waren. Sobald einem klar wird, dass ein Scanner kein Problem mit seiner Konzentrationsfähigkeit hat, besteht meist keine Verwechslungsgefahr mehr.

Ich bin eine Scannerin, und bei mir wurde ADS diagnostiziert. Und ich kann Ihnen sagen, dass es einen deutlichen Unterschied gibt zwischen dem Gefühl festzuhängen, weil ich eine ADS-Attacke habe – dann ist mein Geist vernebelt, und es fällt mir schwer, dem zu folgen, was ich tue –, und dem Gefühl festzuhängen, weil ich das typische Scannerproblem habe und meine Aufmerksamkeit von so vielen Dingen angezogen wird, dass ich mich für keines entscheiden kann.

Selbstverständlich gibt es viele Menschen, die auf ihrem Arbeitsgebiet zu Hause sind und darüber hinaus das eine oder andere zusätzliche Interesse pflegen, wie beispielsweise der Rechtsanwalt, der gerne kocht und Reisen macht, oder der Werbefachmann, der Antiquitäten sammelt. Aber es gibt einen merklichen Unterschied zwischen einem Berufsaufsteiger mit einer überschaubaren Anzahl von Interessen und Hobbys und einem Scanner.

■ Wer ist ein Scanner?

Eine unbändige Neugier auf eine Vielzahl von Themen, die in keinerlei Zusammenhang miteinander stehen, ist eins der grundlegenden Merkmale eines Scanners. Scanner sind unendlich wissbegierig. Häufig beschreiben sie sich selbst als »hoffnungslos neugierig« auf alles und jedes (auch wenn das so nicht ganz stimmt, wie wir später noch sehen werden). Dennoch wollen sich Scanner auf keins der Gebiete, in das sie sich verliebt haben, spezialisieren, weil das bedeuten würde, alle anderen aufgeben zu müssen. Manche glauben sogar, dass ein Experte zu sein einschränkt und langweilt.

Die meisten Zeitgenossen runzeln angesichts einer so offenkundigen Maßlosigkeit die Stirn. Natürlich handelt es sich in Wahrheit keineswegs um Maßlosigkeit. Scanner sind nun einmal so gestrickt, und sie können und sollten auch nichts dagegen tun. Ein Scanner ist neugierig, weil er genetisch darauf programmiert ist, alles zu erkunden, worauf sein Interesse gerade fällt. Wenn Sie ein Scanner sind, dann ist das Ihre Natur. Wenn Sie dies allerdings ignorieren, sind Sie permanent schlecht gelaunt und unzufrieden.

■ Was nun?

Die Freiheit zu haben, all seinen Interessen nachzugehen, ist wunderbar, aber wie um alles in der Welt lässt sich das bewerkstelligen? Die Erkenntnis, ein Scanner zu sein, bringt Sie nicht automatisch und mit Spitzengeschwindigkeit bei all ihren Lieblingsbeschäftigungen vorwärts. Sie müssen wissen, *wie* Sie Ihre vielen unterschiedlichen Begabungen in Ihr Leben integrieren.

Im Gegensatz zu früher, als es üblicher war, sich für viele unterschiedliche Dinge zu interessieren, herrscht mittlerweile ein Mangel an Vorbildern. Es gibt heute niemanden mehr, der einem Scanner zeigt, wie er seine vielfältigen Interessen unter einen Hut bringt. Einem Scanner mag es ergehen wie dem Erben einer fabelhaften, glänzenden Maschine voller Knöpfe, Hebel und Schalter – aber ohne Bedienungshandbuch!

Wie wollen Sie reisen und Fotografin werden, wenn Sie überdies Chinesisch lernen, Geschichte studieren, einen traumhaft schönen Garten haben, Romane schreiben und einmal an einem Autorennen teilnehmen wollen? Das ist keineswegs unmöglich, aber wenn Sie es noch nie gemacht haben, erscheint es Ihnen zweifellos unmöglich.

Und wie sieht es eigentlich mit Berufen für Scanner aus? Kaum jemand – am wenigsten der Scanner selbst – glaubt, dass es einen Beruf gibt, bei dem man sich nicht für ein Ziel entscheiden und alle anderen aufgeben muss. Doch das ist ein Tunnelblick, denn Jobs für Scanner lassen sich mittlerweile überall finden. Innovative Wege zur Sicherung des Lebensunterhalts, die der Persönlichkeit von Scannern entgegenkommen, gibt es zuhauf. Die Arbeitswelt verändert sich, und nie waren die Zeiten besser, um Multitalenten wie Scannern Eingang in die Welt der Berufstätigen zu verschaffen.

■ Bisher fehlte das Handbuch

Immerhin gibt es jetzt ein Handbuch für Scanner. Sie halten es in Ihren Händen. Darin steht, wie Sie es schaffen, alles zu tun, wozu Sie Lust haben, und gleichzeitig ein Dach über dem Kopf zu behalten. Dazu müssen Sie erst einmal den Knoten im Kopf lösen und erkennen, dass Sie ein Scanner sind. Anschließend werden Sie verstehen lernen, warum Sie sich zu so vielen verschiedenen Dingen hingezogen fühlen und warum diese Anziehung dann auch wieder schwindet. (Hinweis: Es liegt nicht daran, dass Sie sich *nicht* auf etwas konzentrieren können, sondern daran, dass Sie es *können*!) Sie werden zudem Ihre persönlichen Scanner-Merkmale kennenlernen. Darüber hinaus werden wir den Mythos entschleiern, der in Ihnen die Angst vor dem Sich-festlegen-Müssen erzeugt hat, sodass es Ihnen am Ende sogar richtig Spaß machen wird, sich auf etwas einzulassen. Falls Sie viel zu beschäftigt oder aber auf Ihrem Gleis eingefroren sind, falls Sie nie zu einem Anfang kommen oder nie zu einem Ende, dann ist jetzt Hilfe unterwegs.

Bevor Sie loslegen, möchte ich, dass Sie das wichtigste Instrument in Ihrer Ausrüstung bedienen lernen, ein Werkzeug, das Sie in allen folgenden Kapiteln zum Einsatz bringen.

Ich nenne es das SCANNER-PROJEKTBUCH.

Sich auf ein neues, faszinierendes Thema einzulassen, sobald es in ihr Blickfeld gerät, vermeiden Scanner nicht selten. Sie sagen sich dann: »Wie kann ich denn guten Gewissens schon wieder in eine andere Richtung abwandern?« Doch das ist wirklich sehr bedauerlich, denn sie brechen weder ein Gesetz noch schaden sie jemandem mit ihrer Neugier oder ihrem Enthusiasmus. Jedes Mal, wenn sie eine prickelnde neue Betätigung verwerfen, verstärken sie den Glauben, tatsächlich etwas falsch zu machen.

Wenn Sie ein Scanner sind, besteht natürlich das Risiko, dass Sie abgelenkt werden und Zeit vergeuden, die Sie eigentlich für Ihr ursprüngliches Projekt bräuchten. Aber mit dem Projektbuch können Sie dieses Problem in den Griff bekommen – Sie werden es sehen.

▪ Das Scanner-Projektbuch

Hierbei handelt es sich schlicht und einfach um ein Buch mit leeren Seiten, in dem Sie festhalten, was Sie jeden Tag so machen – als Scanner selbstverständlich. Keine To-do-Listen oder Tagebucheinträge, sondern alles, was mit Ihrem Scanner-Dasein zu tun hat. Hier ist Platz für Ihre besten Ideen sowie für alles, was Sie davon abbringt. Darüber hinaus werde ich Sie manchmal bitten, eine Übung zu machen, bei der Sie etwas schreiben müssen. Außerdem haben Sie vielleicht den Wunsch, besonders hilfreiche Entdeckungen zu notieren, die Sie in diesem Buch (oder anderswo) machen.

Das Projektbuch ist Ihre persönliche Version der Notizbücher Leonardo da Vincis. Wenn Sie diese noch nie gesehen haben, sollten Sie sich einen Bildband mit Reproduktionen in Ihrer Bibliothek besorgen oder einen Blick ins Internet werfen. Sie sind wahrlich eine Inspiration.

Außerdem sind sie ein hervorragendes Beispiel für ein Scanner-Projektbuch. Die Einträge sind so herrlich ungeordnet, so voller Impulsivität und Ungehemmtheit. (Leonardo schrieb sogar seine Kommentare seitenverkehrt! Womöglich tat er das, um seine Ideen vor neugierigen Blicken zu schützen, oder vielleicht, weil er spiegelverkehrt sehen konnte oder gerne sein Gehirn trainierte. Einem Scanner ist das durchaus zuzutrauen.) Lassen Sie sich aber nie von seiner Berühmtheit – oder der eines anderen Menschen – einschüchtern. Für Sie ist er nur jemand, der gerne mit einem Stift in der Hand gedacht hat. Genauso werden Sie es machen.

Die Seiten Ihres Projektbuches sind dafür bestimmt, Ideen einzufangen, die sonst verloren gehen könnten, oder kleine Gedankenausflüge und Was-wäre-wenn-Überlegungen aufzulisten, die einen kreativen Kopf ständig in Bewegung halten. Mit der Zeit werden Sie diese Gedanken immer freudiger begrüßen, da nichts anderes von Ihnen erwartet wird, als sie aufzuschreiben. »Fortsetzung folgt« nicht notwendig, es sei denn, Sie haben Lust dazu.

Wenn Sie das als ein klein wenig anstößig empfinden, so sind Sie damit nicht alleine. Eine Scannerin schrieb zum Beispiel:

»Für mich ist das Projektbuch das Buch des ›skandalösen Vergnügens‹. Letzte Woche habe ich darin über einen besonderen Urlaubsort geschrieben, wie er mir vorschwebt, über ein Kochbuch, das ich Lust hätte zu schreiben (sogar darüber, ein Video von mir selbst zu drehen und meine eigene Kochshow zu produzieren). Außerdem habe ich mir ein paar Berufe notiert, die mich interessieren könnten. Ich weiß gar nicht, warum ich das nicht schon immer gemacht habe. Es macht Spaß und hilft mir beim Denken!«

■ Wie soll Ihr Scanner-Projektbuch aussehen?

Wählen Sie Ihr Projektbuch sorgfältig aus, denn es handelt sich schließlich nicht um ein gewöhnliches Notizbuch. Für unterwegs können Sie ein Ringbuch verwenden, aber für zu Hause muss es schon ein besonderes Buch sein. Dorthinein übertragen Sie alle Ihre Notizen. Besorgen Sie sich etwas Edles, ein Buch, das Ihnen eine gewisse Ehrfurcht einflößt, wenn Sie es in die Hand nehmen. (Aber keine Angst, wir werden Sie rasch dazu bringen, etwas hineinzuschreiben.)

Verwenden Sie vorzugsweise ein Buch mit unlinierten Seiten und viel Platz zum Schreiben. Je größer die Seiten und je dicker das Buch, desto besser. Die größte Auswahl gibt es in Geschäften für Künstlerbedarf. Streichen Sie mit der Hand über das Papier, um zu prüfen, ob Sie gerne darauf schreiben, und besorgen Sie sich schöne Stifte. Und wenn Sie das Ganze richtig kultivieren wollen, dann können Sie Ihr Projektbuch auf ein eigenes Schreibpult stellen. Falls Sie am Computer arbeiten oder das dicke Buch gerade nicht zur Hand haben, können Sie Ihre Notizen auch nachträglich hineinkleben. Das ist eine höchst kreative Angelegenheit, und es macht Spaß, um die eingeklebten Zettel und Bilder herum zu schreiben. So erwacht Ihr Projektbuch förmlich zum Leben.

Das Projektbuch zu führen ist wichtiger, als Sie vielleicht meinen. Wenn die Tage vergehen und sich Eintrag an Eintrag reiht, werden Sie Seiten bei sich, die Sie bisher vielleicht vernachlässigt und unterschätzt haben, mit mehr Achtsamkeit behandeln. Allein die Tatsache, dass Sie es für wert erachten, Ihre Gedanken festzuhalten, verändert Ihre gesamte Sicht auf sich selbst. Und an die Stelle der für Scanner typischen Selbstvorwürfe, sprunghaft und dilettantisch zu sein, tritt ein wachsender Respekt für die Art, wie Ihr Kopf funktioniert.

Und es wird Ihnen guttun. Seiner Kreativität ein lustvolles Betätigungsfeld zu verschaffen ist so, als versorge man eine Pflanze mit Sonnenschein und Wasser.

Wenn Sie sich früher unter der Knute gefühlt haben, sobald Sie etwas anfingen, werden Sie jetzt zu Ihrem Vergnügen entdecken, dass ein paar Notizen oder eine Skizze zu irgendeiner alten Idee zu geringfügig sind, um den Leistungsdruck zu erzeugen, den Sie sonst immer verspürt haben. Gleichzeitig wird das Niederschreiben witziger Einfälle in ein gewichtiges Buch Ihnen Wertschätzung für sie vermitteln. Jedes Mal, wenn Sie Ihre Ideen zu Papier bringen, zusammen mit Zeichnungen, Entwürfen und Fantasien, werden die früheren Selbstzweifel blasser, und es wird immer selbstverständlicher für Sie sein, dass es o. k. – mehr als o. k. – ist, von etwas Neuem fasziniert zu sein.

Ihr Projektbuch ist auch ein Buch zum Selbststudium: Was für ein Scanner kommt wohl dabei heraus, wenn Sie ohne Einschränkungen loslegen dürfen, wenn Sie entwerfen und sich vorstellen und lernen dürfen, was immer Sie wollen? In welche Richtung drängt es Ihren Geist? Ihr Projektbuch bietet Ihnen einen Freifahrschein, um überall da kreativ zu werden, wohin es Sie zieht. Je mehr und je länger Sie Ihrer Fantasie auf den Seiten Ihres Projektbuches freien Lauf lassen, desto klarer ist die Antwort.

In der Vergangenheit haben Sie sich vielleicht für unfähig gehalten, an einer Sache dranzubleiben oder etwas zu Ende zu bringen. Aber das ist hier nicht relevant. Die eigenen Ideen auf Papier zu bannen hat nichts mit Anfangen und Beendenmüssen zu tun. Es ist vielmehr, als würde man sich einen guten Film anschauen – sogar noch besser, denn Sie sehen den Film nicht nur, sondern lassen ihn selbst entstehen. Sie haben die Freiheit, so kreativ zu sein, wie Sie nur möchten. Nehmen wir an, Sie sind ganz hingerissen von der Idee, Ihre Nachbarn zu interviewen und ihre Lebensgeschichten zu dokumentieren. Dann schlagen Sie also Ihr Projektbuch auf, skizzieren Ihren Einfall und lassen ihn ungehindert sprießen.

Ihr Projektbuch ermöglicht Ihnen, Ideen zu planen, ohne sie in die Tat umsetzen zu müssen. Wenn Sie sich etwa dazu entschließen, aus den Geschichten Ihrer Nachbarn einen Film zu machen, werden Sie feststellen, dass Sie diese Idee im besten Moment erwischt haben, nämlich auf dem Höhepunkt Ihrer Euphorie und Kreativität. Und selbst wenn Sie sie nie realisieren, hatten Sie trotzdem Ihren Spaß und kein Risiko.

Ganz allmählich wird der Vorgang, Ideen in Ihrem Projektbuch zu fixieren, Ihre Einstellung dazu verändern, dass Sie nicht jeden einzelnen Ihrer guten Einfälle in die Tat umsetzen. Sie werden erkennen, dass Sie keine Verpflichtung eingehen, wenn Sie planen, entwickeln und aufschreiben – denn so vergnügen sich erfinderische Menschen.

▪ Der erste Eintrag

Heute machen wir einmal einen Teststart: Picken Sie eine Ihrer jüngeren Ideen heraus, vorzugsweise eine kleine, über die Sie noch nicht viel nachgedacht haben, und beginnen Sie nun mit Ihrem ersten Eintag in Ihr Projektbuch.

Schlagen Sie das Buch auf und fangen Sie auf der linken Seite an, damit Sie viel Platz zum Schreiben haben. Tragen Sie nun das heutige Datum und die aktuelle Uhrzeit in die linke obere Ecke der ersten Seite ein. Denken Sie sich einen Titel für die Idee aus, mit der Sie gerne in Gedanken spielen wollen, und schreiben Sie ihn oben auf die Seite. Er könnte zum Beispiel

»Die Lebensgeschichten meiner Nachbarn« oder »Die Autobiografie meines Katers George, zur möglichen Verwendung in einem Film« lauten. Wählen Sie ein Projekt aus, das reizvoll ist und ein gewisses Entwicklungspotenzial hat, das Sie aber möglicherweise nie über diese erste Beschreibung hinaus weiterverfolgen. Lassen Sie auf beiden Seiten einen breiten Rand für eventuelle spätere Ergänzungen.

Und nun öffnen Sie die Schleusen.

Vergraben Sie sich in Ihre Idee und fangen Sie an zu schreiben. Fertigen Sie einfache Zeichnungen oder Diagramme von allem an, was Ihnen für Ihr Thema relevant erscheint. Wenn ein Gedanke des Wegs kommt, der Sie von Ihrer ursprünglichen Idee abschweifen lässt, folgen Sie ihm, aber nicht dort, wo Sie gerade etwas notieren. Ziehen Sie stattdessen eine Linie zur oberen rechten Ecke auf der rechten Buchseite (sodass darunter Platz für weitere Gedanken bleibt, die vielleicht noch kommen), und führen Sie den Pfeil noch ein paar Zentimeter weiter in die nächste leere Seite hinein. Sehen Sie dann auf die Uhr oder stellen Sie sich einen Wecker, und geben Sie sich zwanzig Minuten Zeit, um sich Notizen zu Ihrem neuen Gedanken zu machen. So wird er gesichert und steht Ihnen bei Bedarf jederzeit zur Verfügung.

Kehren Sie nun zu Ihrer ursprünglichen Idee zurück.

Holen Sie sich Informationen aus dem Internet und drucken Sie alles aus, was Sie aufheben möchten. Schneiden Sie die interessantesten Passagen aus und kleben Sie sie an die passende Stelle ins Buch. (Schreiben Sie jeweils dazu, woher die Informationen stammen – für den Fall, dass Sie diese einmal wiederfinden möchten.) Ziehen Sie mit einem dicken Stift einen Kasten um bestimmte Abschnitte oder versehen Sie sie mit Ausrufezeichen am Rand – beispielsweise ein treffendes Zitat. Wenn Sie etwas in einem Buch entdecken, fassen Sie Ihre Gedanken dazu kurz zusammen oder schreiben Sie die wichtigen Passagen ab. Kleben Sie Fotos oder Zeitungsausschnitte in Ihr

Buch. Tun Sie einfach alles, was Ihnen in Zusammenhang mit Ihrem Thema Vergnügen bereitet.

Beschreiben Sie Ihre Idee so umfassend wie möglich – für den Fall, dass Sie plötzlich vom Erdboden verschwinden und ein Fremder Ihr Projekt zu Ende bringen muss. Warum? Weil Sie, sobald die Leidenschaft nachlässt, vergessen, warum Sie anfangs so Feuer und Flamme waren. Lassen Sie Ihre Gedanken direkt in Ihre Finger fließen – Listen oder Gliederungen wirken im Nachhinein nur unverständlich und nichtssagend. Sie wollen eine Idee rückblickend doch nicht als langweilig oder unsinnig ansehen. Das haben Sie in der Vergangenheit wahrscheinlich oft genug getan.

Das Scanner-Projektbuch soll Ihnen helfen, Ihre Ideen zu respektieren. Und zwar alle.

Hier ein Beispiel für einen Eintrag.

Botanik einmal ganz anders

Wie wäre es mit einer Krimireihe über eine Botaniklehrerin im Ruhestand, die ganz Südamerika bereist? Sie könnte auf der Suche nach neuen Pflanzenarten sein, sie beschreiben und zeichnen – zum Beispiel so: (hier könnten Sie eine botanische Zeichnung aus einer Zeitschrift einkleben). Aber sie trifft immer wieder auf diesen Bösewicht. Er könnte ebenfalls Botaniker sein, einer, der bewusstseinsverändernde Pflanzen kultiviert, um eines Tages die Welt zu beherrschen.

So könnte jeder Roman in einem anderen Land spielen und die Beschreibungen der Botanikerin – die sich mittlerweile auch als Detektivin betätigt – sowie Zeichnungen von Pflanzen und Geschichten von Einheimischen über deren Verwendungsweisen enthalten. (Nach »giftigen Pflanzen für Kriminalromane« suchen. Bestimmt gibt es irgendwo ein Buch darüber.)

Warum eigentlich keine Internetseite daraus machen? O ja!

Ein Weblog-Tagebuch, in das ich jede Woche eine neue Episode stelle, mit Fotos! Vielleicht finde ich einen Botaniker, der mir dabei hilft. Wir könnten jeweils verschiedene Szenarien ausarbeiten und diese mit entsprechenden botanischen Seiten im Internet verlinken. Grandios!

Jetzt können Sie noch eine Landkarte auf die gegenüberliegende Seite zeichnen, um sich einen Überblick zu verschaffen, wo die einzelnen Episoden spielen sollen. Außerdem können Sie sich ein paar lustige Titel ausdenken, zum Beispiel »Miss Bennet und das Geheimnis des Basilikums«.

Denken Sie immer daran: Es macht nichts, wenn Sie nie umsetzen, was Sie auf diesen Seiten beschreiben, denn es geht hier nicht darum, ein Projekt zu Ende zu bringen. Es geht allein um die Bilder Ihrer Fantasie und das freie Spiel mit Ideen aus Spaß an der Freude.

Sollten Sie die Möglichkeit haben, ohne Unterbrechung oder zeitliche Begrenzung an Ihrer Idee weiterzuarbeiten, wäre das sehr hilfreich. Denn dadurch finden Sie heraus, wie sich Ihr Kopf mit einem neuen Interesse auseinandersetzt. Gibt es nämlich keine äußeren Störfaktoren, kann nur etwas in Ihnen selbst Sie davon abhalten weiterzumachen. Und es ist sehr wichtig, sich einmal damit zu befassen, was das sein könnte.

Wenn Sie beschließen aufzuhören, halten Sie den Gedanken fest, der zu diesem Entschluss geführt hat, zum Beispiel: »Ich verliere langsam das Interesse daran« oder »Ich wünschte, ich könnte weitermachen, aber ich muss die Kinder abholen« oder was auch immer. Setzen Sie diesen Gedanken an das Ende Ihres Eintrags und notieren Sie auch die genaue Uhrzeit.

Und das ist alles für heute.

■ Ihr erster Eintrag ist vollständig

Herzlichen Glückwunsch zu Ihrem ersten Eintrag in Ihr Scanner-Projektbuch! Sie wissen nun, wie Sie eine Idee festhalten, *solange Sie sich dafür interessieren*, und wie Sie einen Traum einfangen, egal, wie flüchtig er ist, und egal, wie viele Träume Sie sonst noch haben.

Und warum sollten Sie Ihre Träume einfangen und festhalten?

Dafür gibt es viele Gründe. Es ist schön, von seinen Träumen zu lesen. Außerdem verhindern Sie dadurch, dass Sie ein gutes Projekt vergessen, das Sie eines Tages vielleicht wieder in Angriff nehmen wollen. Ihre Aufzeichnungen geben Ihnen Aufschluss darüber, was Sie interessiert und wie lange. Aber vor allem ermöglichen sie Ihnen, *jede Idee und jedes Fantasiebild wenigstens ein Stück weit zu verfolgen*, anstatt sie von vornherein als unmöglich oder unrealisierbar zu verwerfen.

Scanner sollten ihre Einfälle nicht wie Müll entsorgen, egal, wie viele sie haben und wie unausgereift sie sind. Respekt gegenüber Ideen ist vergleichbar dem Respekt gegenüber ihrem Produzenten: Ihnen selbst. (Außerdem lernen Sie dadurch auch die Ideen anderer Menschen zu respektieren.)

Verabschieden wir uns von der Vorstellung, dass Ideen wertlos sind, solange sie nicht Geld einbringen oder irgendeinen anderen praktischen Nutzen haben. Schreiben Sie deshalb alle Ihre Ideen in ein wunderschönes Buch, so wie Leonardo es getan hat. Möglicherweise geben Sie Ihr Projektbuch ja eines Tages weiter, vielleicht an jemanden, der eine Idee braucht. Und denken Sie nur, welche Freude es Ihren Ururenkeln machen wird zu erfahren, was für einen faszinierenden und wunderbar beweglichen Geist Sie hatten. Wer weiß, vielleicht freut sich auch Ihr Biograf einmal sehr über ein Projektbuch in Ihrem Nachlass.

■ Der Werkstattplan

Für heute müssen Sie nichts weiter tun, aber wenn Sie viel Energie verspüren und Lust auf mehr haben, schlage ich vor, dass Sie die folgende Übung machen, die Ihnen die Augen öffnen wird. Und wenn nicht heute, dann machen Sie sie nächste Woche. Die Übung hilft Ihnen, Selbstkritik durch ehrliches Interesse an der eigenen Person zu ersetzen. Während meiner langjährigen Arbeit mit Menschen habe ich die faszinierende Erkenntnis gewonnen: *Das Interesse am anderen ist die ehrlichste Form von Respekt.* Es ist die authentischste Art und Weise, einem anderen Menschen gegenüber zum Ausdruck zu bringen: »Du verdienst meine Aufmerksamkeit.«

Schlagen Sie also eine leere Doppelseite in Ihrem Scanner-Projektbuch auf. Denken Sie immer daran, auf der linken Seite zu beginnen, damit Sie viel Platz zum Schreiben haben. Reservieren Sie oben ein Fleckchen für den Titel Ihres Eintrags. Als ich diese Übung entworfen habe, habe ich oben auf meine Seite geschrieben: »Das Zuhause eines Scanners ist seine Werkstatt.« Mir war nämlich aufgefallen, dass es in jedem einzelnen Raum meines Hauses (sogar im Flur) mindestens eine Fläche zum Schreiben mit Papier und Stiften in erreichbarer Nähe gibt. Warten Sie mit Ihrem Titel aber noch, bis Sie die Übung beendet haben.

Fertigen Sie nun mit Bleistift einen groben Plan Ihrer Wohnung an. Gehen Sie dann mit Projektbuch und Bleistift in der Hand aufmerksam durch jeden Raum, und halten Sie nach Projekten Ausschau – gleichgültig, ob Sie diese je zu Ende gebracht oder überhaupt damit begonnen haben. Also: Aus welchen Dingen in Ihrem Zuhause soll(t)en einmal Projekte werden? Wenn Sie eins ausfindig gemacht haben, zeichnen Sie an der entsprechenden Stelle in ihrem Plan einen kleinen Kreis und geben dem Projekt einen Namen, zum Beispiel: »kleiner

Videorecorder, um alte Videofilme anzuschauen«, »Ablagefach mit interessanten Zeitungsausschnitten«, »Anschluss für die Konferenzschaltung für Telefongespräche und Anleitungen für mein Telefontraining«.

»Es ist mir peinlich, das zu machen«, schrieb mir eine Scannerin. »Ich finde es furchtbar, auch noch zu dokumentieren, wie viele Projekte ich angefangen und nicht zu Ende gebracht habe. Außerdem machen sie aus meiner Wohnung einen Saustall.«

Aber hier spricht nicht die wahre Scannerin, vielmehr hat hier jemand Angst vor seinen Kritikern. Scanner mit ihrer Begeisterung für neue Dinge und ihrem Gespür für das Potenzial, das in ihnen schlummert, wohnen fast immer in einem »Saustall«, was anderen Menschen absolut unverständlich ist. Ich habe Sie gebeten, diese Übung gleich am Anfang zu machen, damit Sie stolz werden auf Ihren neugierigen Geist und wozu er sich überall hingezogen fühlt. Ihr Zuhause ist nicht nur eine Sammelstelle für unbeendete Projekte, es ist der Arbeitsplatz eines kreativen Kopfes.

Wenn Sie sich Fotos von Ateliers berühmter Künstler wie Picasso ansehen, werden Sie verstehen, was ich meine. Eine ordentliche Hausfrau wäre angesichts dieses Chaos entsetzt. Ein anderer Künstler – selbst ein ordnungsliebender – würde begreifen, dass er kein Chaos vor sich hat, sondern eine funktionstüchtige Werkstatt.

Lassen Sie mich mit dem Beispiel eines Scanners schließen, das Sie auf die richtige Spur bringen soll.

Als ich durch mein Wohnzimmer ging, sah ich hinter dem Tisch auf dem Boden einen alten Damenschuh, und plötzlich fiel mir ein, warum ich ihn vom Flohmarkt mitgebracht hatte. In einer Zeitschrift habe ich mal eine Lampe gesehen, die aus einem ganz ähnlichen Schuh hergestellt worden war. Sie war wunderschön. Und sie war sehr teuer! Ich hatte die Idee, eine ganze Serie von Gebrauchsgegenständen aus Fundstücken anzufertigen. Ich kreiste die entsprechende Stelle auf meinem Plan ein und schrieb daneben: ›viktorianischer Schuh für eine Lampe‹. Dann fiel mein Blick auf meine Mundharmonika – klar, ich wollte Mundharmonika spielen lernen, um einen Freund zu begleiten, der manchmal Straßenmusik mit seiner Gitarre macht …

Verstehen Sie, worum es geht? O.k., dann sind Sie jetzt an der Reihe.

Wenn Ihr Plan fertig ist, können Sie ihn in Ihrem Projektbuch aufbewahren und entsprechend ergänzen, wenn Sie mit etwas Neuem beginnen. Oder Sie machen es wie diese Scannerin:

Was für ein wunderschöner Werkstattplan das geworden ist! Ich habe ihn farbig gestaltet, Fotos aus Zeitschriften aufgeklebt und ein Miniaturpiano, eigentlich ein Armbandanhänger, daran befestigt. Der Plan ist ein Kunstwerk. Ich werde ihn rahmen und an die Wand hängen. Er ist wie eine Collage meiner Seele.

Wenn Ihr Werkstattplan fertig ist, erkennen Sie bei Ihren Projekten vielleicht ein Muster. Wie auch immer: Formulieren Sie nun eine Überschrift, und schreiben Sie sie auf den freien Platz links oben auf der Seite. Legen Sie all Ihren Respekt und Ihre Bewunderung in diese Formulierung. Abwertendes ist nicht gestattet! Jetzt ist Lob angesagt, und Ihre Überschrift sollte dies zum Ausdruck bringen – auch wenn Sie sich die Haare raufen und den restlichen Tag mit der Suche nach etwas Passendem verbringen.

■ Jeden Tag ein Eintrag in Ihr Projektbuch

Nach Möglichkeit sollten Sie in den nächsten ein bis zwei Wochen jeden Tag etwas in Ihr Projektbuch schreiben. Sobald Sie erkennen, welche Wohltaten diese Schreibsitzungen bergen, werden Sie sich darauf freuen. Dann ist es auch in Ordnung, die Sache flexibler zu handhaben und ein bis zwei Tage zu überspringen.

Worüber schreiben Sie morgen? Kein Stress. Diese Übung ist keine Hausaufgabe – sie ist vielmehr wie ein Ausmalbuch, und das Kind in Ihnen hat nun die bunten Stifte dafür bekommen.

Morgen befassen Sie sich vielleicht intensiver mit Mode, indem Sie etwa Ideen verwerten, die Sie gestern aufgeschrieben haben. Sie können auch ins Internet gehen, um – sagen wir – nach »peruanischer Kleidung« zu suchen, oder entsprechende Bildbände durchsehen, die Sie inspirieren, eine Kollektion Damenmode zu entwerfen. Oder aber Sie verfolgen eine ganz andere Spur, weil ein Bericht im Fernsehen Ihr Interesse für Vulkane geweckt hat. Was auch immer es ist: Springen Sie einfach mitten hinein!

Niemand sagt, dass Sie sich entscheiden müssen oder aufhören sollen herumzuspinnen!

Bald werden auch Sie aufhören, solche Dinge zu sich selbst zu sagen, denn Ihr Scanner-Projektbuch ist eine geschützte Oase für Ihre Träume, Ideen und Interessen. Ihr wissbegieriger Geist ist nicht länger unter Beschuss und kann sich nun zu seiner wahren Größe aufrichten.

Als Nächstes wollen wir herausfinden, was hinter dieser Scanner-Manier steckt, Ideen aufzupicken und wieder fallen zu lassen. Bisher haben Sie (wie alle anderen Menschen um Sie herum) angenommen, dass etwas mit Ihnen nicht stimmt. Es ist an der Zeit, das zu ändern.

Kapitel 2
Was stimmt mit mir nicht?

Kaum etwas ist demoralisierender als das Gefühl, ein falsches Leben zu führen, und sich keinen Rat zu wissen, wie man das ändern könnte. Wenn Ihre Versuche, so zu sein wie alle »normalen« Menschen um Sie herum, ein ums andere Mal scheitern, kommen Sie sich wahrscheinlich wie ein Außenseiter oder gar ein Versager vor.

Viele Scanner haben ein solches Selbstbild, und diese Fehleinschätzung bricht einem schier das Herz. Es ist traurig, mit ansehen zu müssen, dass diese bemerkenswerten Menschen sich dafür verurteilen, nicht nur einen einzigen Weg in ihrem Leben zu verfolgen, und ihre besten Eigenschaften als Beweis für ihr Versagen anführen: ihre Wissbegierde und ihre Begeisterung für Neues, ihre Bereitschaft, unbekannte Gebiete zu erkunden, ihre außergewöhnliche Fähigkeit, neue Dinge zu erlernen und sich auf neue Erfahrungen einzulassen – mit anderen Worten, ihre unbändige Freude daran, sich ganz und gar lebendig zu fühlen.

Einige Scanner versuchen sogar, ihre Talente zu verbergen, um möglichst angepasst zu sein. Doch das ist genauso aussichtsreich, wie einen Karton voller quirliger Welpen in einer Bibliothek verstecken zu wollen. Und es verursacht genauso viele Probleme: Unsere Begabungen müssen (so wie die Welpen) ungezügelt drauflosstürmen und sich austoben dürfen. Worum geht es also? Wer behauptet, dass Scanner sich verändern müssen?

Im Grunde handelt es sich um ein großes Missverständnis – übrigens nicht das erste seiner Art in der Menschheitsgeschichte. Früher dachte man zum Beispiel, Kinder solle man sehen, aber nicht hören dürfen. Außerdem glaubte man, Linkshänder müssten sich angewöhnen, mit der rechten Hand zu schreiben, und Legastheniker seien dumm oder faul. Glücklicherweise wurden diese Fehlannahmen zum größten Teil revidiert, sodass zahllose Menschen sich weder unter Druck setzen noch Vorurteile befürchten müssen und ein erfüllteres Leben führen können.

So ist es ebenfalls an der Zeit, mit allen Fehlurteilen über Scanner aufzuräumen, damit auch sie ihr außergewöhnliches Potenzial ausschöpfen können. Wenn Sie glauben, dass Sie ein Scanner sind – sprich: wenn Sie sich für viele Dinge begeistern und sich nie für nur eine Sache entscheiden können –, fangen Sie bei sich selbst an. Hören Sie auf, sich selbst falsch einzuschätzen und zu verurteilen, und bald werden auch die Menschen um Sie herum Sie mit anderen Augen betrachten. Warten Sie nicht länger auf diese wichtige Erkenntnis, denn Ihr Leben ist dafür zu kostbar. Sie können sogar selbst dazu beitragen, anderen Menschen die Augen über Scanner zu öffnen. Beginnen Sie bei sich selbst! Genau hier, genau jetzt! Erkennen Sie, wer Sie wirklich sind.

▪ Pamelas Geschichte

Vor Kurzem entdeckte ich folgenden Beitrag in meinem Internet-Forum:

Hallo. Ich heiße Pamela. Ich bin 42 und habe Ihre Bücher entdeckt, als ich 27 oder 28 Jahre alt war. Seitdem bin ich nach Grönland gereist und für ein Jahr nach Alaska gefahren; ich habe Wale beobachtet, im Auftrag der US-Luftwaffe nach UFOs gefahndet, mich mit mehreren Geschäftsideen selbstständig gemacht sowie einige Häuser gekauft und wieder verkauft. Ich war auf Geisterjagd in einer englischen Burg, habe Tarotkarten auf Esoterikmessen gelegt und in einem kleinen Sportflugzeug einen

Looping gedreht. Ich habe mein eigenes Haus geplant und mit
gebaut, meinen Garten mit circa 10 000 verschiedenen Blumen
angelegt, in einem Tattoo-Studio gearbeitet und als Schlagzeuge-
rin in einer Rockband gespielt (zwei CDs haben wir bereits pro-
duziert, die dritte kommt bald heraus). Ich habe Zwergpinscher
gezüchtet, eine Ausbildung zur Feng-Shui-Beraterin absolviert,
neun Millionen Bücher gelesen, meiner Mutter zu Weihnachten
eine Miniaturstadt gestrickt und mir selbst beigebracht, Compu-
terprogramme zu schreiben. Außerdem habe ich als Führerin im
Zoo von Atlanta gearbeitet und unzählige Exemplare Ihres Bu-
ches an Leute verschenkt, die gesagt haben: »Ich kann nicht ...«
Darüber hinaus habe ich meine Mutter beim Kampf gegen ihre
Krebserkrankung unterstützt – drei Mal! – und noch viele andere
Dinge gemacht, die mir gerade nicht einfallen. Ich bin eben eine
typische gelangweilte Hausfrau (haha!). Jedenfalls lebe ich im
Moment auf einem sechzig Hektar großen Naturgrundstück in
Alabama (bitte lachen Sie nicht), knapp zwanzig Kilometer
von der nächsten Ansiedlung entfernt, und überlege, was ich
als Nächstes tun werde. Das bin ich also ... zumindest teilweise.

Da Pamela gerade online war, schrieb ich ihr sofort zurück und
gratulierte ihr zu ihrem spannenden Leben. Ich fragte sie nicht,
ob sie tatsächlich neun Millionen Bücher gelesen hatte, weil
ich etwas Angst vor ihrer Antwort hatte.

»Ich dachte, Sie erwarten so etwas von einem Scanner«, war
ihre Antwort.

»Ich erhalte tatsächlich viele interessante Zuschriften, aber
so eine wie Ihre war bisher noch nicht dabei. Was haben Sie eigentlich gemacht, bevor Sie meine Bücher entdeckten?«

»Ich habe mit großem Widerwillen in einem Büro gearbeitet.
Doch dann kündigte ich und eröffnete einen Essen-auf-Rä-
dern-Service für behinderte Menschen, begann Events zu
organisieren, veranstaltete zwei Kunsthandwerksmessen, war
eine Weile als fahrende Händlerin für Kunsthandwerksgeschäf-

te unterwegs, ach ja, und dann habe ich noch zwei Kochbücher geschrieben und sie im Internet veröffentlicht.«

Ich musste lachen. »Halt, halt!«, schrieb ich. »Können Sie mir sagen, was genau eine solche Wirkung auf Sie hatte, damit ich es an alle meine Leser und Workshop-Teilnehmer weitergeben kann?«

Und dann schrieb sie etwas, das ich immer wieder höre und das letztlich den Anstoß gab, dieses Buch zu schreiben: »Das Wichtigste war zu erkennen, dass ich eine Scannerin bin und dass es absolut o. k. ist, die Interessen zu wechseln wie die Unterhosen. Früher dachte ich immer, dass ich es nie zu etwas bringen würde, weil ich nie lange bei einer Sache bleiben konnte, egal, wie sehr ich mich auch bemühte. Aber nun weiß ich einfach, dass ich eben so gestrickt bin ... und ich finde es großartig!«

■ Selbsterkenntnis verleiht Kraft

Scanner machen eine erstaunliche Veränderung durch, wenn sie erkennen, wer sie sind und dass sie völlig in Ordnung sind. Hier einige wenige typische Reaktionen aus Hunderten von Briefen und E-Mails, die ich erhalten habe:

Als ich Ihre Definition von Scannern gelesen habe, bin ich fast von meinem Stuhl gefallen. Die Beschreibung traf genau auf mich zu. Ich wusste vorher nie, warum ich »die eine Sache«, die ich gerne machen wollte, einfach nicht fand. Doch nun weiß ich, dass ich mich an so vielen Fronten austoben kann, wie ich nur möchte.

Vielen Dank! Ich bin eine Scannerin! Und ich dachte schon, dass mit mir etwas nicht stimmt! Nun ist mir eine riesige Last von den Schultern gefallen!

Das Tollste, was ich von Ihnen gelernt habe, ist, dass es Scanner gibt und dass es o. k. ist, ein Scanner zu sein. In unserer Zeit des Spezialistentums findet man ganz selten jemanden, der sich für Leute wie mich einsetzt.

Anfangs überraschte mich die begeisterte Reaktion von Menschen, die erkannten, dass sie Scanner waren. Ich hatte nicht erwartet, dass ihr Selbstbild und ihr Selbstwertgefühl sich komplett verändern würden, nur weil sie nun wussten, dass es eine Bezeichnung für sie gab. Mittlerweile habe ich immer wieder erlebt, zu welch erstaunlichen Dingen Scanner in der Lage sind, wenn sie nur sie selbst sein dürfen. Pamelas Liste am Anfang dieses Kapitels ist ziemlich beeindruckend, das gebe ich zu. Nicht alle Scanner machen so viele verschiedene Dinge wie sie (wenngleich ich zahlreichen Menschen begegnet bin, die ihr kaum nachstehen), also lassen Sie sich keinesfalls dadurch verunsichern.

Wahrscheinlich sind Sie sich gar nicht darüber im Klaren, was Sie schon alles Tolles bewerkstelligt haben. Daher würden Sie auch nicht auf die Idee kommen, es aufzuschreiben, so wie Pamela es getan hat. Wenn Sie so sind wie die meisten Scanner, dann denken Sie, dass vieles davon sowieso nicht zählt. Vielleicht glauben Sie sogar, dass Sie grundlegend versagt haben, weil Sie nicht an jedem einzelnen Projekt drangeblieben sind. Ich hoffe, Sie erkennen allmählich, dass Sie ein Recht darauf haben, so zu sein, wie Sie sind: Die Welpen sind bereit, aus ihrem Karton auszubrechen. Schauen wir, wie es mit ihnen weitergeht.

■ Die Aktivitätenliste

Listen Sie auf einer Seite Ihres Projektbuchs alles auf, was Sie als persönliche Leistung betrachten, egal, ob Sie Ihrem Hund als Kind Kunststücke beigebracht, ein Porträt gemalt, Ihre Kinder großgezogen oder jemandem bei einer Prüfungsvorbereitung geholfen haben. Schreiben Sie auch alle Projekte auf, die Sie nicht beendet haben – Geschäftsideen, die nicht erfolgreich waren, Kurse, die Sie nicht abgeschlossen und Romane, die Sie zwar geplant, aber nie geschrieben haben. Denken Sie nicht zu lange nach, notieren Sie einfach alles, was Ihnen in den Sinn kommt. Manche Dinge werden Ihnen erst einfallen, wenn Sie glauben, Sie seien fertig. Versuchen Sie daher erst gar nicht, irgendeine Ordnung in Ihre Liste zu bringen. Alles, woran Sie sich erinnern, sollte auch in Ihrem Projektbuch stehen – nicht mehr und nicht weniger.

Fangen Sie gleich an! Nehmen Sie einen Stift zur Hand und beginnen Sie zu schreiben, etwa fünf Minuten lang, und lesen Sie danach weiter.

Sind Sie von sich selbst überrascht? Den meisten Menschen geht es so. Caroline, eine Scannerin, die immer sehr streng mit sich war, stellte zu ihrer Verblüffung fest:

Ich dachte immer, dass ich eigentlich so gut wie nichts in meinem Leben geschafft habe, aber als ich mich hinsetzte, um die wenigen Dinge aufzuschreiben, wurden drei ganze Seiten daraus. Wow! Ich hätte nie gedacht, dass es schon so viel ist.

Anfangs ist es für Scanner etwas eigenartig, alles, was sie gemacht haben, als Leistung einzustufen, vor allem, wenn sie den prüfenden Blick unserer ergebnisorientierten Gesellschaft übernommen haben. Aber wenn sie von Scannern wie Pamela hören und dann überlegen, wie viele Dinge sie selbst schon gemacht haben, dämmert es ihnen allmählich.

»Sie meinen, es ist völlig in Ordnung so? Ich darf so sein?«
»Das heißt also, ich bin kein Versager?«
Solche Bemerkungen machen mich, wie Sie sich sicher vor-

stellen können, sehr glücklich. Aber sie brechen mir gleichzeitig das Herz. Denken Sie einmal darüber nach. Wenn allein die Erkenntnis, ein Scanner zu sein – eine kluge, neugierige, wahrscheinlich multitalentierte Person –, so viel bewirkt, heißt das auch, dass nie etwas falsch an Ihnen war und Sie sich umsonst Gedanken gemacht haben.

▪ Warum haben Sie vergessen, wer Sie sind?

Ella wusste nicht, dass sie eine Scannerin ist. Niedergeschlagen saß sie auf meiner Couch und sagte: »Meine Freunde halten mich für oberflächlich, mein Ex-Freund hat mich als Dilettantin bezeichnet, meine Eltern möchten diese Woche wissen, was ich studieren möchte, und ich selbst frage mich auch, was ich eigentlich will. Was stimmt nur nicht mit mir? Ich kann mich einfach auf nichts festlegen.«

»Erklären Sie mir das genauer«, forderte ich sie auf.

Ella erzählte mir eine neue Version einer altbekannten Geschichte. Sie war immer gerne zur Schule gegangen. »Ich war meistens etwas schneller als die anderen Kinder, aber ich habe mich nie gelangweilt, weil es immer etwas Interessantes zu tun gab. Doch ein Jahr vor dem Abschluss änderte sich alles. Jeder fragte mich: ›Was willst du nach der Schule machen? Welche Universität hat einen guten Ruf in dem Fach, das du studieren möchtest? Was möchtest du eigentlich studieren?‹ Mittlerweile sind einige Jahre vergangen. All meine ehemaligen Klassenkameraden haben ihren Weg gefunden. Ich bin die Einzige, der das noch nicht gelungen ist. Ich wünschte, ich wäre so wie die anderen. Sie wussten von Anfang an genau, was sie wollten.«

Fast alle Scanner erzählen mir bei unserer ersten Begegnung etwas Ähnliches. Sie wissen, welcher Respekt in unserer Gesellschaft den Spezialisten entgegengebracht wird und mit welcher Leichtigkeit diese die Frage der Fragen beantworten: »Was machen Sie beruflich?« Scanner sehnen sich danach, genauso zu sein. Und man kann es ihnen nicht verdenken. Sie erkennen bloß nicht, dass sie in diesem Punkt sich selbst gegenüber nicht ganz ehrlich sind.

Am Anfang meiner Scanner-Workshops stelle ich den Teilnehmern die folgende Frage: »Wie viele von Ihnen wünschen, sie gehörten zu den Menschen, die stets wissen, was sie wollen, und die ihren Weg überzeugt und zielstrebig verfolgen?« Ausnahmslos alle Teilnehmer heben auf diese Frage ihre Hand und nicken fast resigniert. »Sind Sie sich sicher?«, frage ich dann. Daraufhin murmeln die Teilnehmer zustimmend und nicken erneut. Sie denken daran, wie leicht ihr Leben ohne die Irritationen wäre, gegen die sie ständig ankämpfen müssen.

»O.k.«, sage ich dann. »Jetzt heben bitte alle diejenigen ihre Hand, die gerne nur eine Sache machen möchten, nur eine einzige Sache, und das ihr ganzes restliches Leben lang.«

Anschließend wird es immer sehr still. Alle denken entsetzt über diese Perspektive nach, und niemand hebt die Hand. Wenn die Teilnehmer mich wieder ansehen, merken sie natürlich, dass ich sie bewusst aufs Glatteis geführt und auf diese Weise gezwungen habe, sich einzugestehen, dass sie in Wirklichkeit gar keine Spezialisten sein wollen. Alle lehnen sich erleichtert zurück und beginnen zu lachen. Ich höre dann Bemerkungen wie: »Das wäre schrecklich!«

Ella reagierte genauso.

»Sie haben recht. Ich würde es nicht aushalten, immer nur ein und dasselbe zu machen. O je. Heißt das, es gibt für mich keinen Ausweg?«

»Nein«, antwortete ich. »Es bedeutet, dass Sie frei sind. Sie haben versucht, so zu sein wie die anderen und Ihre Neugier, Ihre vielen Interessen für unterschiedliche Dinge aufzugeben. Jetzt können Sie sich entspannen und das tun, was Ihnen entspricht.« Ella sah mich nun gespannt an. Ihr Interesse war geweckt.

Warum können Scanner nicht bei einer Sache bleiben? Warum entscheiden sie sich nicht für etwas? Haben sie tatsächlich Angst davor, sich festzulegen? Sind sie hoffnungslos unreif und oberflächlich oder scheuen sie harte Arbeit? Falls all das nicht zutrifft, warum machen sie sich das Leben dann so schwer und gehen ihr Problem nicht gezielt an? Weil es schon schwer genug ist, viele verschiedene Interessen zu haben. Und wenn man auch noch ständig dafür kritisiert wird, dass man sich nicht festlegen kann, und befürchtet, nie etwas zu erreichen, entsteht eine Bürde, die einen schier erdrückt.

Doch wenn Scanner so unglücklich sind, warum unternehmen sie dann nichts dagegen? Die meisten versuchen es sogar. Sie kaufen Ratgeber oder gehen zur Berufsberatung, um herauszufinden, was ihnen am meisten entspricht. Aber in der Regel sind die angebotenen Lösungen für sie nicht geeignet. Die Ratgeber und Berufsberatungen sind darauf ausgerichtet zu ermitteln, welches die größte Begabung der jeweiligen Person ist. Das ist für Nichtscanner auch genau das Richtige, denn sie sollten ihr größtes Talent in ihrem Beruf nutzen. Aber bei Scannern funktioniert das nicht.

Bei jedem Eignungstest schneide ich auf allen Gebieten ziemlich gut ab. Kein Bereich sticht besonders hervor. Daher helfen solche Tests mir bei meinen Entscheidungen kein bisschen weiter.

▪ Wie ist es bei Ihnen?

Denken Sie ein paar Minuten über die folgenden Fragen nach: Haben Sie je einen Eignungstest gemacht und in vielen Bereichen sehr gut abgeschnitten? Oder war alles so langweilig für Sie, dass Sie nirgendwo gute Ergebnisse erzielten? Waren Sie enttäuscht, weil Sie gehofft hatten, dass Ihnen etwas besonders ins Auge stechen würde und Sie endlich wüssten, welche Richtung Sie einschlagen sollten? Ein Scanner hat mir Folgendes dazu geschrieben:

> *Ich habe immer gehofft, dass irgendetwas auf mich zukommen und ich endlich wissen würde: »Genau das ist es!« Aber das ist nie passiert. Ich wünschte, jemand würde mir sagen, was ich mit meinem Leben anfangen soll!*

Doch als Scanner werden Sie sich nie mit nur einer Richtung begnügen, selbst wenn Ihr Berufsberater Sie dazu drängt. Aber Scanner können sich nicht auf eine Sache festlegen. Das wäre so, als würde man von einer Mutter verlangen, sich für eins ihrer Kinder zu entscheiden und nur diesem einen etwas zu essen zu geben. Das ist unmöglich. Eine Mutter weiß, dass sie all ihren Kindern etwas zu essen geben muss. Und ein Scanner muss jede Richtung weiterverfolgen können, die ihn interessiert. Es gibt drei zwingende Gründe, warum Scanner nicht anders handeln können.

Erstens: Scanner können nicht weniger Interessen haben

Sie sind dafür geschaffen, viele unterschiedliche Dinge zu tun. Wenn man sie zurückhält, ist es so, als würde man einen Läufer an einem Stuhl festbinden oder ein zweijähriges Kind in einem kleinen Gehäuse einsperren. Es führt zum Chaos, ja sogar zur Verzweiflung. Elizabeth brachte dieses Gefühl auf den Punkt:

> *Wenn ich mich zurückhalten oder beschränken muss, langweilt mich alles, nein, schlimmer noch: Ich habe das Gefühl, als würde ein Teil von mir absterben.*

Zweitens: Scanner wollen nicht weniger Interessen haben

Angesichts jeder neuen Herausforderung leben sie auf und möchten am liebsten sofort loslegen. »Moment mal«, protestieren Sie jetzt vielleicht, »wir hätten doch alle am liebsten fünf Nachspeisen, aber wir bekommen sie nicht. Erwachsenwerden heißt nun mal, zu lernen, sich zu kontrollieren.«

Nein, so ist es nicht! Scanner wollen alles, aber nicht, weil sie verzogen sind, sondern aus dem gleichen Grund, aus dem sich unsere Muskeln gerne betätigen. Scanner lieben die Abwechslung, weil sie einen wachen Geist besitzen, der alles sehr schnell verarbeitet. Rascher als andere Menschen sind sie aufnahmefähig für und gierig auf Neues. Sie haben viele Talente und sind dafür geschaffen, diese auch einzusetzen. Daher weigern sie sich insgeheim, sich für etwas zu entscheiden, obwohl es ihnen verhasst ist festzustecken und obwohl sie nicht wissen, wie sie ihr Verhalten rechtfertigen sollen. Sie spüren, dass sie dickköpfig sind. Aber sie wissen nicht, dass diese Dickköpfigkeit aus tiefer Integrität heraus entsteht.

Drittens: Scanner können – und müssen deshalb – viele Dinge ausprobieren

Scanner sind klug und haben viele Begabungen. Sie denken nicht in Schubladen, und es käme ihnen niemals in den Sinn, die Bedeutung des Universums – so wie Einstein – auf eine einzige Formel zu reduzieren. Vielmehr würden sie – so wie Leonardo da Vinci – das Universum endlos ausdehnen.

Für Scanner sind Ordnung und Stabilität nicht so wichtig wie für andere Menschen. Sie haben sich die instinktive Sicherheit von kleinen Kindern bewahrt, die gleiche Begeisterung für Neues sowie die Lust, alles zu erkunden und zu begreifen. Die meisten Menschen empfinden Veränderungen als irritierend oder sogar bedrohlich. Scanner dagegen blühen angesichts von

Veränderungen regelrecht auf. Es stört sie nicht, immer wieder ganz von vorne zu beginnen. Und während die einen sich so lange mit einem Bereich beschäftigen, bis sie ihn vollends beherrschen (bevor der nächste drankommt), sind die anderen hochzufrieden damit, nur kurz hineinzuschnuppern.

Aber wodurch wird das Interesse von Scannern geweckt? Und warum wechseln sie so häufig zum nächsten spannenden Projekt über, bevor sie das vorherige abgeschlossen haben?

Die Antworten auf diese beiden Fragen sind sehr wichtig, um zu verstehen, wie Scanner gestrickt sind. Es ist ganz und gar nichts Mysteriöses dabei. Wenn man Scanner verstehen will, muss man sich nur die Arbeitsweise von Honigbienen ansehen.

■ Aktivitätsspannen, Belohnungen und Honigbienen

Immer wenn ich die für einen Scanner typischen Klagen vernehme, fordere ich mein Gegenüber auf, an Honigbienen zu denken. Kein Mensch mit einem klaren Verstand würde je behaupten, Honigbienen seien zu wenig auf ihre Aufgabe ausgerichtet oder verlören zu schnell das Interesse daran. Niemand würde denken, dass Bienen sich nicht entscheiden können, welche Blume sie anfliegen, oder dass sie ihrer wahren Leidenschaft nicht nachgingen. Wir nehmen an, dass eine Biene einen triftigen Grund dafür hat, wenn sie von einer Blume fortfliegt. Egal, ob sie sich zwei oder zwanzig Sekunden auf einer Blume aufhält, wir gehen davon aus, dass sie die entsprechende Zeit benötigt, um genau das zu bekommen, weshalb sie die Blume überhaupt angesteuert hat: ihre Belohnung nämlich. Die benötigte Zeit ist die »Aktivitätsspanne«. Würde die Biene sich auf der Blume aufhalten, nachdem sie den Nektar gesammelt hat, würde sie in unseren Augen sogar ihre Pflicht vernachlässigen.

Wir sind uns sicher alle einig, dass eine Biene ihre Aufgabe mit großem Eifer erledigt. Allerdings ist sie nicht auf eine spezielle Blume fixiert. Sie konzentriert sich vielmehr darauf, Nektar zu sammeln. Das muss man erkennen, da man die Honigbiene sonst grundlegend missverstehen würde.

Doch auf genau diese Weise werden Scanner von unserer Gesellschaft in der Regel missverstanden. Wir gehen davon aus, dass sie ein Problem haben, wenn sie sich nicht ausdauernd mit einer Sache beschäftigen – ihr Leben lang oder zumindest so lange, bis eine bestimmte Aufgabe »erledigt« ist. Aber wenn wir nicht wissen, *warum* ein Scanner sich mit etwas beschäftigt (das heißt, welchen Nektar er sucht), können wir auch seine jeweilige Aktivitätsspanne nicht bestimmen. *Daher wissen wir nicht, wann er mit einem Projekt fertig ist.* Als ich Ella dies erklärte, hellte ihre Miene sich sofort auf.

»Das heißt, niemand hat das Recht, mir zu sagen, wann ich mit etwas fertig bin! Das ist ja großartig!« Dann fügte sie hinzu: »Ich frage mich, nach welchem ›Nektar‹ ich suche.«

»Ich weiß es nicht«, erwiderte ich. »Geben Sie mir ein Beispiel für etwas, das Sie nicht zu Ende gebracht haben.« Da erzählte Ella mir eine interessante Geschichte.

»Als meine Eltern sich entscheiden mussten, wie sie mit ihrem Rentenfonds verfahren wollen, setzte ich mich fast drei Wochen lang an den Computer, um die beste Lösung für sie zu ermitteln. Es war faszinierend. Nach diesen drei Wochen hätte ich eine hervorragende Anlageberaterin abgegeben. Meine Eltern schlugen mir sogar vor, mich in dieser Richtung weiterhin zu betätigen, und ich hielt es anfänglich auch für eine gute Idee.

Doch sobald ich die nötigen Informationen gesammelt hatte, war die Sache für mich erledigt. Seither hatte ich nicht das geringste Interesse, mich noch in irgendeiner Weise mit Finanzen zu beschäftigen. Ich helfe anderen Menschen gerne bei schwierigen Problemen. Aber das ist auch alles.«

»Vielleicht liegt darin Ihre Belohnung«, sagte ich.

»Ja, ich kann mich in fast jedes Thema einarbeiten, wenn es

jemandem hilft. Es motiviert mich sehr. Das war mir bisher gar nicht bewusst.«

Die Belohnung einer Biene ist der Nektar. Ellas Belohnung bestand darin, mit ihrem neu erworbenen Wissen anderen Menschen zu helfen.

Wie bei der Biene lässt sich die Belohnung eines Scanners an dem Grund seines Interesses und an der Dauer seiner Aufmerksamkeit dafür erkennen. Wenn etwas für Sie seinen Reiz verliert, haben Sie das, was Sie wollten, möglicherweise bereits bekommen. Ihre Mission ist damit beendet.

Nehmen Sie sich in Gedanken einige Ihrer früheren Projekte vor, und überlegen Sie, an welchem Punkt Ihr Interesse daran nachließ. Können Sie ermitteln, welcher Anreiz am Ende nicht mehr vorhanden war? Wenn Ihnen das gelingt, finden Sie auch heraus, wie Ihr Belohnungssystem funktioniert, also was Ihr Interesse entfacht und Sie motiviert, Projekte anzugehen.

▪ Wie sieht Ihre Belohnung aus?

Sehen Sie sich Ihre Aktivitätenliste an. Nehmen Sie dann einen Stift zur Hand, und versuchen Sie sich die Dinge zu vergegenwärtigen, für die Sie sich einmal interessiert haben, wenn auch nur für sehr kurze Zeit. Ergänzen Sie Ihre Liste damit. Stellen Sie sich zu jedem Punkt auf der Liste die folgenden beiden Fragen:

1. Was war das Spannendste oder Interessanteste an dieser Aktivität?
2. Warum habe ich damit aufgehört?

Überlegen Sie: Wann hatte ich Zweifel an diesem Projekt? Welcher Anreiz war verschwunden?

Wenn der Magnet, der Sie ursprünglich angezogen hat, seine

Kraft verliert, haben Sie bereits erreicht, was Sie wollten. Ihre Aufgabe ist erfüllt. Und deshalb schwindet Ihr Interesse. Nicht weil Sie unzuverlässig, faul oder nicht in der Lage wären, sich auf etwas zu konzentrieren, sondern weil das Projekt für Sie beendet ist. Sobald Sie das erkennen, wird dieser Prozess völlig plausibel. Leider begreifen die wenigsten das je.

Versehen Sie Ihre Liste nun mit einer zweiten Spalte unter der Überschrift »Belohnungen«. Neben jede Aktivität beziehungsweise jedes Interessengebiet schreiben Sie die Belohnungen, die Sie durch diese Aktivität bekommen haben. Hier sind einige Antworten anderer Scanner.

Kate: *Als ich klein war, habe ich für mein Leben gerne gemalt. Sobald meine Begabung erkannt wurde, wurde ich systematisch gefördert und sollte eine ordentliche Ausbildung bekommen. Zu diesem Zeitpunkt verlor ich das Interesse an der Malerei. Sodann verlegte ich mich voller Enthusiasmus auf die Schauspielerei, doch nach einer Weile stand nur noch der geschäftliche Aspekt im Vordergrund – es ging in erster Linie darum, die Sitzplätze zu füllen. So war es mit allen Dingen, die ich gerne machte. Sobald das Materielle hinzukam, verloren sie für mich jegliche Bedeutung. Ich wusste nie, warum ich mit etwas aufhörte, aber jetzt ist mir klar, welcher Anreiz für mich verloren ging. Es war die Möglichkeit, mich ungehindert zu entfalten und alles, was in mir war, einfach herausströmen zu lassen. Das erfüllte mich. Schon als kleines Kind war das der wesentliche Punkt.*

Jill: *Ich begann mit Karate und war bis zum braunen Gürtel besessen davon. Das war's dann aber auch für mich, obwohl es mir etwas peinlich war, weil alle sagten, dass ich ein so großes »Potenzial« hätte. Meine nächste Passion war Russisch. Zwei Jahre lang tauchte ich voll und ganz in die Sprache ein. Doch als ich das Gefühl hatte, sie recht gut zu sprechen und zu lesen, hörte ich damit auf. Russisch und Karate machen mir zwar immer*

noch Spaß, aber diese frühere Hingabe ist mir völlig abhanden gekommen. Es hieß, ich hätte Angst vor Erfolg, aber das überzeugte mich nicht.
Irgendetwas war verschwunden. Es war die Herausforderung, mich von einer Anfängerin zur Könnerin zu entwickeln. Jedes Mal hatte ich einen sehr steilen Berg bezwungen und eine Aufgabe gemeistert, die meinen vollen Einsatz erfordert hatte. Ich liebe solche Herausforderungen. Wenn ich mein Ziel erreicht habe, verliere ich die Lust an der Sache.

Wenn Sie Ihre Belohnung aus dem Aktivsein beziehen, sind Sie glücklich, erfüllt und voller Energie. Haben Sie Ihr Ziel dann erreicht, wird die Belohnung kleiner, und Ihr Projekt fängt an, Sie zu langweilen. Das ist so selbstverständlich wie sich zum Essen hinzusetzen, wenn man Hunger hat, und wieder aufzustehen, wenn man satt ist.

■ Unterscheiden Scanner sich darin von allen anderen?

Hat nicht jeder Mensch ein eigenes Belohnungssystem und individuelle Aktivitätsspannen? Das hat er in der Tat. Aber mit Ausnahme einiger Spezialisten, die vollkommen in ihrem Gebiet aufgehen, entwickeln nur wenige Menschen eine solche Hingabe für das, was sie tun, wie Scanner. Und fast niemand sonst kann Langeweile so schwer ertragen wie sie. Darüber hinaus hat kaum jemand ein so riesiges Interessensspektrum. Doch der größte Unterschied besteht darin, dass Scanner schneller lernen als die meisten anderen Menschen.
Der typische Scanner dringt in Rekordgeschwindigkeit in ein neues Thema vor, da er einen wissbegierigen, hungrigen Geist hat, dessen Lieblingsgericht das Lernen ist. Mehr als alles andere wollen Scanner etwas Neues lernen. Und dafür haben sie die größte Begabung.

■ Welche Belohnung motiviert Sie?

Es ist nicht immer leicht, diese wichtige Frage zu beantworten, aber ich habe eine Liste zusammengestellt, die Ihnen dabei helfen wird. Es sind die Belohnungen, die Scanner mir am häufigsten genannt haben. Öffnen Sie nun Ihr Projektbuch und nehmen Sie einen Stift zur Hand, damit Sie sich beim Lesen Notizen machen können.

Belohnungen für Scanner

– Wenn ich weiß, dass ich viele Dinge beherrsche und gegebenenfalls einspringen und helfen kann, habe ich das Gefühl, kompetent und leistungsfähig zu sein.
– Entdeckungen machen, Erkenntnisse und neue Eindrücke gewinnen und sagen können: »Jetzt weiß ich das auch.«
– Begeisterung für alles Neue: Menschen, Orte, Erfahrungen.
– Eine Wirkung auf andere Menschen haben, wahrgenommen werden (wie Lehrer, Schauspieler, Musiker, Priester, Politiker).
– Die eigene Intelligenz nutzen, weil es Spaß macht.
– Sinnlichkeit: hören, riechen, sehen, etwas berühren; und Freude an der Bewegung.
– Alle meine Talente und Eigenschaften zum Einsatz bringen: mein logisches Denkvermögen, meine Intuition, mein Mitgefühl.
– Mich selbst herausfordern, meine Grenzen austesten, prüfen, wie gut ich bin.
– Freude am Lernen, zum Beispiel, wie man Sushi zubereitet oder mittelalterliche Lieder singt.
– Etwas erschaffen, das es vorher noch nicht gab; Lösungen für Probleme entwickeln.
– Visionen haben: mit Möglichkeiten spielen, Prototypen entwickeln, Dinge planen.

- Schönheit: etwas schön gestalten, sich mit schönen Dingen umgeben, Schönheit dort erkennen, wo sie nicht offensichtlich ist.
- Ein Experte auf einem Gebiet werden: sich einen ausgezeichneten Ruf erwerben, etwas vorweisen können.
- Ein Gefühl der Zugehörigkeit: Menschen finden, in deren Gesellschaft man so sein kann, wie man ist; in ein tolles Projekt eingebunden sein.
- Begreifen, was geschieht, wie die Dinge funktionieren, was sich unter der Oberfläche verbirgt.
- Alles zu einem großen Ganzen zusammenfügen, nichts auslassen, die Verflechtungen zwischen den Dingen erkennen.
- Anderen mit den eigenen Fähigkeiten oder dem eigenen Wissen weiterhelfen.
- Learning by doing, zum Beispiel einen Tisch zimmern, Ahornsirup herstellen, eine Sprache sprechen, die ganz anders als die eigene ist.

Haben Sie dieser Liste noch weitere Belohnungen hinzuzufügen, die Ihnen wichtig sind? Schreiben Sie alles auf, und erinnern Sie sich stets daran. Die Belohnungen sind ein wichtiges Element Ihrer Scanner-Identität, sie sind Ihr Treibstoff. Manche Belohnungen – wie das Lernen – funktionieren bei allen Scannern, andere sind typspezifisch und werden Ihnen später helfen zu erkennen, welcher Scannertyp Sie sind. Im Moment genügt es, wenn Sie Ihre individuellen Belohnungen und Aktivitätsspannen ermitteln. Das wird es Ihnen erleichtern, Ihr Leben so zu gestalten, wie es Ihnen entspricht.

Ich hoffe, Sie haben mittlerweile erkannt, dass Sie nicht nur ein intelligenter, produktiver Mensch sind, sondern auch Erfolge aufweisen können, indem Sie sich jede Belohnung erarbeiten, die Ihnen wichtig ist.

■ Die Freiheit, alles auszuprobieren

Ist es nicht schön zu wissen, dass Sie ein Scanner sind? Die Freiheit, die mit dieser Erkenntnis einhergeht, ist himmlisch. Wenn nun eine neue Idee daherkommt, können Sie es sich erlauben, nach Herzenslust darin zu schwelgen. Heißen Sie die Idee wie einen faszinierenden Gast willkommen. Schenken Sie ihr, solange Sie möchten, Ihre volle Aufmerksamkeit. Und wenn Sie merken, dass Ihr Interesse schwindet, vertrauen Sie diesem Gefühl. In der Regel gibt es dafür einen guten Grund. Ihr Projektbuch erlaubt Ihnen, so viel Zeit mit dem faszinierenden Gast zu verbringen, wie Sie möchten.

Was werden die Menschen um Sie herum sagen? Werden sie Ihren Stil gutheißen und Ihnen bereitwillig erlauben, eine Sache zu beenden, sobald Ihnen danach zumute ist? Ich bezweifle es. Doch solange es um Ihre eigenen Projekte geht, braucht Sie das nicht weiter zu kümmern. Wichtig ist, dass Sie sich nicht länger schlecht fühlen, weil Sie so viele Dinge anfangen und dann nicht zu Ende bringen. Mit dieser neuen Perspektive können Sie sich Ihr eigenes, wunderbares Leben zurückerobern. Ich kann Ihnen versichern, dass Ihnen großartige Zeiten bevorstehen.

Oder fällt es Ihnen schwer, sich über diese gute Nachricht zu freuen, weil Sie bezweifeln, dass das alles zu irgendetwas führt?

Kapitel 3

Scanner-Panik

Scanner haben ständig das Gefühl, dass ihnen die Zeit davon-läuft. Jedes Mal, wenn ihr Geburtstag oder Silvester bevorsteht, ergreift sie Panik. Fragt man sie, was mit ihnen los ist, antworten sie in der Regel: »Wo um alles in der Welt ist die eine Sache, die mich ein Leben lang fasziniert. Ich befürchte, dass ich sie nie finden werde.«

Doch damit sollte nun Schluss sein. Sobald Sie wissen, dass Sie sich gar nicht auf ein Interessengebiet festlegen *sollten*, gibt es keinen Grund mehr zur Panik: Sie sind ein Scanner, und Sie werden sich immer zu verschiedenen Dingen hingezogen fühlen. Ihre Panik sollte daher eigentlich verschwinden, meinen Sie nicht?

Aber so ist es leider nicht. Sobald Sie erkannt haben, dass Sie die eine Sache nicht finden müssen und Ihre Kritiker Sie einfach nicht verstehen, sobald Sie die Freiheit entdeckt haben, all Ihre Interessen zu pflegen, geschieht etwas sehr Merk-würdiges: Ihre *wahren* Ängste kommen zum Vorschein. Und diese sehen eher so aus:

»Werde ich mein wahres Potenzial je ausschöpfen?«
»Wird irgendjemand bemerken, dass ich hier gewesen bin?«
»Ich bin in Tränen ausgebrochen, als eine Freundin mir sagte, dass jeder eine Bestimmung im Leben hat. ›Bei mir ist es nicht so‹, schluchzte ich. Ich saß inmitten all meiner begonnenen und wieder fallen gelassenen Projekte, und alles kam mir so sinnlos und wie eine Zeitverschwendung vor.«

Das eigene Potenzial nicht auszuschöpfen, ist die größte Angst eines Scanners. Er kennt seine eigenen Fähigkeiten, wird aber in so viele Richtungen gezogen, dass er selten viel erreicht. Er sieht die Jahre an sich vorüberziehen und sich selbst als stummen Zuschauer im Abseits stehen, während das Spiel längst vorbei ist.

Als Scanner neigen Sie weder zum Dramatisieren noch zum Einbilden einer Gefahr. Sobald Potenzial brachliegt, verspüren Sie einen inneren Drang, es zu nutzen. Aufgrund Ihres Wesens können Sie sich nicht auf ein einziges Ziel ausrichten, haben aber auch keine Idee, wie Sie viele verschiedene Ziele erreichen sollen. Daher besteht tatsächlich die Gefahr, dass Ihr Leben ungenutzt verstreicht.

Doch Sie müssen nicht länger orientierungslos herumpaddeln und krampfhaft nach einer bestimmten Richtung suchen. Denn dies ist Ihr Handbuch. Sie sind auf dem besten Weg, Ihr Potenzial vollkommen auszuschöpfen.

Die ersten zwei Lektionen haben Sie bereits gelernt: Sie wissen, dass Sie ein Scanner sind, und Sie haben die Belohnungen und Aktivitätsspannen kennengelernt, die Ihr Verhalten steuern. Nun sind Sie bereit für die nächste Lektion: Darin geht es um das Zeitproblem von Scannern.

▪ Das Problem mit der Zeit

In meinen früheren Büchern habe ich bereits beschrieben, was ich die »Zeitkrankheit« nenne, einen Zustand, den auch Scanner häufig erleben. Zeit, das ist für sie ausschließlich der gegenwärtige Moment, und sie vergessen völlig, dass es ein Morgen gibt. Wenn sie etwas auf einen späteren Zeitpunkt verschieben müssen, das sie gerne und am liebsten sofort tun würden, sind sie überzeugt, dass die Gelegenheit für immer verpasst ist. Da sie aber grundsätzlich mehr Dinge in Angriff nehmen, als sie auch nur annähernd gleichzeitig bewältigen könnten, lässt die Zeitkrankheit bei ihnen ein Gefühl der Panik aufsteigen.

Dieses Panikgefühl hindert sie daran, eine Lösung zu sehen. Die geheime Absicht der Panik – oder zumindest ihr bester Trick – besteht darin, Scannern eine ganze Reihe von Hindernissen in den Weg zu werfen, um ihnen zu zeigen, wie unmöglich es ist, all ihre Träume zu verwirklichen.

Es ist sinnlos, ihnen zu sagen, dass sie ihren Willen oder ihre Vernunft einsetzen und sich einfach beruhigen sollen, denn Angst ist ein primitiver und sehr wirksamer Verteidigungsmechanismus, der sich nicht so einfach kontrollieren lässt.

Die einzige wirksame und nachhaltige Methode, Angst zu reduzieren, besteht darin, die Gefahr zu minimieren, die sie ursprünglich verursacht hat.

Diesen Prozess wollen wir nun in Angriff nehmen.

■ Wird irgendjemand wissen, dass ich hier gewesen bin?

»Ich bin eine Dilettantin und werde auch nie etwas anderes sein«, sagte eine Teilnehmerin in einem meiner Workshops. »Nur herausragende Persönlichkeiten werden in den Geschichtsbüchern erwähnt. Über mich wird nie jemand etwas schreiben.«

Sie lag falsch mit dieser Aussage. Viele berühmte Leute in der Geschichte der Menschheit waren Scanner. Interessant ist allerdings, dass viele von ihnen gleichzeitig Amateure *und* Experten waren.

Aristoteles' Geschichte

Niemand hätte Sie als Dilettanten bezeichnet, wenn Sie ein paar Jahrhunderte vor Christus in Griechenland gelebt und sich für Philosophie, Logik, Physik, Astronomie, Psychologie, die Kunst der Prophezeiung, Zoologie, Theater und Lyrik interessiert hätten. Man hätte Sie Aristoteles genannt.

Aristoteles legte sich nicht auf nur ein bestimmtes Gebiet fest. Außerdem beschäftigte er sich mit Dingen, mit denen sich noch niemand vor ihm befasst hatte. Er unterrichtete viele Fächer, ohne selbst ein Zertifikat dafür zu haben – weil es einfach niemanden gab, der ihm ein solches Zeugnis hätte ausstellen können.

Aristoteles hätten Scanner wie Sie gefallen. Es heißt, er habe zwei verschiedene Lehrveranstaltungen angeboten: morgens Seminare für einen kleinen Kreis fortgeschrittener Schüler, abends dann seine beliebten Vorlesungen für alle Wissenshungrigen. (An welcher Veranstaltung hätten Sie teilgenommen? Wenn Sie mich fragen: Ich hätte beide besucht!)

Wenn Sie um 1700 in den USA gelebt und sich für ein Dutzend verschiedene Bereiche interessiert hätten, angefangen bei Natur- und Wirtschaftswissenschaften über Musik und Philosophie bis hin zur Politik, hätte man nicht behauptet, Sie seien unentschlossen oder würden sich zu sehr verzetteln. Man hätte Sie Benjamin Franklin genannt.

Nur wenige Menschen wissen, dass Aristoteles und Franklin absolute Amateure waren. Sie hatten keinerlei Zeugnisse, die heute die Voraussetzung für einen Job sind. Aber da Sie nun mal nicht im antiken Griechenland oder in den USA des 18. Jahrhunderts leben, geht es Ihnen vielleicht so wie dem Scanner, der mir Folgendes schrieb: »Ich bin schon so häufig ausgelacht und gehänselt worden. Warum kann ich nicht bei einer Sache bleiben und endlich Anerkennung dafür bekommen?«

Es ist schön und gut, frei zu sein und tun zu können, was man will, ohne sich dabei schuldig zu fühlen. Und es ist auch gut zu wissen, dass Aristoteles Sie gemocht hätte, aber er ist jetzt nicht hier und kann Ihnen das Gefühl, ein Versager zu sein, nicht nehmen.

Viele talentierte Menschen tragen einen besonderen Konflikt mit sich aus, und bei Scannern ist dieser verstärkt, da sie so viele Talente haben.

Wie soll ich nur je all die Dinge tun, die ich tun möchte? Es sind einfach zu viele!

Ich schaffe es nicht, mit etwas anzufangen, und ich befürchte, dass ich sterben werde, ohne meine Möglichkeiten auch nur im Geringsten ausgeschöpft zu haben. Wenn ich mir das vorstelle, fühle ich mich absolut elend. Aber ich weiß auch nicht, wie ich das ändern kann. Ich habe es immer wieder versucht, doch es hat zu nichts geführt!

Lesen Sie dieses Kapitel langsam und in Ruhe durch, damit Ihr Geist Vertrauen zu der Erkenntnis fassen kann, die allmählich zu Ihnen vordringt. Lassen Sie sich den nächsten Satz einfach mal auf der Zunge zergehen: *Sie müssen keine Entscheidung treffen, bei der es um Leben oder Tod geht.* Sie müssen nichts von dem aufgeben, was Sie gerne tun möchten. Wenn Ihre Panik abklingt, werden Sie erkennen, dass Sie genug Zeit haben, um alles zu tun, was Sie tun wollen.

Sie werden feststellen, dass Sie kein Versager sind und nicht hinter anderen Menschen zurückstehen müssen, sondern dass Sie Ihre Fähigkeiten einsetzen und Ihren Beitrag auf dieser Erde leisten werden. Man wird Ihre Stimme hören. Möglicherweise werden Sie sogar reich und berühmt, wenn Ihnen das besonders wichtig ist.

All das zu tun, was Sie lieben, ist leichter, als Sie bisher gedacht haben. Bei näherer Betrachtung lösen sich die meisten Widerstände, die Ihre Panik Ihnen in den Weg geworfen hat, in Luft auf.

■ Die größten Hindernisse panischer Scanner

Woran liegt es, dass Sie die Uhr zwar ticken hören, es Ihnen aber nicht gelingt, aktiv zu werden?

1. Sie haben Angst vor Kritik. Sie fühlen sich beobachtet und versuchen daher, perfekt zu sein. Egal, was Sie tun, es erscheint Ihnen nicht gut genug. Deshalb geben Sie es auf und fangen etwas anderes an. Gleichzeitig haben Sie das Gefühl, wertvolle Zeit zu vergeuden.

2. Sie haben eine »sowieso unmöglich«-Liste zusammengestellt. Die Liste mit den Dingen, die Sie tun möchten, enthält absolut alles, außer den Einträgen »frühstücken« und »mich am Kopf kratzen«. Sie umfasst viele Seiten und beweist allein schon durch ihren Umfang, dass Sie es nie schaffen werden, das zu tun, was Sie wirklich tun möchten.

3. Sie haben Ihr Projekt zu groß angelegt. Sie setzen insgeheim den perfekten Zeitplan sowie zwei Doktortitel voraus, ganz zu schweigen von dem riesigen Bankkredit und den 36 Stunden, die Sie täglich arbeiten müssen, um Marketing, Vertrieb, Buchführung und Produktion auf die Reihe zu kriegen – alles Dinge, die Sie selbst organisieren und ganz alleine bewältigen müssen.

4. Sie fühlen sich nicht dazu berechtigt, zu tun, was Sie wirklich tun wollen. Sie glauben, Sie hätten nicht das Recht, das zu tun, was Sie glücklich macht. Sie haben das Gefühl, dass Sie mehr an andere Menschen denken sollten anstatt nur an sich selbst.

5. Sie denken, Sie sind das Problem. Sie sind überzeugt, dass Sie nicht die nötigen Voraussetzungen und Fähigkeiten mitbringen, die Sie für die Aufgabe benötigen. Oder dass Sie es nicht ernsthaft genug versuchen. Oder etwas in dieser Art.

6. Sie werden in zu viele verschiedene Richtungen gezogen.
Es ist Ihnen unmöglich, sich für eine davon zu entscheiden. Sie hoffen verzweifelt auf ein Zeichen, das Ihnen zumindest einen Hinweis gibt, wo Sie beginnen sollen.

Wenn Sie beim Lesen dieser Liste zustimmend genickt haben, haben Sie das Gefühl der Panik genährt, so wie trockenes Stroh ein Feuer nährt. Lassen Sie uns nun versuchen, ein Hindernis nach dem anderen aus dem Weg zu räumen, damit Sie aktiv werden können.

1. Perfektionisten müssen sich die Ursache ihres Konflikts eingestehen. Viele Scanner sagen: »Ich bin mir selbst der ärgste Feind.« Seien Sie mal ehrlich: Arbeiten Sie wirklich, um Ihrem eigenen hohen Anspruch zu genügen, oder eher, um die Zustimmung anderer Menschen zu erhalten, möglicherweise Ihrer Eltern, Ihres Lehrers, Ihres Chefs – vielleicht sogar Ihrer neugierigen Nachbarn. Es könnte aber auch eine Stimme aus Ihrer Vergangenheit sein. Wo ein Perfektionist ist, ist ein Kritiker nicht weit entfernt. Allzu bereitwillig vergeuden Sie ein tolles Leben, nur weil Sie versuchen, jemandem zu genügen, der Sie nicht versteht und denkt, Sie seien nicht gut genug.

2. Streichen Sie ein paar Dinge von Ihrer »sowieso unmöglich«-Liste. Es ist Ihnen vielleicht nicht bewusst, aber Sie versuchen zu beweisen, dass Sie nicht alles tun können, was Sie gerne tun möchten. Wenn Ihre Liste sehr lang ist, sollten Sie die einzelnen Punkte nochmals durchgehen und prüfen, ob die Liste nicht eher dazu dient zu zeigen, wie aussichtslos es ist, das alles zu realisieren, und somit Ihre Verzweiflung zu rechtfertigen. Ein Seminarteilnehmer sagte einmal zu mir: »Ich werde nie alles tun können, was ich möchte. Ich möchte schwimmen und joggen und Gitarre spielen. Ich möchte darüber hinaus eine Fremdsprache erlernen und interessiere mich für Botanik. Und außerdem muss ich meinen Lebensunterhalt verdienen.«

Aber viele Menschen tun all diese Dinge und noch mehr. Es würde ihnen nie in den Sinn kommen, sie auf eine Liste zu setzen. Ihre »sowieso unmöglich«-Liste bringt etwas anderes zum Ausdruck: »Ich werde nie die Möglichkeit haben, das zu tun, was ich gerne tun möchte. Es ist aussichtslos.«

3. Reduzieren Sie die Größe Ihres Projekts auf ein realistisches Maß. Behalten Sie nur die Elemente bei, die Ihnen wirklich am Herzen liegen. Häufig legen wir Projekte so groß an, dass ihre Umsetzung tatsächlich so gut wie unmöglich ist. Wenn auch Sie in diese Falle getappt sind, sollten Sie Ihr Projekt auf die Elemente reduzieren, an denen Sie am meisten hängen.

4. Es ist kein Privileg, das zu tun, was Sie am liebsten tun, es ist eine Pflicht. Ist es egoistisch, das zu tun, was man am liebsten macht? Wenn Sie Ihren Unterhalt selbst bestreiten und keinem anderen auf der Tasche liegen, wäre es egoistisch, *nicht* das zu tun, was Sie glücklich macht. Sie fühlen sich zu etwas hingezogen, gerade weil Sie auf diesem Gebiet ein angeborenes Talent haben. Mit Ihren Augen sehen Sie etwas, das andere Menschen gar nicht wahrnehmen. Daher schulden Sie es allen anderen, Ihre Fähigkeiten auch einzusetzen.

5. Sie würden alles »richtig« machen, wenn Sie könnten. »Wenn ich eine Sache bis zum Ende durchziehen könnte, würde auch dieses Durcheinander verschwinden.« – »Wenn ich keine Angst hätte zu versagen, wäre alles in Ordnung.« – »Wenn ich nur nicht so unentschlossen wäre und einfach loslegen würde, wären all meine Probleme gelöst.« *Sie begreifen noch* immer nicht, *dass Sie* längst aktiv geworden *wären, wenn Sie es könnten.*

Auch wenn Sie mir nicht zustimmen: Diese Gedanken bringen Sie kein Stück weiter. Es verletzt Sie nur, falschen Glaubenssätzen anzuhängen. Schreiben Sie lieber den folgenden Satz auf ein Stück Papier, und kleben Sie es an Ihren Badezimmerspiegel, sodass Sie es beim Zähneputzen immer sehen:

Jedes Mal, wenn du dich selbst verurteilst, bricht es dir das Herz.

Das sind die Worte des hinduistischen Mönchs Kirpal Venanji. Und tief in Ihrem Inneren wissen Sie, dass er recht hat.

Aber wie können Sie sich von all der Selbstkritik lösen und sich freischwimmen? Ich verrate Ihnen nun einen Trick, der wirklich funktioniert:

Legen Sie los und scheitern Sie.

Ja, ganz im Ernst: Genau so meine ich es. Was haben Sie schon zu verlieren, wenn Sie bei einer kleinen Aufgabe scheitern?

Gehen Sie keine großen Risiken ein, und manövrieren Sie sich auch nicht in eine Sackgasse hinein, aber tun Sie etwas, worauf Sie Lust haben. Und auch wenn das Projekt scheitert, was soll's? Wenn Sie nicht aktiv werden, haben Sie in jedem Fall versagt. Wir haben alle viel zu viel Angst zu versagen.

Und so funktioniert das Scheitern: Wählen Sie irgendein Projekt aus (Sie können sich auch das allerschwerste vornehmen und das einfachste für die Zeit aufheben, in der Sie in Siegerlaune sind). Nun müssen Sie nur noch beschließen, das Projekt halbherzig anzugehen. Wenn Sie möchten, können Sie anfangs vollen Einsatz bringen, doch wenn die Zeit reif ist, noch einmal alle Kräfte zu mobilisieren, tun Sie es einfach nicht.

Wenn Ihre Kritiker Ihr Scheitern mitverfolgt haben – oh, wie sehr ich mir wünsche, dass Sie dieses Experiment tatsächlich ausprobieren –, *prahlen Sie damit.* Gehen Sie stolzen Schrittes zum Esstisch und sagen Sie mit strahlender Miene: »Ich hab's total vermasselt. Ich bin ein absoluter Versager!«

Beschreiben Sie detailliert, warum Sie gescheitert sind, bis Sie merken, dass Ihre Familie oder Ihre Freunde sich wünschen, Sie mögen endlich still sein. Wichtig: Sie sollten die ganze Zeit über so glücklich aussehen wie nie zuvor. Ihre Kritiker murmeln vielleicht vor sich hin, dass Sie verrückt geworden sind, aber *Sie nehmen ihnen auf diese Weise den Wind vollkommen aus den Segeln.* Wenn Sie dennoch weiter Kritik ernten, sollten Sie den anderen eifrig beipflichten und erneut mit Ihrem Scheitern prahlen. Wenn Sie überzeugend sind, wird es allen Beteiligten die Augen öffnen. Außerdem macht es Spaß. Vielleicht haben Sie danach sogar überhaupt keine Angst mehr zu versagen.

6. Es ist völlig egal, wo Sie anfangen. Sobald Sie nicht mehr befürchten, von anderen kritisiert zu werden, beginnen Sie mit der naheliegendsten, leichtesten, schönsten oder irgendeiner anderen Aufgabe. Sie können auch mehrere Dinge gleichzeitig in Angriff nehmen, wenn Ihnen das am ehesten liegt. Es ist völlig egal. *Sie werden ohnehin alle Aufgaben erledigen.*

Und wie schaffen Sie das? Indem Sie den besten Freund der Scanner einsetzen, einen Kalender nämlich.

▪ Der Wandkalender

Nichts kann die Zeitkrankheit, die der Grund für unsere Panik ist, erfolgreicher vertreiben als ein Kalender. Er sollte so groß sein, dass Sie darauf alles unterbringen, was Sie in den nächsten Jahren tun wollen. Wenn er an der Wand hängt und Sie ständig daran erinnert, wird Ihre Panik aller Wahrscheinlichkeit nach verschwinden.

Sie können den Kalender sofort anfertigen. Nehmen Sie einen großen Bogen Papier zur Hand (oder kleben Sie mehrere kleinere Blätter zusammen), und unterteilen Sie ihn mit einem farbigen Filzstift in sechs Felder. Jedes Feld steht für ein Jahr.

Warum gerade sechs Jahre? Weil es gut zu wissen ist, dass Ihnen sechs ganze Jahre zum Spielen zur Verfügung stehen. Ein kürzerer Zeitraum könnte dazu führen, dass Sie sich gedrängt fühlen. Und bei einem größeren Zeitraum verliert man leicht den Überblick. Sechs Jahre scheinen für Scanner genau der richtige Zeitrahmen zu sein.

Schreiben Sie in jedes Feld die entsprechende Jahreszahl, beginnend mit dem aktuellen Jahr.

Stellen Sie sich nun vor den Kalender hin und vergegenwärtigen Sie sich alle Projekte, auf die Sie richtig Lust haben (nicht alle, die Ihnen einfallen!). Überlegen Sie, welche davon Sie bald umsetzen möchten und welche noch etwas warten können. Ordnen Sie jedem Projekt eine bestimmte Farbe zu, und zeichnen Sie dann eine Linie in dem Jahr in Ihren Kalender ein, in dem Sie das Projekt verwirklichen wollen. Eine rote Linie im nächsten Herbst könnte beispielsweise eine Reise nach Rom symbolisieren, eine blaue könnte für einen Malkurs stehen, an dem Sie teilnehmen möchten.

Dies ist zunächst nur ein Entwurf und kein in Stein gemeißelter Plan. Sicherlich werden Sie die Kalendereinträge noch häufig verändern. Aber Sie müssen mit etwas Konkretem beginnen, und ein Kalender ist die einfachste – und wirksamste – Erinnerungshilfe. Er verhindert, dass etwas, das Sie unbedingt tun möchten, im Gedankennebel verschwindet.

Hängen Sie den Kalender an einer Wand auf, auf die Sie jeden Tag mehrmals blicken. Das ist auch schon alles. Lassen Sie sich von der inneren Ruhe überraschen, die sich einstellt, wenn alle Ihre Herzensanliegen bereits zeitlich geplant sind und auf Sie warten.

Haben Sie plötzlich das Gefühl, als würde Ihre Umgebung sich verändern? Anstatt orientierungslos im Raum zu schweben, stehen Sie mit beiden Füßen fest auf der Erde, auf einem Pfad mit einer Richtung. Und das alles mithilfe eines selbst gemachten Kalenders.

Ein Kalender ist das effektivste Instrument gegen Scanner-Panik, denn er erlaubt Ihnen, mit einem einzigen Blick die nächsten paar Jahre zu erfassen. Ein Auszug aus dem Brief eines Scanners mag dies verdeutlichen:

Ich empfand ein körperlich spürbares Gefühl der Erleichterung. Es war, als wäre eine schwere Last von meinen Schultern gefallen. Meine Gedanken sind klarer, seit ich meine Projekte im Kalender festgehalten und mich entschlossen habe, die ersten davon in Angriff zu nehmen. Jetzt kann ich zu der nörgelnden Stimme in meinem Kopf sagen: Es ist o. k., mit manchen Dingen noch zu warten.

Um etwas zu erreichen, brauchen wir alle eine Struktur. Das heißt einen Terminkalender sowie eine konkrete Zeiteinteilung, an die wir uns halten. Ohne eine Struktur verlieren wir die Orientierung; wir wissen nicht mehr, wo wir sind. Wenn Sie lernen, Prioritäten zu setzen und Ihre Projekte in eine gewisse Reihenfolge zu bringen, wenn Sie ein Gefühl dafür entwickeln, wann ein Projekt beginnt und wann es endet, und wenn Sie Ihren großen, wunderbaren Kalender an der Wand nutzen, wird Ihre Konfusion verschwinden, und es wird Ihnen leichtfallen, den ersten Schritt zu tun.

Sie können mit Ihren Projekten nun entweder zeitversetzt beginnen oder sie alle nebeneinander aufreihen und einen kleinen Teil von jedem erledigen. Es geht lediglich darum, Ihre Ideen aus der unerreichbaren Stratosphäre herunterzuholen und in Ihren Alltag zu integrieren – neben all den anderen Aktivitäten wie frühstücken, Post holen und mit dem Hund spazieren gehen.

Vielleicht erscheint Ihnen all dies sehr offensichtlich, aber wenn man Panik hat, ist nichts offensichtlich, wie aus dem folgenden Brief einer Scannerin hervorgeht:

Liebe Barbara,

ich möchte Ihnen berichten, wie sehr mir Ihr Rat, zwei oder drei Projekte auszuwählen und mich darauf zu konzentrieren, geholfen hat. Es klingt vielleicht etwas albern, aber ich habe vorher nie begriffen, dass ich tatsächlich die Möglichkeit habe, zwei oder drei Dinge auszuwählen.

Aus irgendeinem Grund dachte ich immer, ich müsste alles auf einmal und sofort machen. Ihr einfacher Ansatz war eine richtige Befreiung für mich. Er hat mir vor allem dabei geholfen, mir meine »freie« Zeit einzuteilen. Ich weiß nun, worauf ich mich konzentrieren muss, und kann meine Energie und Begeisterung nun direkt in ein Projekt hineinfließen lassen.

Beginnt Ihre Panik sich bereits aufzulösen? Ich wünsche es Ihnen sehr. Denn wenn das Gefühl der Panik verschwindet, wird eine Menge Energie und Kreativität freigesetzt. Und eine auf Sie zugeschnittene Zeitstruktur hilft Ihnen bei der Realisierung all Ihrer faszinierenden Projekte.

In den folgenden Kapiteln werde ich Ihnen zeigen, wie Sie sich Ihre eigenen Strukturen zurechtschneidern, Zeitpläne gestalten und lernen, sich – soweit nötig – daran zu halten. Nun möchte ich Ihnen aber noch einen weiteren Tipp geben.

■ Post-its – die wirksamen Helfer

Wenn irgendetwas in diesem Kapitel Ihnen geholfen hat, das Gefühl der Panik zu reduzieren, sollten Sie das auf mehrere selbstklebende Zettel schreiben und diese überall verteilen: an den Wänden, an Spiegeln, am Kühlschrank, an Türen, in Ihrem Terminkalender oder am Bildschirm Ihres Computers. Stellen Sie jedenfalls sicher, dass Ihr Blick darauf fällt, sobald die Panik wieder in Ihrem Scanner-Herzen aufsteigt.

Der Kalender, das Projektbuch und die Post-its sind zwar keine spektakulären, aber sehr wirksame Instrumente. Das Wissen, viel Zeit für all die Dinge zu haben, die Ihnen wirklich am Herzen liegen, ist für Sie als Scanner ungeheuer wichtig. Wenn Sie im Kopf behalten, dass Sie einen Schritt nach dem anderen tun müssen, um etwas zu erreichen, können Sie aus der Erstarrung ausbrechen und aktiv werden.

Sobald Sie beginnen, all die Dinge zu tun, die Sie lieben, wird sich auch Ihre Angst auflösen, das Leben könnte an Ihnen vorüberziehen. Sie werden erkennen, dass Sie heute, morgen und auch noch im nächsten Jahr all die Begabungen, Neugier und Intelligenz, die in Ihnen stecken, zum Einsatz bringen.

Und auf welches Ziel steuern Sie zu? Wenn Sie die Dinge tun, die Sie wirklich lieben, werden Sie den Weg stets klar vor sich liegen sehen.

Kapitel 4

Die Furcht vor Verbindlichkeit

Ich kann mich doch nicht für den Rest meines Lebens einem tristen Job verschreiben, der mich schrecklich langweilt, mein gesamtes Leben vereinnahmt und bei dem all meine Fähigkeiten total verschwendet sind.

Im falschen Job kaltgestellt zu sein ist für mich der reinste Horror, wie lebendig begraben sein, und niemand hört meine Schreie!

Bevor Scanner sich auf etwas festlegen, ziehen sie häufig die Notbremse. Es graut ihnen schrecklich vor der Vorstellung, sie könnten ihr Leben vergeuden. Daher legen sie sich meist einzig und allein darauf fest, sich auf nichts festzulegen.

Allerdings basiert diese Einstellung auf einigen Fehlannahmen und überholten Ansichten. Scanner, die keine Verpflichtungen eingehen, weichen dem Leben, das sie sich eigentlich sehnlichst wünschen, unnötig aus: einem Leben, in dem sie vieles lernen, unbekannte Territorien erkunden und mit etwas Neuem beginnen können, sobald sie die Lust dazu verspüren.

Wie aber kann jemand, der sich auf etwas festgelegt hat, ein solches Leben führen?

Es ist leichter, als Sie denken. Sie müssen lediglich ein anderes Verständnis von Sich-Festlegen entwickeln.

■ Joannes Geschichte

Joanne vermeidet es strikt, sich auf irgendetwas festzulegen. In ihren Augen zieht jede verbindliche Entscheidung erhebliche und unwiderrufliche Konsequenzen nach sich.

»Ich kann mich nicht für einen Beruf entscheiden. Schließlich könnte es sich herausstellen, dass es nur die zweitbeste Wahl war. Außerdem weiß ich hundertprozentig, dass ich meine Meinung früher oder später ändere. Mein Problem ist, dass ich gerne Psychologin, Komponistin, Schriftstellerin, Lehrerin, Weltreisende und Malerin wäre. Aber jedes Mal, wenn ich mich auf einen dieser Wünsche näher einlasse, taucht unweigerlich die schreckliche Frage auf: *Will ich das wirklich mein ganzes restliches Leben lang machen?* Und das war's dann. Ende. Aus.«

»Und was wäre das Schlimmste daran, einen Fehler zu machen?«, fragte ich Joanne.

»Um Himmels willen«, erwiderte sie voller Entsetzen. »Wo soll ich da nur anfangen? Es braucht Jahre, Geld und viel Mühe, wieder neu durchzustarten. Und wenn man feststellt, dass es nicht das Richtige ist, steckt man erst mal fest! Ich habe das bereits mehr als einmal durchgemacht. Ich möchte es nicht noch mal erleben. Ich erinnere mich nur allzu gut an das Gefühl, mich abgrundtief zu langweilen, und das mit der Aussicht auf ›lebenslänglich‹.«

»Nun, wenn das alles stimmen würde, hätte ich größtes Verständnis für Sie«, sagte ich. »Es ist eine grauenvolle Vorstellung, sein eigenes Leben quasi abschreiben zu müssen. Wenn mich etwas langweilt, möchte ich es nicht mal eine Woche lang machen. Aber Sie haben eine ganze Reihe von Vermutungen angestellt, die nicht richtig sind.«

»Und welche wären das?«, fragte sie.

■ Fehlannahmen der Verbindlichkeitsphobiker

1. Du musst dich für einen einzigen Weg im Leben entscheiden.
2. Alles, was du gerne tust, musst du im Rahmen eines Berufs ausüben. Etwas nur zum Spaß machen zählt nicht.

3. Wenn du deinen Job nicht gerne machst, ist das die Hölle auf Erden.
4. Du musst die richtige Entscheidung treffen, denn jede Berufswahl erfordert einen enormen Aufwand an Zeit und Geld.
5. Sobald du eine Entscheidung getroffen hast, bedeutet das »lebenslänglich« ohne Aussicht auf vorzeitige Entlassung.
6. Wenn du deinen Job nicht mit an Besessenheit grenzender Leidenschaft ausübst, wirst du niemals zufrieden sein und bereit, all deine anderen Interessen dafür zu opfern.

Diese falschen Glaubenssätze erwecken den Eindruck, als müsse man einen in Stein gemeißelten Vertrag mit seinem eigenen Blut unterzeichnen. Dahinter steht die große Angst, sein Leben zu vergeuden, beziehungsweise die Überzeugung, etwas finden zu müssen, das einen so begeistert, dass man das Urteil »lebenslänglich« besser ertragen kann. Kein Wunder, dass Scanner sich weigern, sich auf etwas festzulegen.

Das Problem dabei ist nur: *Nichts von dieser Liste stimmt.*

Lassen Sie uns die einzelnen Punkte nacheinander durchgehen.

Fehlannahme 1: »Du musst dich für einen einzigen Weg im Leben entscheiden.«

Scanner können sich gar nicht für einen einzigen Weg entscheiden. Das ist nun mal eine unumstößliche Tatsache! Aber auch sonst *tut das keiner.*

Sehen Sie sich doch einmal um! Fast niemand macht für immer und ewig denselben Job. Diese Zeiten sind längst vorbei.

Eine solche Perspektive wäre in der Tat eine ungeheure Bürde, die aber nichts mit der Realität zu tun hat. Selbst die erfolgreichsten Leute müssen mehrmals in ihrem Leben mit einer beruflichen Veränderung rechnen.

Fehlannahme 2: »Alles, was du gerne tust, musst du im Rahmen eines Berufs ausüben. Etwas nur zum Spaß machen zählt nicht.«

Ein Scanner sagte einmal zu mir: »Ich werde nie einen Beruf finden, bei dem ich Häuser renovieren, Motorräder reparieren und Gedichte schreiben kann und bei dem ich außerdem die Möglichkeit habe, Computerspiele zu entwickeln und Drehbücher zu verfassen.«

»Nein, das glaube ich auch nicht«, erwiderte ich. »Aber warum müssen Sie alles, wozu Sie einen Hang verspüren, zum Beruf machen?«

»Sie meinen, ich soll diese Dinge *einfach so* zum Spaß machen?«

»Wäre das denn ungesetzlich?«, fragte ich.

»Aber wovon soll ich dann meine Miete bezahlen?«

»Entscheiden Sie sich für eine Tätigkeit, von der Sie leben können, die aber nicht viel Zeit beansprucht. Und widmen Sie sich allem anderen in Ihrer freien Zeit«, schlug ich vor.

Er dachte einen Moment darüber nach. »Das ist eine gute Idee ... Aber all die anderen Dinge wären dann nur Hobbys. Alles, was mir wirklich wichtig ist, mache ich nämlich mit großem Ernst und Einsatz.«

»Leonardo da Vinci hat offenbar auch alles, was ihm wirklich wichtig war, mit großer Ernsthaftigkeit betrieben«, antwortete ich. »Bis er gut sechzig Jahre alt war, wurde er eigentlich nur für seine Malerei bezahlt. Ich bin sicher, dass er kein Geld für den Entwurf seines Flugzeugs oder seines U-Boots bekam. Aber waren diese Dinge deshalb ›nur Hobbys‹?«

Mein Gesprächspartner sann darüber nach. »Nein, aber was dann?«, fragte er.

»Das ist eine Frage, über die Leonardo mit Sicherheit keine Sekunde lang nachgedacht hätte«, antwortete ich. »Vielleicht sollten wir in diesem Punkt alle seinem Beispiel folgen.«

Fehlannahme 3: »Wenn du deinen Job nicht gerne machst, ist das die Hölle auf Erden.«

Da Sie ein Scanner sind, ebbt Ihre Faszination für einen Beruf mit der Zeit wahrscheinlich ab, es sei denn, er ist überaus abwechslungsreich. Wenn Sie voller Begeisterung Medizin studieren, kann es sein, dass Sie später enttäuscht sind, weil ein nicht geringer Teil der Arbeit eines Arztes aus Abrechnungen und Organisation besteht und weil Sie vielleicht weniger dazu kommen, medizinisch tätig zu sein, als Sie gehofft hatten.

Aber wenn Sie leidenschaftlich gerne als Arzt arbeiten möchten, sollten Sie dieses Ziel trotzdem verfolgen! Denn wenn Sie kreativ sind, werden Sie einen Weg finden, Ihre Kenntnisse und Fähigkeiten auf die eine oder andere Weise anzuwenden.

Ich kenne Buchhalter, die jeder Scanner beneiden würde. Mein Freund Eddie arbeitet zum Beispiel nur drei oder vier Monate im Jahr. Die restliche Zeit macht er Fahrradtouren auf der ganzen Welt, nimmt an Tauchexpeditionen teil oder besucht Fotografiekurse. Und eine Psychologin, die ich kenne, hat sich ebenfalls ihren persönlichen Traum erfüllt: Sie arbeitet als psychologische Betreuerin der American-Football-Nationalmannschaft.

Fehlannahme 4: »Du musst die richtige Entscheidung treffen, denn jede Berufswahl erfordert einen enormen Aufwand an Zeit und Geld.«

Wenn Sie das glauben, sollten Sie an all die Leute denken, die Sie von der Schule oder Universität her kennen. Wie viele von ihnen arbeiten genau in dem Bereich, der ihrer Ausbildung entspricht? Oder andersherum betrachtet: Denken Sie nur an all die interessanten Jobs, die etliche Ihrer Bekannten haben, und überlegen Sie, wie viele von ihnen tatsächlich eine spezielle Ausbildung dafür absolviert haben. Die meisten Menschen kommen zufällig zu einem Job und machen ihn dann häufig aufgrund einer Reihe unerwarteter Umstände zu ihrem Beruf.

Es ist nicht klug, etwas in eine bestimmte Ausbildung zu investieren, bevor man nicht die folgenden beiden Fragen für sich geklärt hat:

1. Wie wird meine Arbeit genau aussehen?
2. Benötige ich dafür wirklich eine Ausbildung?

Viele Menschen beginnen ein Studium, bevor sie die Antworten auf diese Fragen kennen. Sie wählen diesen Weg, weil er so klar und einfach erscheint. Für eine bestimmte Anzahl von Jahren müssen sie sich lediglich an einen vorgegebenen Stundenplan halten und feste Anforderungen erfüllen. Sie proben also nur. Und später kommt häufig das böse Erwachen. Viel sinnvoller ist es, Menschen über ihre Arbeit zu befragen und Praktika in dem Tätigkeitsbereich zu machen, mit dem Sie liebäugeln. Auf diese Weise können Sie sich viel Zeit und Geld sparen.

Fehlannahme 5: »Sobald du eine Entscheidung getroffen hast, bedeutet das ›lebenslänglich‹ ohne Aussicht auf vorzeitige Entlassung.«

Auch diese Annahme muss auf ihren Realitätsgehalt hin geprüft werden. Wahrscheinlich haben Sie sie von jemandem übernommen, der in den Fünfziger- oder Sechzigerjahren aufgewachsen ist oder für ein Unternehmen wie IBM gearbeitet hat, das immer versuchte, »von der Wiege bis zur Bahre« für seine Angestellten zu sorgen. Heute ist das nur noch sehr selten der Fall. Überlegen Sie, wie lange Ihre Bekannten um die fünfzig schon in ihrem gegenwärtigen Job arbeiten.

In der Regel hat niemand mehr sein ganzes Leben lang nur

einen einzigen Job, selbst wenn er so etwas anstrebt. Aber wie sieht es bei Rechtsanwälten, Ärzten, Finanzberatern und ähnlichen Berufen aus? Auch in diesen Sparten verändern sich die Menschen beruflich sehr häufig. Nur ein sehr kleiner Teil aller Angestellten hat das ganze Leben lang denselben Job.

So wie ein Installateur sein Werkzeug stets bei sich hat, nehmen die Menschen ihre Fähigkeiten an den nächsten Arbeitsplatz mit. Andere bieten unabhängig von ihrer Position einfach ihre Hilfe an. Häufig werden auf diese Weise ihre Fähigkeiten erkannt und für Tätigkeiten eingesetzt, die nichts mit der eigentlichen Ausbildung zu tun haben.

Fehlannahme 6: »Wenn du deinen Job nicht mit an Besessenheit grenzender Leidenschaft ausübst, wirst du niemals zufrieden sein und bereit, all deine anderen Interessen dafür zu opfern.«

Dieser Glaubenssatz wurde von Scannern erfunden, die sich darüber beklagen, nichts zu finden, was sie dermaßen fasziniert, dass sie darüber alles andere, was sie gerne tun, vergessen.

Ich warte auf die tiefe Stimme, die vom Himmel zu mir herabruft und mir sagt, was ich mit meinem Leben anfangen soll!

Doch diese Stimme ertönt nicht, denn keine Leidenschaft kann je so groß sein, dass ein Scanner sich freiwillig darauf beschränken würde. Ich habe keine tiefe Stimme, und ich rufe auch nicht vom Himmel herab, aber ich kann Ihnen genau sagen, was Sie als Scanner machen müssen: Tun Sie alles, was Sie interessiert!

Manche Menschen gehen aber doch völlig in einer Sache auf. Sie konzentrieren sich darauf und sind völlig davon erfüllt. Können Scanner so etwas nicht auch erleben?

Doch, das können sie! Scanner befassen sich sogar intensiver mit den Dingen, die sie interessieren, als die meisten anderen Leute. Aber wahrscheinlich haben Sie noch nicht erkannt, dass jede Ihrer Passionen legitim und richtig ist.

Bisher haben Sie nach der einen allumfassenden Leidenschaft gesucht, die Sie für immer in Bann schlagen wird. Und genau an diesem Punkt ist ein Umdenken angesagt. *Die Suche nach der einzigen, großen, wahren Leidenschaft kann Sie blind machen für Dutzende von anderen Dingen, für die Sie jeden Tag entbrennen können.* Die Begeisterungsfähigkeit ist eine natürliche Gabe aller Scanner. Doch von der Vorstellung, dass Sie Ihr Leben lang in einem einzigen Thema aufgehen, sollten Sie sich nun voller Erleichterung verabschieden.

Möglicherweise können Sie all Ihre Interessen beruflich perfekt miteinander kombinieren. In diesem Fall werden Sie bei Ihrer Arbeit sehr erfüllt und glücklich sein. Vielleicht finden Sie auch heraus, dass Sie am liebsten immer wieder etwas Neues lernen. Die einzig wahre Passion eines Scanners besteht darin, all seine Fähigkeiten zu nutzen, seinen neugierigen Geist einzusetzen und sich so lange mit dem zu beschäftigen, was ihn fasziniert, bis er herausgefunden hat, was er wissen wollte.

Und es dann wieder gut sein zu lassen.

Wenn Sie bisher eine Verbindlichkeitsphobie hatten, sollten Sie sich Folgendes von mir sagen lassen: *Sie werden keine Leidenschaft finden, die so groß ist, dass alle anderen Interessen verschwinden. Und es würde Ihnen auch nicht gefallen, wenn es so wäre. Aber Sie werden dafür viele Leidenschaften entdecken.* Sie müssen sich nicht verbindlich auf einen einzigen Beruf festlegen oder einem bestimmten Lebensweg folgen – Ihrer genetischen Veranlagung entspricht es vielmehr, sich all Ihren Interessen begeistert und mit vollem Einsatz zu widmen. Eine einzige Richtung wird Ihnen niemals genügen.

■ Müssen Scanner sich also nie auf etwas festlegen?

Nein, das bedeutet es absolut nicht. *Scanner müssen sich vielmehr auf alles festlegen, was sie interessiert.* Sie sind begierig darauf, Neues zu erkunden, und fasziniert von Dingen, die viele andere Menschen überhaupt nicht wahrnehmen. Das sind besondere Gaben. Denken Sie nicht einmal im Traum daran, sie verkümmern zu lassen. Zum einen bereiten sie Ihnen großen Spaß, und zum anderen bereichern sie Ihren Wissensschatz. Und Wissen ist wie Geld: Obwohl manchmal nicht klar ist, wofür man es ausgeben will, wird es früher oder später sehr nützlich sein.

Ein Scanner ist wie ein passionierter Künstler oder ein leidenschaftlicher Liebhaber: Er gibt sich mit ganzem Herzen hin und hält nichts von sich zurück. Schenken Sie Ihrem Interesse Ihre gesamte Aufmerksamkeit, und widmen sie sich ihm mit ganzem Herzen. Und wenn Sie den Wunsch haben, etwas anderes zu tun, dann tun Sie es mit derselben Kraft und Entschlossenheit. Alles andere wäre eine Verschwendung Ihrer Begabungen.

Auch für Ihre Arbeit gilt: Machen Sie sie mit Begeisterung, gehen Sie darin auf, oder lassen Sie es ganz sein. Allerdings sollten Sie sich, bevor Sie sich für eine Tätigkeit entscheiden, über etwas im Klaren sein. Und dabei kann Ihnen das nächste wertvolle Instrument helfen.

■ Der Berufstest

Wenn Menschen es nicht lange in einem Beruf aushalten, liegt das meines Erachtens daran, dass sie ihre Entscheidung zu früh getroffen und sich nicht ausreichend informiert haben, bevor sie sich verbindlich festlegen. Sich zu verpflichten, gilt als eine Art Tugend, als Charakterstärke. Es ist beinahe so, als würde man seine Nationalflagge in den Boden rammen und verkünden, dass man sich verpflichtet, komme, was da wolle.

Auf diese Art und Weise würde man weder ein Haus kaufen noch entscheiden, in welcher Stadt man leben möchte. Wir sollten stets so viel wie möglich in Erfahrung bringen und sorgfältig nachdenken, bevor wir uns zu einer dauerhaften Verpflichtung entschließen.

Doch die wenigsten Menschen testen einen Beruf, bevor sie den Vertrag unterschreiben. Am besten wäre es, wenn Sie eine Weile zur Probe in dem Bereich arbeiten, den Sie ins Auge gefasst haben. Machen Sie ein Praktikum, oder lassen Sie sich von einer Zeitarbeitsfirma vermitteln. Wenn das nicht möglich ist, sprechen Sie zumindest mit Leuten, die in diesem Bereich arbeiten, um herauszufinden, ob die Tätigkeit Ihren Vorstellungen entspricht. Achten Sie auch darauf, wie Ihre Gesprächspartner auf Sie wirken. Überzeugt Sie das Gesamtbild, das Sie am Ende erhalten?

Wenn Sie nicht wissen, wie Ihr Arbeitsplatz aussieht oder was Sie in Ihrem neuen Job erwartet, ist es viel zu früh, um sich in irgendeiner Weise darauf festzulegen – Ihre Ängste sind in diesem Fall überaus berechtigt.

■ Werden Sie für immer ein und denselben Beruf ausüben?

Die Antwort lautet kurz und knapp: nein. Früher oder später wird der Job Sie langweilen, es sei denn, er ist sehr abwechslungsreich oder bietet ständig neue Herausforderungen und Möglichkeiten zur Weiterbildung.

Bevor Sie sich für einen Beruf entscheiden, empfehle ich Ihnen allerdings, ein Vier-Schritte-Programm anzuwenden, das ich für meine Klienten entwickelt habe: das »LALA-System«. Die Buchstaben stehen für die Begriffe Lernen, Anwenden, Lehren und Aufhören.

Nehmen Sie Ihr Projektbuch zur Hand, und entwerfen Sie

entlang dem LALA-System einen Plan für jede Tätigkeit, die Sie näher in Erwägung ziehen (der Plan sollte nicht mehr als eine Seite umfassen). Nehmen wir zum Beispiel an, Sie denken über einen Job als Controller in einem großen Unternehmen nach. Ihr Plan könnte dann so aussehen:

Schritt 1: Lernen. Sechs Monate lang werde ich mich in die Arbeitsabläufe des Unternehmens einarbeiten und Organisationsstrukturen entwerfen, mit denen sie optimiert werden können – aber nur auf dem Papier.

Schritt 2: Anwenden. Wenn ich gut eingearbeitet bin, werde ich versuchen, meine Ideen in die Praxis umzusetzen, das Ergebnis zu optimieren und sicherzustellen, dass alles gut läuft. Das wird etwa zwei weitere Monate dauern.

Schritt 3: Lehren. Sobald klar ist, dass alle von mir entwickelten Strukturen einwandfrei funktionieren, und wenn das Unternehmen signalisiert, dass es meinen Vertrag verlängern möchte, werde ich ankündigen, dass ich nur so lange bleiben werde, bis ich meinen Nachfolger eingearbeitet habe. Das wird voraussichtlich ein paar Monate dauern. Was ich meinem Nachfolger beibringe, halte ich außerdem in einem Handbuch fest, das ich allen Mitarbeitern des Unternehmens zur Verfügung stelle. (Für diesen Service werde ich natürlich gut entlohnt.)

Schritt 4: Aufhören. An meinem letzten Arbeitstag gebe ich eine Abschiedsparty. Viele Kollegen werden mir traurig Lebewohl sagen. Außerdem erhalte ich eine gute Abfindung, die mir ein Jahr Auszeit erlaubt. Ich habe die hohe Abfindung deshalb bekommen, weil ich meinen Chef davon überzeugen konnte, dass das Unternehmen viel Geld durch meine Arbeit spart.
Während meiner Auszeit werde ich meine eigenen Interessen

pflegen und nach den spannendsten Jobs in einem völlig anderen Bereich Ausschau halten. Und wenn es so weit ist, werde ich den ganzen Prozess am nächsten Arbeitsplatz wiederholen.

Um das Prinzip des Vier-Schritte-Programms möglichst deutlich zu veranschaulichen, habe ich das Beispiel nicht zu hundert Prozent realistisch gestaltet, aber das LALA-System ist auf jeden Fall ein sehr nützliches Werkzeug. Allein schon die Tatsache, dass Sie es nun kennengelernt haben, könnte Ihre Einstellung dazu, wie und ob Sie sich festlegen wollen, entscheidend verändern.

Bei Ihrer Jobsuche werden Sie keine Probleme haben, sich festzulegen, solange Sie die folgenden Punkte stets beachten:

Fakt 1: Ein Scanner kann sich für viele Bereiche entscheiden.
Er kann sie miteinander kombinieren oder sich nacheinander damit befassen. Er kann die einen zu seinem Beruf machen und die anderen als Hobby ausüben.

Fakt 2: Es gibt zahlreiche angenehme Jobs, die es einem Scanner ermöglichen, das zu tun, was er liebt. So arbeiten die meisten Musiker, Puppenspieler, Schriftsteller, Erfinder, Historiker und Gründer kleiner Unternehmen. Ich bezeichne solche Tätigkeiten als »zufriedenstellende Jobs« und werde später genauer darauf eingehen (s. a. S. 159).

Fakt 3: Ein Scanner kann seinen Beruf selbst erfinden.
Schlagen Sie erst gar nicht in einem Berufsverzeichnis nach; was Sie suchen, werden Sie dort nicht finden. Sie wissen bereits, was Sie wollen. Sie wissen nur noch nicht, wie Sie es finden sollen. Sie können Ihre eigene Vorstellung von Ihrem Beruf entwickeln und sich durch die Geschichten in diesem Buch zusätzlich inspirieren lassen.

Es gibt keinen Grund mehr, sich zurückzuhalten. Sie halten

drei Schlüssel in der Hand, mit denen sich jede Tür öffnen lässt – es sind die drei Punkte, die Sie gerade gelesen haben. Mit ihrer Hilfe sind Sie so frei, wie Sie nur möchten. Und Sie müssen ab jetzt keine Angst mehr vor Verbindlichkeiten haben.

Im nächsten Kapitel werden wir uns mit einem anderen Problem befassen: Welche Strategien können Sie anwenden, wenn Sie keine Zeit haben, um *irgendetwas* von den Dingen zu tun, die Sie von Herzen gerne tun?

Kapitel 5

Ich habe keine Zeit für meine Lieblingsbeschäftigungen

Liebe Barbara,

sehr gerne würde ich Ihrem Rat folgen und alle meine Träume verwirklichen, aber ich habe nicht einmal die Zeit für einen davon. Wenn meine Frau und ich die Kinder zur Schule gebracht, die Anforderungen in unseren Jobs erfüllt, die Hausarbeit gemacht, die Rechnungen bezahlt und den Kindern bei den Hausaufgaben geholfen haben, können wir nicht von jetzt auf gleich den Schalter umlegen, uns entspannen und über unsere Herzenswünsche nachsinnen, selbst wenn mal Zeit dafür ist. Wie soll man die Dinge tun, die einem wirklich wichtig sind, wenn man keine Zeit oder den Kopf dafür nicht frei hat?

Gezeichnet: ein liebender Vater, Ehemann, Angestellter, Hausbesitzer und Bürger

Viele von uns sind einfach zu beschäftigt, um sich auch nur einen Moment lang ihren Träumen zu widmen. Und selbst wenn man ausnahmsweise mal etwas Zeit übrig hat, weiß man nicht, wie man sie für sich nutzen kann. Mit Kindern kann man so etwas wie Freizeit sowieso vergessen. Das ist die Realität.

Tatsächlich?

In diesem Kapitel werden Sie einige Dinge erfahren, die Sie vielleicht überraschen. Etwa dass es nicht zwangsläufig in Hektik und Stress ausarten muss, wenn Sie sehr viel zu tun haben. Viele Menschen schaffen genauso viel, aber mit einer großen inneren Ruhe. Oder dass Sie den Blick für Prioritäten verlieren, wenn Sie zu gestresst sind, um klar zu denken. Dann halsen Sie sich nämlich mehr auf als nötig. Gerade in einem Zustand permanenter Anspannung brauchen Sie mehr Zeit für sich selbst, denn was Sie tun, baut Sie offensichtlich nicht auf, sondern verbraucht Ihre Energie und laugt Sie aus.

Aber leichter gesagt als getan. Was kann man konkret gegen den Stress tun?

Überarbeitete Menschen haben Angst. Sie haben Angst, etwas Wichtiges zu vergessen, einen Termin nicht einzuhalten oder jemanden zu enttäuschen. Sie haben Angst, ihren verschiedenen Verpflichtungen nicht nachzukommen oder die Kontrolle zu verlieren. Daher denken sie nie darüber nach, wie sie ihr Leben leichter oder freudvoller gestalten könnten. Ganz im Gegenteil, sie laden sich immer noch mehr Verantwortung und Druck auf.

■ Seit wann haben Sie keine freie Minute mehr?

Diese Frage stellte ich auch Jeff, einem überarbeiteten Scanner. Als Kind liebte er Tiere und spielte stundenlang mit den Hunden der Nachbarn. Er brachte sich selbst Gitarrespielen bei, schrieb eigene Songs und als Teenager sogar ein ganzes Musical. Als er vierzehn Jahre alt war, zog das letzte seiner Geschwister aus dem Elternhaus aus, sodass er als einziges Kind zurückblieb.

»Meine Eltern waren zu dieser Zeit bereits alt und krank, aber mein Vater machte immer noch eisern seinen Job, und meine Mutter arbeitete sich im Haushalt auf. Ich erkannte, wie mühsam alles für meine Eltern war, und verließ in diesem Moment meinen Garten Eden«, erklärte Jeff. »Ich gab alles auf, was mir Spaß machte, und versuchte nur noch, möglichst rasch genug Geld zu verdienen, damit mein Vater sich endlich zur Ruhe setzen konnte. Seitdem fühle ich mich immer getrieben und gestresst und dafür verantwortlich, dass der Laden läuft.«

Nicht jeder Mensch muss bereits vor dem Erwachsenwerden so viel Verantwortung tragen wie Jeff, aber viele machen eine verblüffend ähnliche Erfahrung: sich zu fühlen wie ein Kind, das versucht, so viel zu leisten wie ein Erwachsener.

In einem bestimmten Moment verlassen wir alle unseren Garten Eden, in dem wir sorglos und frei waren und in dem es keine Erwartungen an uns gab. Doch mit einem Mal durften wir keine Fehler mehr machen und mussten Verantwortung übernehmen. Diese einschneidende Veränderung wird viel zu wenig beachtet. Dabei ist sie die Ursache für zahlreiche Fehler gestresster Menschen.

Lassen Sie uns herausfinden, wann Sie aus Ihrem Paradies vertrieben wurden. Versuchen Sie sich daran zu erinnern, wann Sie das letzte Mal frei von dem Gefühl waren, gestresst oder in Hetze zu sein, und Dinge taten, die Ihnen Spaß machten – spontan und einfach so. Wie alt waren Sie?

Beschreiben Sie das Gefühl der Freiheit, das Sie damals empfanden.

Speichern Sie dieses Gefühl nun in Ihrer Erinnerung. Sie sollten es nämlich mindestens einmal am Tag wieder in sich heraufbeschwören. Erinnern Sie sich an eine Situation, in der Sie einfach nur dasaßen und nichts anderes taten, als zu beobachten, wie der Abend hereinbrach und es immer dunkler wurde. Oder erinnern Sie sich daran, wie Sie mit Ihrem Hund spielten und nichts anderes zu tun hatten. Kehren Sie dann so oft wie möglich zu dieser Erinnerung zurück. *Denn wenn Sie vergessen, wie sich Leichtigkeit anfühlt, befinden Sie sich ständig in Alarmbereitschaft.* Sie haben den Kopf nicht frei für das, was Sie wirklich möchten. Es ist, als würden Sie versuchen, Gedichte in einem brennenden Gebäude zu lesen – was Ihnen vermutlich nicht im Entferntesten in den Sinn käme.

Doch das Gebäude brennt in Wirklichkeit nicht. Es hat lediglich den Anschein, als wäre es so.

■ Sie können sich einfach nicht entspannen

Stress und Anspannung sind verwandt mit dem Gefühl der Angst. Angst entsteht, wenn wir eine Gefahr wittern. Gestresste Menschen beschreiben diese Gefahr in der Regel ziemlich ähnlich: »Ich muss einkaufen, die Kinder abholen, Essen kochen und mit den Kindern Hausaufgaben machen, außerdem muss ich die morgige Präsentation vorbereiten, für die ich noch nichts getan habe. Und dann muss ich mit dem Hund zum Tierarzt und meine Schwester auf dem Weg zur Arbeit abholen, weil sie sich das Bein gebrochen hat …« Im Klartext heißt das: *Die Dinge geraten außer Kontrolle, und es wird in einem absoluten Desaster enden.*

Unsere Angst versetzt uns in einen panikartigen Zustand und hindert uns daran, in Ruhe nach Lösungen zu suchen. Doch wenn Sie herausfinden, was Sie blockiert, und wenn Sie sich – wie zuvor beschrieben – das Gefühl der Leichtigkeit ins Bewusstsein rufen, können Sie Angst, Panik und Stress reduzieren.

Lassen Sie uns untersuchen, warum Sie sich selbst so unter Druck setzen.

– Sie bürden sich so viel auf, um zu beweisen, dass Sie ein guter Mensch sind.
– Sie bürden sich so viel auf, um zu testen, wie belastbar Sie sind.
– Sie überfordern sich so lange, bis Sie zusammenbrechen (damit »alle anderen« endlich erkennen, wie sehr Sie sich eingesetzt haben).
– Sie treiben sich an, weil Sie das Gefühl haben, es sei unbedingt erforderlich, haben aber vergessen, warum.

Woher kommt dieses Gefühl, alles im Griff haben zu müssen? Möglicherweise verdrängen Sie Ihre Angst oder Hilflosigkeit oder einen schmerzlichen Verlust in Ihrer frühen Kindheit, an den Sie sich nicht mehr erinnern. Wenn Sie stark unter Druck geraten, reagieren Sie wie das kleine Kind, dem die Bürde der Verantwortung zum ersten Mal bewusst wird und das Angst hat, sie nicht schultern zu können.

Würden Sie, wenn Sie zu viel um die Ohren haben und über einen langen Zeitraum gestresst sind, nicht manchmal am liebsten bittere Tränen vergießen – erlauben es sich aber nicht? Wahrscheinlich wissen Sie nicht, dass ein paar Tränen den Stress dahinschmelzen lassen, so wie heißes Wasser einen Eiswürfel zum Schmelzen bringt. Sogar ein tiefer, trauriger Seufzer hilft schon.

■ Der Mini-Nervenzusammenbruch

Wenn Sie in einer Stresssituation den Überblick behalten sowie ruhig und überlegt handeln wollen, sollten Sie mindestens einmal pro Tag einen Mini-Nervenzusammenbruch inszenieren. Das ist eine leichte Übung, und niemand wird je davon erfahren. Probieren Sie es einfach aus, dann werden Sie sehen, dass es wunderbar wirkt. Und so funktioniert es:

1. Gehen Sie in einen Raum, wo Sie die Türen hinter sich zumachen und ungestört sein können.
2. Schließen Sie die Augen, atmen Sie ein paar Mal tief ein und aus, und sagen Sie leise zu sich selbst: »Ich bin verletzt« und »aua«.
3. Bei der geringsten Empfindung in Ihren Augen oder in Ihrer Brust tun Sie so, als würden Sie weinen. Seufzen Sie ein paar Mal. Wenn Ihnen Tränen kommen, ist es noch besser, aber nicht unbedingt nötig.
4. Wenn Sie gar nichts empfinden, tun Sie so, als wären Sie ein achtjähriges Kind und trügen diese Verantwortung. Sagen Sie leise zu sich: »Helft mir bitte. Ich bin zu klein für diese

schwere Bürde. Sie wird mich erdrücken.« Das wirkt bestimmt.

5. Spüren Sie all den Kummer, der an die Oberfläche kommt,
und lassen Sie Ihren Gefühlen völlig freien Lauf. Achten Sie
darauf, wie Ihre Anspannung dahinschmilzt.

Wenn Ihr Seufzen sich verändert und eher so klingt, als würden
Sie denken: »Puh, es ist vorbei«, wissen Sie, dass der Prozess
beendet ist. Stehen Sie auf und waschen Sie sich das Gesicht.
Sie werden etwas sehr Überraschendes feststellen: Ihr Stress-
gefühl hat sich verflüchtigt, und es fällt Ihnen nun leicht, die
Dinge ruhig und entspannt anzugehen.

Diese einfache kleine Übung versetzt Sie in einen völlig veränderten Zustand. Die Angst vor Überforderung entsteht häufig, wenn man versucht, Gefühle zu unterdrücken. Sobald man
sie zulässt, gibt es nichts mehr, wovor man Angst haben müsste.
Das ängstliche Kind in Ihnen muss hin und wieder weinen, und
sobald es das tun kann, löst sich Ihre Angst auf.

Manchmal ist es schwierig, sich mit den eigenen Gefühlen zu
konfrontieren, aber wenn Sie sie nur einmal zulassen, anstatt
sie tausend Mal zu verdrängen, wird die wohltuende Wirkung
enorm sein.

Selbstverständlich müssen Sie diese Übung wiederholen.
Gehen Sie mit Ihren Gefühlen so um, wie Sie einen Garten bestellen: Harken Sie regelmäßig durch. Wenn Sie dranbleiben,
werden Sie feststellen, dass das Unkraut allmählich verschwindet und Ihr Garten immer gepflegter wird. Dann werden Sie
immer öfter unbekümmert, gut gelaunt und geduldig sein.

■ Die Trickkiste für zeitlich eingespannte Scanner

Ich verrate Ihnen nun einige Tipps und Tricks und gebe Ihnen
Werkzeuge an die Hand, die Ihnen erlauben, all die wunder-

baren Projekte zu verwirklichen, die Sie schon so lange angehen wollten.

Erstellen Sie im Kopf eine To-do-Liste, und reduzieren Sie diese dann um die Hälfte. Holen Sie die Kinder von der Schule ab, und fahren Sie auf direktem Weg nach Hause, ohne einkaufen zu gehen. Essen Sie heute einfach Bananen und Müsli. Kümmern Sie sich dieses eine Mal nicht um die Hausaufgaben, sondern bitten Sie Ihre Kinder stattdessen, Ihnen bei Ihrer Präsentation zu helfen. Erklären Sie ihnen, worum es dabei geht und warum sie Ihnen Kopfzerbrechen bereitet. Wenn Ihre Kinder älter als sechs Jahre sind, können Sie Ihnen bereits gut dabei helfen, und Sie werden überrascht sein, welche tollen Ratschläge Sie von ihnen bekommen.

Besorgen Sie sich mehr Hilfe, als Sie brauchen. Engagieren Sie einen netten Rentner aus Ihrer Nachbarschaft, der gegen Bezahlung mit dem Hund spazieren geht, wenn es bei Ihnen zeitlich knapp wird. Er könnte den Hund auch zum Tierarzt bringen. Rufen Sie außerdem ein Taxi, das Ihre Schwester zum Arzt fährt.

»Aber das ist Geldverschwendung. Der Tierarzt und die Wohnung meiner Schwester liegen auf dem Weg zu meiner Arbeit«, protestieren Sie jetzt vielleicht, aber nur, *weil Sie vergessen haben, wie angenehm es ist, zur Arbeit zu fahren und unterwegs nichts anderes erledigen zu müssen.*

Wenn Sie stark eingespannt sind, vergessen Sie leicht, was für ein Luxus es ist, weniger zu bringen als maximale Leistung, und häufig verlässt Sie auch Ihr gesunder Menschenverstand. Wahrscheinlich tun Sie alles, was Sie können, um im Höchsttempo durchs Leben zu jagen, so als hätten Sie einen Krankenwagen mit laufendem Motor vor Ihrem Haus stehen – für alle Fälle.

Nehmen Sie sich als Erstes Zeit für sich selbst. Wenn Sie von der Arbeit nach Hause kommen, ziehen Sie sich erst einmal an einen ungestörten Platz zurück, und erledigen Sie Ihre eigenen Dinge. Eine Mutter, die gerade an einem Buch arbeitet, hat mir dazu Folgendes geschrieben:

Wenn ich nach Hause komme, gebe ich allen einen Begrüßungskuss. Dann gehe ich schnurstracks für eine halbe Stunde in mein Arbeitszimmer. Danach ziehe ich mich um und beginne mit meinem Familienleben. Ich komme regelmäßig Schritt für Schritt mit meinem Buch weiter. Probieren Sie es aus, es funktioniert wunderbar!

Das Setup. Dies ist mein Lieblingstrick. Ich habe ihn bis zum Schluss aufgehoben, weil er den Scanner in Ihnen retten könnte. Zwei Minuten hier und da für ein eigenes Projekt sind vielleicht das Äußerste, was Sie von Ihrer Zeit abzwacken können, aber der Trick besteht darin, dies auch zu tun. Er ist sehr simpel, aber er könnte Ihr Leben retten.

Bereiten Sie alles, was Sie für Ihr Projekt benötigen, vor. Alles sollte an Ort und Stelle und bereit für den Einsatz sein. Sie haben also das Setup installiert und können das Programm hochfahren, sobald Sie auch nur ein bisschen Zeit dafür haben.

Es genügt tatsächlich, nur ein bisschen Zeit zu haben. In zwei Minuten können Sie zum Beispiel eine Skizze anfertigen oder eine Gedichtzeile verfassen. Wenn Sie sich vollkommen auf Ihr Projekt konzentrieren (in diesem Fall ist kein Multitasking erlaubt), werden Sie merken, dass die Arbeit daran überaus befriedigend ist. Legen Sie diese Stippvisiten so oft wie möglich ein. Die Ergebnisse werden Sie verblüffen.

Großartige Möglichkeiten, sich zwischendurch Ihrem Projekt zu widmen (wir denken nur viel zu selten daran), bieten sich, während Sie Zeit mit Ihrer Familie verbringen. Ich nenne diese Methode »Ein Meisterwerk in den Werbepausen malen«.

Sie müssen dafür lediglich das Setup einrichten und zudem eine winzige Zeitspanne zur Verfügung haben.

Jeff hat es auf diese Weise geschafft zu malen, aber die Methode lässt sich mühelos auf viele andere Tätigkeiten übertragen. Richten Sie sich – um beim Beispiel Malen zu bleiben – im Wohnzimmer eine kleine Malecke ein, und zwar so, dass Sie sofort loslegen können. Stellen Sie also eine Leinwand, Farben und Pinsel bereit. Räumen Sie Ihre Malutensilien nie weg! Lassen Sie die Pinsel im Wasser stehen, damit Sie sie vor dem nächsten Einsatz nur kurz abwischen müssen. Wenn das Setup steht, können Sie jederzeit in Ihre Malecke gehen und ein paar Minuten lang malen, zum Beispiel während der Werbepausen im Fernsehen oder zwischen verschiedenen Hausarbeiten. Kommt Ihnen das lächerlich vor? Probieren Sie es doch einfach aus! Es macht Spaß!

Nach Ihrem kurzen Malintermezzo setzen Sie sich wieder zu Ihren Kindern und sehen mit ihnen bis zur nächsten Werbepause fern. Vielleicht entschließen Sie sich aber auch weiterzumalen, jetzt, da Sie einmal angefangen haben. Auf alle Fälle entfernen Sie sich dadurch weder von Ihrer Familie, noch fühlen Sie sich schuldig oder einsam.

Ich hoffe, dass alle überarbeiteten, gestressten Scanner – nicht nur die Eltern unter ihnen – sich meine Vorschläge zu Herzen nehmen. Das Kind in Ihnen braucht Aufmerksamkeit, wenn Sie sich gehetzt, bedrängt und überfordert fühlen. Falls Sie bereits versucht haben, gegen Ihr Burnout-Gefühl anzugehen, indem Sie sich freigenommen und gar nichts getan haben, wissen Sie wahrscheinlich, dass das überhaupt nichts bringt. Langeweile kann das Gefühl, emotional ausgelaugt zu sein, nicht kurieren – vor allem nicht bei einem Scanner.

Doch wenn es Ihnen gelingt, Ihre emotionale Verletzung zu überwinden, werden Sie genug Raum in Ihrem Leben für die Dinge finden, die Ihnen am Herzen liegen. Kreativität und Neues zu lernen sind die besten Mittel gegen das Burnout-

Syndrom. Beschäftigen Sie sich mit einem faszinierenden Projekt. Das ist die beste Medizin.

Meine Freundin Gudrun bestätigte mir dies: »Voller Begeisterung habe ich in den letzten Wochen ein neues Buch herausgegeben. Es stimmt tatsächlich! Ich war so müde und ausgelaugt und dachte, ich bräuchte eine Pause. Aber mitnichten! Ich muss in meinem Leben einfach mehr aufregende Dinge tun!«

Nun werden wir uns mit Scannern beschäftigen, die viel Zeit haben, aber trotzdem nicht das tun, was sie lieben. Das mag vielleicht eigenartig klingen, aber es kommt gar nicht so selten vor. Möglicherweise befinden Sie sich häufig in dem gleichen Dilemma.

Kapitel 6
Wenn ich nicht alles tun kann, mache ich überhaupt nichts

Hatten Sie je das Gefühl, wie gelähmt zu sein, weil die Welt voller faszinierender Möglichkeiten steckt, Sie aber befürchten, Ihnen könnte etwas entgehen – selbst wenn Sie sich für etwas entscheiden, das Ihnen wirklich am Herzen liegt? Es ist, wie ich am Anfang des Buches bereits gesagt habe, so, als würde man in einem Süßigkeitenladen verhungern. Aber vielen Scannern geht es genau so.

»Ich wünschte, ich könnte zweihundert Jahre lang leben«, sagte eine junge Frau während eines Seminars zu mir. »Aber selbst das würde wahrscheinlich noch nicht reichen.«

»Manche Menschen möchten jeweils nur ein bisschen was über viele verschiedene Dinge wissen«, schrieb ein Mann in meinem Internet-Forum. »Andere möchten viel über ein ganz bestimmtes Thema wissen. Aber ich will über alles sehr viel wissen. Und ich weiß überhaupt nicht, wie ich das in einem einzigen Leben schaffen soll.«

Die Menschen, die mir von diesem Problem erzählten, hatten – abgesehen davon, dass sie absolut alles machen wollten – noch etwas gemeinsam: Sie taten *so gut wie nichts* von dem, was sie wirklich interessierte, schoben alles weit von sich und verbrachten ihre Zeit mit Aktivitäten, denen sie überhaupt nichts abgewinnen konnten.

Wenn Sie ebenfalls denken, dass es gar keinen Sinn macht, irgendeines von den vielen Dingen in Angriff zu nehmen, für die Sie sich begeistern, und wenn die Vielfalt an Möglichkeiten Sie überfordert und lähmt, dann enthalten Sie sich eine Menge Freude und Glück vor. Das können Sie mithilfe dieses Kapitels ändern. Doch sehen wir uns zunächst an, warum das so ist.

■ Warum befinden Sie sich in diesem Dilemma?

Scanner sind kluge, multitalentierte Menschen. Viele von ihnen stecken jedoch fest, weil sie ehrlich davon überzeugt sind, dass es nichts auf der Welt gibt, das sie nicht interessiert. Doch allen, die das glauben, verrate ich nun zwei Geheimnisse:

1. Scanner wollen in Wirklichkeit gar nicht alles machen.
2. Scanner wollen sich auch nicht so intensiv mit den Dingen beschäftigen, wie sie meinen.

Niemand will wirklich *alles* machen. Außerdem haben Scanner häufig keine klare Vorstellung davon, wie sehr sie sich tatsächlich in ein Thema vertiefen möchten. Scanner, die sich jahrelang ernsthaft mit etwas beschäftigen wollen, tun es einfach. Ich bezeichne sie als »Serienspezialisten« und gehe im zweiten Teil des Buches näher auf diesen Typus ein.

Aber Scanner, die glauben, dass sie sich jahrelang in ein Thema vertiefen möchten, am Ende aber gar nichts machen, leiden unter einem Phänomen, das ich als »Entbehrungsüberschuss« bezeichne. Sie haben so lange gehungert, dass sie nun meinen, einen ganzen Ochsen verschlingen zu müssen, um satt zu werden. In Wirklichkeit können sie aber nur so viel essen, wie in ihren Magen hineinpasst, egal, wie hungrig sie auch sind. Das Traurige dabei ist, dass allein die Vorstellung, so viel zu bekommen, wie sie wollen, bei ihnen zu einem noch größeren Gefühl der Entbehrung führt. Und am Ende bekommen sie gar nichts. Doch in Wirklichkeit müssen sie gar nicht viel essen, um ihren unendlichen Hunger zu stillen.

Wenn auch Sie dieses selbst auferlegte Hungergefühl kennen – egal, ob es der Hunger nach intellektueller oder kreativer Betätigung oder der Hunger nach Lernen ist –, sollten Sie die folgende Übung machen. Wenn Sie damit fertig sind, werden wir daran arbeiten, Ihren Hungerstreik zu beenden. Danach werden Sie nicht nur in der Lage sein, sich nach Herzenslust auf allen Spielwiesen auszutoben, auf die Sie stoßen, sondern Sie werden möglicherweise sogar einen Gang herunterschalten und sich nach neuen Betätigungsfeldern umsehen.

■ Die Große Liste

Es gibt ein Buch mit dem Titel ›1000 Places to see before you die. Die Lebensliste für den Weltreisenden‹. Da es einem Scanner viel mehr Spaß macht, selbst aktiv zu werden, anstatt sich nur etwas anzusehen, wollen wir die Buchidee leicht abwandeln. Wie viele Dinge fallen Ihnen ein, die Sie unbedingt tun wollen? Was, *glauben Sie*, sind die tausend Dinge, die Sie vor Ihrem Tod ausprobieren möchten? Setzen Sie keine Reiseziele auf Ihre Liste, sondern Interessengebiete: Dinge, die Sie tun, über die Sie etwas lernen, die Sie herstellen, sammeln, entstehen lassen wollen. Später können Sie einen Blick auf die Liste werfen, wenn Sie tatsächlich einmal etwas freie Zeit haben und sich nicht entscheiden können, was Sie als Nächstes tun wollen. Doch im Moment dient sie einem höheren Zweck. Machen Sie die Übung, dann werden Sie sehen, was ich meine.

Ich habe diese Übung auch mit Ralph durchgeführt, einem Scanner, der auch unter Entbehrungsüberschuss litt.

»Listen Sie alle Dinge auf, über die Sie gerne mehr wissen würden«, forderte ich ihn auf.

»Ich möchte mehr über alles wissen«, erwiderte er.

»Gut, dann wird es eine Weile dauern. Ich habe viel Papier. Fangen wir an.«

Innerhalb von zehn Minuten schrieb Ralph etwa dreißig verschiedene Dinge auf. Dann kramte er in seinem Gedächtnis nach Zeitschriftenartikeln, die ihn beschäftigt hatten, und fügte zwanzig Interessengebiete hinzu.

»Ich bin sicher, dass Sie noch hundert weitere Dinge

aufschreiben würden, wenn Sie Ihre Zeitschriften vor sich hätten.«

»Zweihundert«, sagte er fast entschuldigend.

»O.k., zweihundert. Dann wären es insgesamt zweihundertfünfzig. Ich hatte gehofft, dass Sie mindestens tausend zusammenbekommen.«

Er lächelte. »Nun gut, ich interessiere mich wahrscheinlich nicht für *alles und jedes*, aber zweihundertfünfzig Dinge sind immer noch zu viel, oder?«

Bevor ich Ihnen verrate, welche Antwort wir auf seine Frage fanden, sollten Sie die Übung nun selbst durchführen.

■ Stellen Sie Ihre Große Liste zusammen

Öffnen Sie Ihr Projektbuch, und planen Sie vier bis sechs Seiten für Ihre Große Liste ein. Sie können auch einen großen Bogen Papier verwenden, der genügend Platz für etwaige Ergänzungen bietet. Schreiben Sie in der oberen linken Ecke mit kleiner Schrift eine Reihe von Dingen auf, die Sie interessieren oder für die Sie sich interessieren könnten, falls Sie hundertfünf Jahre alt werden.

Sie sollten diese Übung wirklich durchführen, denn sobald Sie Ihre Interessen aufschreiben, werden sie real. Ein Teil Ihres Problems besteht nämlich darin, dass Sie sie bisher in Ihrer Vorstellungswelt belassen haben, wo sie leicht verloren gehen.

Denken Sie nach, bevor Sie etwas notieren. Ich möchte nicht, dass Sie Dinge aufschreiben wie »Ich möchte die folgenden Fächer studieren: 1. Afrikanische Geschichte, 2. Asiatische Geschichte, 3. Europäische Geschichte ... 78. Physik, 79. Mathematik, 80. Quantenmechanik ... 120. Ungarisch, 121. Griechisch«. Bei dieser Übung sollen Sie nicht ermitteln, was man auf dieser Welt alles tun kann. Sie sollen vielmehr herausfinden, wie viele Dinge Ihnen wirklich Spaß machen und womit

Sie Ihre Zeit verbringen möchten. Die Große Liste sollte Folgendes beinhalten:

- alles, was Sie bereits getan haben
- alles, was Sie gerne zum ersten Mal machen möchten
- alles, was Sie in den nächsten Jahren gerne tun würden
- alles, was Sie nur ein bis zwei Mal machen möchten

Bevor Sie etwas in Ihre Liste aufnehmen, sollten Sie daher etwa eine Minute lang mit geschlossenen Augen dasitzen und sich vorstellen, wie Sie diese Tätigkeit *in Echtzeit* ausführen. (Alternativ dazu können Sie die Tätigkeit auch zwei Minuten lang in der Gegenwartsform beschreiben. Beispielsweise so: »Ich schlage mein Buch über mittelalterliche Sicherheitsnadeln auf und lese die erste Seite. Sie handelt von einer Gruft, die 1345 entdeckt wurde … Der Nachmittag vergeht, und ich lese immer noch in dem Buch …«)

Wenn Ihnen die Tätigkeit in Ihrer Vorstellung so gut gefällt, wie Sie gehofft haben, hat sie den Test bestanden und kommt auf die Liste. Aber wenn etwas Sie nur reizt, weil es sich toll anhört, sollten Sie eine Weile darüber nachdenken, bevor Sie es aufschreiben.

Wenn Sie möchten, können Sie diese Übung auf mehrere Tage ausdehnen. Sie sollten stets ein kleines Notizbuch bei sich haben und alle interessanten Dinge, die den Test bestehen, aufschreiben. Diese Notizen übertragen Sie dann zu Hause in Ihre Große Liste.

Sobald Sie denken, dass Sie fertig sind, sehen Sie sich Ihre Liste an. Wenn Sie nicht gemogelt haben, wette ich, dass Sie nur ein paar Dutzend, höchstens aber hundert Aktivitäten aufgeschrieben haben. Ganz eventuell auch noch mehr.

Aber Sie interessieren sich nicht für alles. Die Anzahl Ihrer Einträge geht keineswegs in Richtung tausend.

Damit haben Sie in dem »Spiel ohne Grenzen« enorm

gepunktet, denn *niemand kann alles tun.* Sie wussten das bereits. Deshalb haben Sie auch nichts gemacht. *Aber jeder Mensch kann sehr viele Dinge tun.*

Denken Sie darüber nach. Vielleicht müssen Sie nun nicht mehr das Gefühl haben, wie gelähmt zu sein. Möglicherweise interessieren Sie sich für viele Dinge und setzen jedes Jahr ein paar neue auf Ihre Liste. Sie werden den Rahmen des tatsächlich Möglichen nie sprengen.

Sie können jetzt mit den ersten ein oder zwei (oder auch drei oder vier) Dingen beginnen, die am leichtesten zu verwirklichen sind, und sich dann allmählich auf Ihrer Liste vorwärtsarbeiten. Die Chancen, sich den meisten, vielleicht sogar allen Ihren Herzenswünschen zu widmen, stehen bestens, und mit sehr großer Wahrscheinlichkeit werden Sie eine tiefe Befriedigung aus all Ihren Betätigungen ziehen.

Übrigens ist es keine schlechte Idee, auf einer weiteren Seite in Ihrem Projektbuch eine Liste all jener Dinge anzulegen, die Sie *nicht* tun wollen. Es ist erstaunlich, wie befreiend eine solche Liste ist. Mit jedem Eintrag werden Sie sich besser fühlen. »Stabhochsprung. Gott sei Dank muss ich das nicht machen!«

■ Sie wollten eigentlich auch noch tiefer einsteigen, richtig?

Ich liebe neue Erfahrungen, aber ich würde mich auch gerne länger und intensiver mit einem Thema beschäftigen.
Ich habe eine rasche Auffassungsgabe und gehe meistens schnell zum nächsten Thema über, aber gleichzeitig bleibt ein Gefühl der Leere zurück, wenn ich nicht tief genug eingestiegen bin.

Sie haben Ihre Interessengebiete nun zahlenmäßig reduziert, aber wie sollen Sie je in der Lage sein, alles darüber zu lernen? Keiner hat so viel Zeit. Oder etwa doch?

Ich verrate Ihnen nun ein weiteres nettes Geheimnis. Erinnern Sie sich noch an die Belohnungssysteme und Aktivitätsspannen? Wie lange Sie sich mit einer Sache beschäftigen, hängt stets von der Belohnung ab, auf die Sie aus sind. Eine Biene braucht, sagen wir, zehn Sekunden, um den Nektar einer Blume zu sammeln, und möglicherweise muss sie zehn Blumen anfliegen, bevor sie zum Bienenstock zurückkehrt und ihre Ernte dort ablädt. Sehen wir uns das Beispiel von Ralph dazu etwas näher an.

»Verraten Sie mir bitte, wie ich es schaffen soll, mich nicht nur oberflächlich mit den Dingen zu befassen, selbst wenn es mittlerweile nur noch ein paar Dutzend sind?«, insistierte Ralph.

»Das hängt davon ab, was Sie sich von diesen Dingen erwarten. Nicht jeder ist auf die gleiche Belohnung aus«, antwortete ich. Dann betrachtete ich einige der Zeitschriften, die er so gerne las, und fragte ihn, wie lange es wohl tatsächlich dauern würde, tiefer in ein Thema einzusteigen, das ihn faszinierte. Außerdem forderte ich ihn auf, in der Vorstellung ein Szenario zu entwerfen, bei dem er genau das tat, was er sich wünschte, und zwar hier und jetzt.

»Wo sind Sie gerade?«, fragte ich ihn. »In einem Hörsaal in einer Universität? In einer Bibliothek in Berlin? Achten Sie darauf, dass Sie sich in Ihrer Fantasie an dem Ort befinden, wo Sie am glücklichsten sind. Wir suchen nach Ihrer Erfüllung, und das Gefühl des Glücks ist der beste Anzeiger dafür.« Seine Antwort übertraf meine Erwartungen. Er lächelte, und sein Gesicht glühte fast vor Begeisterung. Aber das Szenario war ganz anders, als er selbst vermutet hatte.

»Ich bin nicht in einer Universität oder Bibliothek. Es ist nicht das, was ich wirklich will. Wenn ich nur ein bis zwei Nachmittage zusammen mit dem Menschen im Labor verbringen könnte, der diese neuartige elektrische Glühbirne entwickelt hat, wenn ich ihm Fragen stellen dürfte und er mir die Geschichte seiner Erfindung erzählen würde und vielleicht noch ein paar weitere Details, damit ich die grundlegenden Prinzipien verstehe – das wäre unglaublich. Es würde mir so viel Spaß machen. Es wäre, als würde ich an einem großen Abenteuer teilhaben, als wäre ich selbst bei der Entdeckung dabei gewesen. Das würde mich vollends erfüllen. Mehr als erfüllen.« Er machte eine Pause und öffnete die Augen.

»Das ist *wirklich* unglaublich«, sagte er. »Nur ein, zwei Nachmittage. Mehr bräuchte ich nicht dafür.«

Was ging Ihnen beim Lesen von Ralphs Fantasie durch den Kopf? Hat es Sie so neugierig gemacht, dass Sie es selbst einmal ausprobieren möchten? Wenn das der Fall ist, nehmen Sie Ihre Große Liste zur Hand. Lesen Sie nun sorgfältig und jeweils nacheinander einige Einträge auf der Liste, und überlegen Sie bei jedem einzelnen Punkt, wie lange es dauern würde, *bis die Beschäftigung damit Sie erfüllt*. Stellen Sie sich vor, wie Sie die jeweilige Aktivität ausführen. An welchem Ort findet das Ganze statt? Was tun Sie genau? Malen Sie sich alles möglichst detailliert aus, und stellen Sie sich dazu die folgenden Fragen:

- Was möchte ich über dieses Interessengebiet wirklich wissen?
- Was würde ich mit dieser Information am liebsten machen (wenn ich einen Zauberstab hätte)?
- Mit wem würde ich am liebsten über dieses Thema sprechen, wenn ich es mir frei aussuchen könnte?

Nachdem Sie sich die verschiedenen Betätigungen im Geiste vorgestellt haben, notieren Sie hinter dem betreffenden Eintrag auf Ihrer Liste, wie viel Zeit Sie realistischerweise benötigen, um zufrieden und erfüllt zu sein. Sobald Sie erkennen, wonach Sie suchen, werden die Antworten von allein kommen, denn in Wahrheit kennen Sie diese bereits.

Selbst wenn Sie sich nur in Ihrer Fantasie ausmalen, wie Sie tun, was Sie rundweg begeistert, passiert etwas. Das Gefühl der

Entbehrung verschwindet, und Sie bekommen eine Ahnung davon, wie es ist, erfüllt zu sein.

Bald wird das strahlende Licht der Realität die vagen Vorstellungen, alles tun zu wollen und endlos viel Zeit dafür zu benötigen, vertreiben. Sie werden sich sogar von der Überzeugung verabschieden, sich keinen Ihrer Herzenswünsche je erfüllen zu können. Sie sind nur einen Schritt davon entfernt, Ihre selbst auferlegte Entbehrung zu beenden, da Sie nun eins der einst unerreichbaren Dinge von Ihrer Liste auswählen und tatsächlich in Aktion treten. Noch heute.

■ Der Interessenordner

Sie benötigen nun ein neues Hilfsmittel, um den Überblick über all Ihre neuen Ideen zu behalten. Bewahren Sie Ihre Große Liste in einem Ringordner auf. Er sollte zudem ein Verzeichnis all Ihrer Interessen enthalten sowie Platz für neu hinzukommende, die Sie dort übersichtlich ablegen können.

Auf jeder Seite sollte ein anderes Interessengebiet stehen. Wenn Sie zum Beispiel wie Ralph ein Zeitschriftleser sind und auf einen Artikel über eine neue, bahnbrechende elektrische Erfindung stoßen, tragen Sie das auf einem eigenen Blatt Papier ein und fügen ein paar Notizen hinzu. Am oberen Seitenrand vermerken Sie Datum, Titel und Fundort des Artikels, darunter vielleicht ein paar Stichpunkte dazu, was Sie am meisten beeindruckt hat, oder Ihre wichtigste Frage beim Lesen des Artikels. Oder Sie notieren sich, was Sie tun möchten, wenn Sie das nächste Mal ein wenig freie Zeit haben. Das Ziel besteht darin, alle Interessengebiete übersichtlich und griffbereit an einem Ort parat zu haben. Sie können das alles natürlich auch mithilfe Ihres Computers machen, wenn das bequemer für Sie ist.

Wenn Sie ein paar Minuten Zeit haben, sehen Sie Ihren Ordner nach attraktiven Themen durch, gehen dann ins Internet und nehmen zum Beispiel an einer interessanten Diskussion über ein Thema teil. So haben Sie keinen Grund mehr, sich vorzuwerfen, dass Sie Ihre Interessen nicht verfolgen. Und Sie können sich viel häufiger mit spannenden Themengebieten beschäftigen, als Sie bisher dachten, noch dazu so intensiv, wie Sie nur möchten. (Sie müssen auch nicht befürchten, dass Ihnen etwas, das Sie brennend interessiert, verloren geht.)

Sobald sich ein Ordner gefüllt hat, legen Sie den nächsten an und stellen den ersten griffbereit in ein Regal.

Apropos Ringordner

Weil wir gerade beim Thema »Ordner« sind: Warum besorgen Sie sich nicht gleich zwanzig oder dreißig Ringordner oder zur Not sogar noch mehr? Es ist nämlich außerordentlich hilfreich, für jedes Interessengebiet einen extra Ordner anzulegen. Jedes Mal, wenn etwas Neues Sie inspiriert oder wenn Sie sich gestresst fühlen, weil Sie das Gefühl haben, sich einem Thema nicht intensiv genug widmen zu können, legen Sie einen Ordner dafür an. Sie werden unmittelbar danach eine ungeheure Erleichterung verspüren, weil Sie wissen, dass Ihnen nichts verloren geht und das Thema so lange auf Sie wartet, bis Sie Zeit dafür finden.

Der folgende Brief einer Scannerin zeigt, wie viel dieses Ordnungssystem bewirken kann:

Liebe Barbara,
bevor Sie mir rieten, mich als Forscherin zu betrachten, wirkte meine Wohnung beängstigend auf mich. In allem steckte so viel Verheißungsvolles, dass ich einfach nichts wegwerfen konnte. Mittlerweile ist ein kleines Wunder passiert. Zwei ganze Wandregale sind mit Ringordnern gefüllt. Jedes neue interessante Thema bekommt einen eigenen Ordner.

*Immer wenn mich etwas interessiert, schneide ich Artikel darü-
ber aus und hefte sie in dem entsprechenden Ordner ab, zudem
Ausdrucke aus dem Internet. Früher machte ich mir lediglich ein
paar Notizen, zum Beispiel über eine Buchidee. Doch ich verlegte sie in dem Moment, in dem etwas tolles Neues daherkam.
Es war nervtötend, und ich hatte ständig das Gefühl, überhaupt
nicht vorwärtszukommen.
Doch all das hat sich dank des großartigen Ringordnersystems
geändert. Wenn ich jetzt von meinem Schreibtisch aufsehe,
erblicke ich den »Fotografenordner«, der zwanzig Seiten über
neue Fotografen aus dem Internet enthält.
Anstatt weiterhin herumzuwirbeln wie ein Derwisch, habe ich
mein Tempo stark gedrosselt. Ich bin auch nicht mehr frustriert,
weil ich jetzt weiß, dass mir nichts mehr abhanden kommt. Ich
muss angesichts so vieler interessanter Themen nicht mehr
befürchten, dass es mir nicht gelingen wird, mich intensiv mit
einem zu befassen. Im Gegenteil, jetzt widme ich mich jedem
Thema stundenlang. Die Ordner haben alles verändert!*

Na also. Jetzt können Sie aufhören, sich die Dinge vorzuent-
halten, nach denen Ihr hungriger Geist sich schon so lange
sehnt. Genießen Sie es!

Kapitel 7

Ich schaffe es nicht, mit etwas anzufangen

Ich verbringe meine ganze Zeit damit, alle möglichen Dinge zu planen, die ich aber nie in Angriff nehme. Jeden Tag plane ich etwas Neues. Wie schaffe ich es, mit dieser ewigen Planerei aufzuhören und endlich auch was anzupacken?

Sie wissen mittlerweile, dass Sie ein Scanner sind, und das ist großartig. All die Energie, die Sie darauf verwendet haben, ein anderer Mensch zu werden, und all die Zeit, in der Sie orientierungslos und frustriert waren, stehen Ihnen jetzt uneingeschränkt zur Verfügung. Bisher wussten Sie nicht, dass sie diese Zeit und Energie haben, um sie direkt in die Gestaltung Ihrer wunderbaren Zukunft zu investieren. Sie haben jede Freiheit, den ersten Schritt auf dem Weg zu Ihrem lang ersehnten Leben zu machen.

Aber wie machen Sie diesen ersten Schritt? Wie sieht der erste Schritt aus? Welches Ziel sollen Sie auswählen? Und woher wissen Sie, ob es das richtige ist?

Wie gut, sich endlich nicht mehr vorzuwerfen, ein Scanner zu sein! Aber die Kluft zwischen diesem Wissen und dem ersten Schritt zum ersehnten Leben ist möglicherweise noch genauso groß wie zuvor. Überall tauchen Widerstände auf – reale und eingebildete.

▪ Widerstände überwinden

Häufig versperren widrige Umstände unseren Weg, doch in vielen Fällen bilden wir uns Widerstände nur ein – oft aufgrund von Fehlinformationen oder Emotionen. Da reale Widerstände leichter zu überwinden sind als emotionale, begeben wir uns zunächst auf die Suche nach den emotionalen. Wir werden sie einer Prüfung unterziehen und lernen, sie richtig einzuordnen sowie dagegen anzugehen. Dann sind Sie auch viel eher bereit, tatsächliche Widerstände zu beseitigen, die Ihnen in die Quere kommen. Sie werden überrascht sein, wie gut Ihnen das dann gelingen wird.

▪ Elaines Geschichte

»Ich schaffe es nicht, aktiv zu werden«, klagte Elaine, Chefsekretärin in einer Speditionsfirma. »Ich komme nie über das Planungsstadium hinaus. Ich sitze da und erstelle endlos lange Listen mit all den unzähligen Möglichkeiten, die mir offenstehen, aber nie gehe ich etwas konkret an. Es wäre ohnehin viel zu riskant, meinen Job aufzugeben und ins kalte Wasser zu springen. Welchen Sinn hätte es daher, mit etwas anzufangen?«

»Das war jetzt aber Gedankenakrobatik«, sagte ich. »Vom Fantasieren im stillen Kämmerlein sind Sie direkt zum Sprung von der Klippe gekommen. Wenn ich selbst nur die beiden Möglichkeiten hätte, entweder Listen zu erstellen oder meinen Job für eine völlig unbekannte Zukunft aufzugeben, würde ich mich auch nicht vom Fleck rühren. Aber wer sagt denn, dass dies die einzigen Möglichkeiten sind?«

»Welche Optionen gibt es denn noch?«, fragte Elaine.

»Wie wäre es, wenn Sie Ihren Job noch eine Weile weiter machen und zunächst einmal einen Zeh ins Wasser halten?«, schlug ich ihr vor.

Elaine schwieg lange. Dann sagte sie: »Ich habe keinen blassen Schimmer, was Sie meinen.«

»Vergessen Sie den Sprung ins kalte Wasser. Wenn Ihr Arbeitstag zu Ende ist, sammeln Sie erst mal ein paar Informationen. Lassen Sie die alltägliche Welt hinter sich und finden Sie einen Zugang zu der Welt, die Sie interessiert. Surfen Sie im Internet, und finden Sie heraus, ob es Kongresse gibt, an denen Sie teilnehmen können. Fragen Sie Ihre Bibliothekarin nach den entsprechenden Fachzeitschriften, und lesen Sie auch. Beteiligen Sie sich an Diskussionsforen mit Insidern im Internet. Das ist ein risikofreier Weg, etwas über die Dinge in Erfahrung zu bringen, von denen Sie träumen. Auf diese Weise werden Ihre Listen und Pläne realistischer.«

So viele Menschen (und vor allem Scanner) treten aus den gleichen Gründen wie Elaine auf der Stelle. Unsere Ängste führen ein großes Täuschungsmanöver mit uns durch. Daher vergessen wir, wie viele sichere Schritte wir tun können, ehe wir überhaupt in Erwägung ziehen, das, was wir haben, aufzugeben.

Vielleicht denken Sie nun: »Aber wenn ich nicht springe, befürchte ich, dass ich nie vom Fleck komme.« Denken Sie einmal gut nach. In der Fantasie sind mutige Aktionen wunderbar, aber wenn es wirklich zur Sache geht, sind die wenigsten von uns so verwegen. Wir wissen, was passieren kann, wenn Menschen zu waghalsig sind, haben es möglicherweise bereits am eigenen Leib erfahren. Wenn wir demzufolge das Risiko hochhalten, zwingen wir uns förmlich dazu, regungslos zu verharren.

Listen und Pläne zu erstellen, ohne sie mit realen Informationen zu untermauern, ist nichts als eine Fortführung der eigenen Fantasievorstellungen. Manchen Scannern ist es zur lieben Gewohnheit geworden, ihren Tagträumen mit einem Bleistift in der Hand nachzuhängen – im Grunde nichts anderes als eine Strategie, mit der sie es vermeiden, aktiv zu werden, wenn ihnen die eigenen Träume unmöglich erscheinen. Eine realistische Planung mit Fakten, Terminen und Fristen sieht dagegen ganz anders aus. Einen Posten auf der Liste auf diese Weise auszuarbeiten, stellt bereits eine konkrete Aktion dar.

Wie gelingt Ihnen nun der Schritt von der Idee zur Realisierung? Sehen wir uns dazu wieder das Beispiel von Elaine an. Sie hatte die Idee, eine Internetseite für Recycling-Unternehmen zu erstellen. Sie sollte ein zentrales Serviceportal werden, das die Nutzer beispielsweise über aktuelle technische Entwicklungen sowie Verordnungen informierte. Außerdem sollten verschiedene Recycling-Unternehmen sich hier austauschen können. Elaine hatte die Idee gehabt, als sie sich ehrenamtlich bei einem Recycling-Projekt in ihrer Stadt engagiert hatte. Sie war sich sicher, dass ein großer Bedarf für eine solche Internetseite bestand.

»Aber ich habe noch viele andere Ideen, zu viele!«, seufzte sie.

»Bleiben wir doch einen Moment bei dieser Idee«, schlug ich vor. »Ich kenne eine gute Methode, die Sie *tatsächlich* dazu bringt, aktiv zu werden. Wenn Sie sie einmal erfolgreich bei einer Idee angewendet haben, wird Ihnen das auch bei allen anderen gelingen. Sehen Sie das Ganze aber nicht als großes Projekt, sondern lediglich als eine Art Testlauf. Einverstanden?«

»In Ordnung«, antwortete sie zögernd.

■ **Die größte Hürde: Ein Projekt in Angriff nehmen**

Unsere Verteidigungsmechanismen sorgen dafür, dass wir auf der Hut sind. Bei Babys funktionieren sie noch nicht, daher muss man ständig auf sie aufpassen. Aber mit zunehmender Erfahrung wächst die Vorsicht. Erwachsene sind häufig waghalsig und junge Leute draufgängerisch, aber sie bringen sich nie so in Gefahr wie Babys. Je häufiger man schon gestolpert ist, desto aufmerksamer setzt man seine Schritte.

Doch warum sollte Vorsicht bei Projekten angebracht sein, die überhaupt kein Risiko beinhalten? Warum zögern wir, einen Roman zu schreiben oder Kleider für uns selbst zu entwerfen? Weil unsere Verteidigungsmechanismen, sobald sie sich voll und ganz entwickelt haben, nicht wollen, dass wir *irgendetwas* Neues oder Unbekanntes tun. Sie wollen nicht, dass wir zum

Bungee-Jumping gehen, was verständlich ist. Aber Sie wollen auch nicht, dass wir in unserem Wohnzimmer vor Publikum singen. Und das ist nicht nachvollziehbar.

Verteidigungsmechanismen sind primitiv und stark, und sie stufen alles Neue grundsätzlich so ein, als ginge es dabei um Leben und Tod – egal, ob ihre These stimmt oder nicht.

Wenn wir uns den albernen Verboten der Verteidigungsmechanismen unterwerfen, machen wir überhaupt nichts Interessantes mehr. Wie setzen wir uns also darüber hinweg, wenn wir etwas wirklich wollen und es zudem nicht gefährlich ist?

Ich stelle Ihnen nun ein praktisches Drei-Schritte-Programm vor, das wahre Wunder wirken kann, wenn man nicht in die Gänge kommt.

■ Drei magische Schritte

Wenn Sie in der Endlosschleife des Planens gefangen sind und nie etwas konkret in Angriff nehmen, schlage ich Ihnen die folgenden drei Schritte vor. Damit werden Sie unter Garantie jedes Mal aktiv.

Schritt 1: *Rückwärts planen* ersetzt die tatsächliche Handlung zwar nicht, bringt Sie aber dazu, konkrete Schritte zu unternehmen.

Schritt 2: Decken Sie mithilfe der Rückwärtsplanung *alle versteckten Ängste* auf, die Sie daran hindern loszulegen. Auf diese Weise können Sie die Gefahr gezielt reduzieren.

Schritt 3: Setzen Sie sich eine *echte Frist*, einen gnadenlosen Termin, zu dem Sie fertig sein müssen. Vereinbaren Sie einen Termin mit einem anderen Menschen. Von einem leibhaftigen Gegenüber erhalten Sie einerseits Unterstützung bei Ihrem

Projekt und sind also nicht ganz allein damit – was Stress reduziert. Andererseits müssen Sie einem anderen Menschen gegenüber Rechenschaft ablegen. Das wird Ihnen in die Schuhe helfen, selbst wenn Sie sich gestresst fühlen.

Diese drei Schritte werden Sie von einem Planer und Listenverfasser in einen Actionhelden verwandeln. Ihre Wirkung ist verblüffend.

■ Rückwärts planen, Erfolgsteams und echte Fristen

Für das Rückwärtsplanen benötigt man ein »Flowchart« (das ist ein Ablaufplan bzw. Flussdiagramm), das auch in Unternehmen zum Einsatz kommt. (Dieses spezielle Flowchart habe ich 1975 für meinen ersten Workshop entwickelt, und es gehört zu den beliebtesten Methoden aus meinem ersten Buch ›Wishcraft. Lebensträume und Berufsziele entdecken und verwirklichen‹. Darin ist ein rückwärts geplantes Flowchart abgebildet.)

Die Flowcharts, wie sie in Unternehmen verwendet werden, sind häufig zu schwer zu verstehen und anzuwenden, daher fing ich ganz neu an. Ich setzte mir ein Ziel und fragte mich: »Könnte ich dieses Ziel jetzt schon erreichen? Falls nicht, was brauche ich als Erstes dafür?« Dann zeichnete ich einen Kreis, in den ich mein Ziel hineinschrieb. Sofern es nicht sofort erreichbar war, setzte ich mir Teilziele, die ich wiederum einkreiste. Und auch bei jedem Teilziel stellte ich mir die Fragen: »Könnte ich dieses Ziel jetzt schon erreichen? Falls nicht, was brauche ich als Erstes dafür?« – bis ich schließlich bei einem Schritt ankam, den ich mühelos umsetzen konnte. Immer wenn ein Ziel sofort erreichbar war, zeichnete ich einen großen Pfeil, der auf das Ziel zeigte, und beschriftete ihn mit dem Wort »Jetzt!«. So lag am Ende mein großes Ziel in viele kleine Teilziele untergliedert als Ablaufschema vor mir.

Mithilfe dieser Aufdröselung gelang es mir, sofort loszulegen und tatsächlich die jeweiligen Schritte zu unternehmen, um zuerst meine Teilziele und dann mein großes Ziel zu erreichen. Ich war sehr stolz darauf, dass ich auf diese Methode gekommen war. Außerdem war ich sehr aufgeregt, da ich einen Weg gefunden hatte, um auch anderen Menschen zu helfen, ihre Lethargie beziehungsweise das Gefühl des Gelähmtseins zu überwinden und aktiv zu werden.

Ich testete das Rückwärtsplanen im Freundeskreis. Als Übungsbeispiel diente ein fiktives Abendessen. »Wir werden ein Abendessen für zwölf Leute organisieren. Kann es morgen stattfinden? Falls nicht, was müssen wir als Erstes tun?« Wir arbeiteten mit einer Tafel und schrieben auf, dass wir zunächst die Gäste einladen sowie die Lebensmittel einkaufen und zubereiten mussten. Um diese Schritte umzusetzen, benötigten wir die Telefonnummern der Gäste und mussten uns für ein Menü entscheiden. Es machte großen Spaß und war so leicht, dass jeder die Methode problemlos anwenden konnte. Ich erkannte, dass diese Technik höchst effektiv war, und konnte es gar nicht erwarten, sie in einem Seminar auszuprobieren. Doch als ich sie schließlich in einem meiner ersten Workshops über Erfolgsteams vorstellte, reagierten die Teilnehmer nicht so, wie erwartet. Sie sahen mich irritiert an, und ich fühlte mich schrecklich. Ein Teilnehmer sagte: »Diese Übung macht uns keinen Spaß. Sie beunruhigt uns.«

Ich erkannte, dass er recht hatte. Die Methode überforderte sie. Sie zwang die Teilnehmer nämlich dazu, aktiv zu werden, und das war einfach zu viel verlangt. Schließlich bildeten wir Teams mit jeweils sechs Leuten, und jedes Team vereinbarte allabendliche Telefonate sowie wöchentliche Treffen. Als die Teilnehmer sicherer geworden waren, zeigte ich ihnen noch einige Tricks, wie sie ihren ersten Schritt auf minimale Größe reduzieren konnten, sodass er nicht mehr Furcht einflößend und sofort machbar war. Wie ich bereits im Kapitel »Scanner-

Panik« gesagt habe: *Wenn Sie Ihre Angst reduzieren wollen, müssen Sie die Gefahr minimieren.*

Als die Teilnehmer feststellten, wie klein diese ersten Schritte waren, und weil sie wussten, dass sie bei jedem Schritt von ihren Teamkollegen unterstützt wurden, machten sie sich keine Sorgen mehr. Am Ende des Workshops waren sie wieder voller Ideen und Vorfreude auf die Treffen mit ihren neuen Erfolgsteam-Freunden. Noch Jahre nach dem Workshop erhielt ich zu Herzen gehende Briefe über die tollen Ergebnisse, die die Erfolgsteams mittlerweile verzeichnen konnten.

Ich habe nie vergessen, was ich bei diesem Workshop gelernt habe: Ein Projekt konkret zu planen ist im Vergleich damit, Listen zu schreiben und Pläne zu erstellen, wie ein anderes Universum. Es ist nie einfach und rüttelt die Betroffenen heftig auf. Um in Bewegung zu bleiben, benötigt man zudem eine gute Methodik.

Setzen Sie sich immer einen Termin für jeden Teilabschnitt Ihres Projekts. Ein Terminkalender ohne Deadlines ist wie Tennisspielen ohne Netz. Allerdings besteht die Gefahr, dass Sie einen Termin übersehen, wenn nur Sie allein ihn kennen. Durch die Unterstützung anderer Menschen und die Verpflichtung, ihnen gegenüber Rechenschaft abzulegen, entstehen echte Fristen. In diesem Brief eines Scanners kommt das deutlich zum Ausdruck:

Ich habe erkannt, dass wir unsere inneren Widerstände mithilfe anderer Menschen überwinden können. Früher war ich eher ein Einzelgänger, bis ich erkannte, dass meine Leistungen stark von einem Unterstützungssystem abhängen. Eine Struktur zu haben, ist für mich der Schlüssel zum Spaß an der Arbeit. Mein Gehalt motiviert mich dazu, mich auf die Arbeit zu konzentrieren, und mein Chef ist ein echtes Unterstützungssystem. Ich war auch sehr gerne Student, was ebenfalls daran lag, dass es zu der Zeit Termine, Fristen und ein großartiges Unterstützungssystem gab.

Verfügen Sie über so ein Unterstützungssystem? Jedes Mal, wenn ich jemandem begegne, der nicht vorwärtskommt, dem es nicht gelingt, seine Ziele zu erreichen, stelle ich fest, dass er versucht, die Sache ganz allein durchzuziehen. Doch dafür sind wir nicht geschaffen. Im stillen Kämmerlein fällen wir die einsame Entscheidung für das Nichtstun, und wir tricksen uns selbst aus, damit wir nicht merken, was wir tun.

Die Isolation ist ein Traum-Killer und stoppt uns jedes Mal.

Die oben beschriebenen Workshops dienten dazu, Erfolgsteams zu gründen, die höchst effektiv arbeiteten (und es bis heute tun). Wenn Sie Ihre Träume tatsächlich verwirklichen wollen, geht nichts über wöchentliche Treffen mit einem Team, das Ihnen zur Seite steht. Sollte es Ihnen nicht gelingen, ein Team zu gründen, können Sie sich auch mit einem Freund oder einer Freundin zusammentun oder einen Coach engagieren und regelmäßige Treffen vereinbaren. Sie wissen dann, dass diese Menschen darauf warten, von Ihnen zu hören. Das hilft Ihnen, Ihre Angst abzubauen und tätig zu werden.

■ Sich aus der Erstarrung lösen

Machen Sie das folgende Experiment: Planen Sie mithilfe eines Flowcharts rückwärts, und zwar so lange, bis Sie bei den Schritten ankommen, die Sie morgen tun können. Während Sie das Ablaufschema zeichnen, achten Sie darauf, wie Sie sich fühlen. Empfinden Sie die ersten Impulse, sich aus der Erstarrung zu lösen, als wohltuend? Oder spüren Sie, dass Sie sich noch mehr festfahren?

Das passierte bei Elaine.

In unserer Sitzung entschloss sie sich, bei ihrer Internetseite für Recycling-Unternehmen aktiv zu werden. »Ich bin mir nicht sicher, ob ich gerade dieses Projekt als Erstes angehen sollte«, erklärte sie mir, »aber ich weiß, dass ich mich für irgendetwas entscheiden muss, weil ich sonst mit gar nichts beginne.«

In der folgenden Woche verbrachte sie drei oder vier Stunden während ihrer Mittagspausen sowie ihre Feierabende damit, im Internet so viel Aktuelles über Recycling herauszufinden wie möglich, und machte sorgfältig Notizen. Außerdem suchte sie die Telefonnummern einiger Leute heraus, mit denen sie als ehrenamtliche Mitarbeiterin beim Recyclingprojekt ihrer Stadt zusammengearbeitet hatte, und legte einen möglichen Termin für ein Treffen mit ihnen fest. Als wir uns wiedersahen, zeigte sie mir alle ihre Notizen.

»Das ist beeindruckend«, sagte ich. »Sie sind startklar.«

»Ich weiß nicht«, sagte sie zögernd. »Ich habe ernsthafte Zweifel an diesem Projekt.«

»Und warum?«, fragte ich.

»Vielleicht ist es mir nicht so wichtig, wie ich dachte«, antwortete sie, ohne mich anzusehen.

»Könnte es sein, dass Sie vor etwas Angst haben?«, hakte ich nach.

»Natürlich nicht«, erwiderte sie bestimmt. »Ich muss ja nicht mit dem Fallschirm aus einem Flugzeug springen, sondern nur ein paar Leute zu einem Treffen zu mir nach Hause einladen.«

Ich nickte zustimmend. »Da Sie das Treffen organisieren, werden Sie am Anfang wahrscheinlich erklären, worum es geht?«

Sie sah mich etwas verunsichert an, aber dann antwortete sie: »Ja, ich denke schon.« Nach einer Pause fügte sie hinzu: »Vielleicht hatten die anderen bereits eine ähnliche Idee. Ich käme mir albern vor, wenn es wirklich so wäre.« Dann stieß sie hervor: »Ich glaube, dieses Projekt ist mir gar nicht so wichtig!«

»Das ist ein plötzlicher Umschwung«, sagte ich. »Welchen unangenehmen Moment haben Sie sich gerade vorgestellt, Elaine?«

»Ich habe mir vorgestellt, dass alle mich ansehen, als wäre ich eine Idiotin«, gestand sie. »Woher weiß ich, ob ich kompetent genug bin?«

»Wie bitte?«, fragte ich. »Machen Sie Witze? Sie wissen ganz genau, wie kompetent Sie sind. Das haben Sie mir selbst ein paar Mal gesagt.«

Sie sah mich mit einem ironischen Lächeln an. »Ich habe Angst. Ich fühle mich wie eine blutige Anfängerin. Vielleicht werden sie mich auslachen. O je, daran habe ich vorher überhaupt nicht gedacht.«

»Sind es schwierige Leute, oder ist es gar eine eingeschworene Truppe?«, fragte ich.

»Nein, überhaupt nicht. Es sind alles sehr nette, offene Leute. Nicht zuletzt deshalb habe ich mich so stark bei dem Recyclingprojekt engagiert. Ich habe mich nur gerade an meine Kindheit erinnert. Damals hatte ich häufig Angst, etwas falsch zu machen und dafür geschimpft zu werden.«

Nun wirkte sie viel gelöster. »Wissen Sie was? Ich werde eine von diesen Personen anrufen und sie bitten, mir bei meinem Projekt zu helfen. Wenn wir zusammenarbeiten, komme ich nicht mehr darum herum – genau wie beim Joggen, wenn meine Freundin mich abholt.«

Elaine hatte sich durch die drei magischen Schritte gearbeitet. Zunächst fertigte sie ein rückwärts geplantes Flowchart an, um ihre ersten Aktivitäten zu bestimmen. Als sie kurz davorstand, diese dann in die Tat umzusetzen, kamen ihre Ängste zum Vorschein. Als sie erkannte, um welche Ängste es sich handelte, verringerte sich die Gefahr. Am Schluss fiel ihr der dritte Schritt ein, der unter Garantie dafür sorgt, dass endlich etwas passiert: Sie entschloss sich, jemanden mit ins Boot zu holen, der sie unterstützte und dem sie Rechenschaft über ihre Fortschritte ablegen musste. Auf diese Weise war garantiert, dass Elaine ihre Termine auch einhielt.

■ Tun Sie den ersten kleinen Schritt, aber fangen Sie jetzt an!

Beginnen Sie *jetzt*. Bewegen Sie sich ausgehend von Ihrem Ziel rückwärts auf die ersten kleinen Schritte zu, setzen Sie sich mit einem Freund oder Bekannten in Verbindung oder stellen Sie ein Team zusammen. Ihre ersten kleinen Schritte sind der schwerste Teil. Sobald Sie aktiv werden – egal, wie langsam Sie vorgehen –, haben Sie das Schlimmste bereits geschafft. Mithilfe der Unterstützung, die Sie von einem Freund oder einem Team bekommen, werden Sie bald in der Lage sein, größere Schritte zu machen. Sie können Anrufe tätigen, an Treffen teilnehmen, Briefe schreiben, sogar eine Rede halten. Sobald Sie loslegen, verändert sich alles.

Wir wollen uns nun mit der Gruppe von Scannern befassen, die kein Problem damit haben, etwas zu beginnen. Sie tun es nämlich ständig. Allerdings bringen sie kein Projekt zu Ende.

Kapitel 8

Ich bringe nie etwas zu Ende

Mit etwas zu beginnen ist für mich der berauschendste Teil. Es ist der Optimismus, die Verheißung, die Leidenschaft, das beglückende, aufregende Gefühl, das ich bei jedem Neuanfang verspüre. Das Problem ist nur, dass der Glanz schnell verschwindet und der anstrengende Teil beginnt. Dann beschleicht mich jedes Mal Mutlosigkeit.

Ich schaue mich zu Hause um und sehe all die unfertigen Projekte, die ich mit so viel Begeisterung begonnen, aber nie weiterverfolgt habe. Jedes einzelne starrt mich an und murmelt vorwurfsvoll: »Du hast wieder nichts zu Ende gebracht.«

Ich bin voller Enthusiasmus an etwas dran, und dann kommt plötzlich der große Knall. Und auf einmal erscheint mir das ganze Vorhaben dumm, also gebe ich es auf.

■ Warum bringen Scanner ihre Projekte nicht zu Ende?

Wenn Sie sich in den obigen Äußerungen zum Teil wiedererkennen, sind Sie damit nicht allein. Projekte, mit Enthusiasmus begonnen und im Sande verlaufen, sind das Hauptproblem der meisten Scanner. Warum schließen sie ihre Projekte nicht ab?

Gillian, eine Hausfrau und Mutter, beschrieb dieses Problem einmal in meinem Internet-Forum.

»Ich denke jedes Mal, ich hätte meine Passion gefunden, es prickelt, und ich bin wahnsinnig motiviert«, schrieb sie. »Aber dieses Gefühl hält nicht lange an. Wenn ich doch nur etwas finden könnte, das mich nie mehr loslässt.«

Bereits ein paar Stunden später schien sie genau das gefunden zu haben – als nämlich das Stichwort »Hebamme« gefallen war. Gillian schrieb aufgeregt: »Über diesen Beruf habe ich schon seit Jahren nachgedacht. Ich weiß, dass er mir sehr gefallen würde. Wenn ich nur wüsste, wo ich anfangen soll?«

Zufällig arbeitet meine Nachbarin als Hebamme. Sie hält außerdem Vorträge und bildet andere Hebammen aus. Ich leitete ihre Adresse sofort an Gillian weiter, und von da an war Gillian, die bis dahin täglich Beiträge geschrieben hatte, aus meinem Forum verschwunden.

Es ist nicht ungewöhnlich, kalte Füße zu bekommen, wenn der perfekte Kontakt plötzlich unvermittelt ins Haus flattert, aber dieses Gefühl vergeht in der Regel nach einer Weile. Doch Gillian blieb verschwunden. Ich machte mir Sorgen und schrieb ihr schließlich eine E-Mail, um mich zu erkundigen, wie es ihr ging. Sie war zufällig online und schrieb mir sofort zurück.

»Vielen Dank, dass Sie sich nach mir erkundigen. Mir geht es gut. Ich habe mich mit Ihrer Nachbarin und dem hiesigen Hebammenverband in Verbindung gesetzt, musste aber feststellen, dass meine Vorstellungen vom Hebammenberuf von der Realität erheblich abweichen. Ich glaube, in meinem tiefsten Inneren warte ich noch immer auf *die eine* Sache, obwohl ich nicht sicher bin, dass ich sie, selbst wenn sie existiert, erkennen würde.«

Ich fragte gezielter nach. »Was hat Ihnen am Hebammenberuf denn nicht gefallen? War die Ausbildung anders, als Sie erwartet hatten?«

»Ach, das Problem ist nicht der Hebammenberuf. *Ich* bin das Problem!«, antwortete sie. »Es ist jedes Mal dasselbe. Letztes Jahr habe ich einen Newsletter herausgebracht, ihn aber schon nach zwei Ausgaben wieder eingestellt. Je mehr ich mich damit beschäftigte, desto schlechter fühlte ich mich. Ich plane gerne etwas, aber das Handeln fällt mir schwer. Es kommt mir so vor, als wäre ich zur Läuferin geboren, verbringe mein Leben aber im Rollstuhl. Der Wunsch ist da, aber ich bin unfähig, etwas durchzuziehen.«

Mir missfiel ihr Ton ein wenig. »Gillian, jeder Mensch findet es schöner, Projekte zu planen, als sie konkret umzusetzen, und niemand hat Lust dazu, einen Newsletter nach den ersten beiden Ausgaben fortzusetzen. Was ist bei Ihnen genau passiert?«

Aber ich erhielt keine richtige Antwort, lediglich eine ganze Litanei der typischen Etiketten, die viele Scanner sich selbst verpassen. Gillian sagte, sie sei faul, habe nicht genug Durchhaltevermögen und könne nicht lange bei einer Sache bleiben. Sie behauptete sogar, sie sei dumm.

Neugierig geworden, las ich ihre früheren Beiträge im Forum. Hier sind ein paar Auszüge daraus:

»Meine Tochter hat starke allergische Reaktionen. Daher habe ich viel Zeit mit Recherchen über das Immunsystem sowie Unverträglichkeiten verbracht. Dann stellte ich eigene Lotionen und Cremes für ihre Haut her und verwendete nur noch Naturprodukte im Haushalt. Das Ganze ist fünf Jahre her, und meiner kleinen Tochter geht es hervorragend! (Ich gründete sogar ein erfolgreiches kleines Versandunternehmen und verkaufte natürliche Hygiene- und Kosmetikprodukte. Doch die Arbeit wurde mir auf die Dauer zu eintönig. Daher stellte ich den Versandhandel wieder ein.)

Dann wollte ich tiefer in die Metaphysik einsteigen, aber als ich bei Wittgenstein las, die Philosophie sei für ihn beendet, war das Thema für mich ebenfalls abgeschlossen.

Ich habe mich auch einmal für Physik interessiert, das Leben, das Universum und all diese Dinge. Meine Kenntnisse darin waren keineswegs großartig, aber ich habe viele populärwissenschaftliche Bücher über das Thema gelesen. Ich wollte wissen, worauf die Materie basiert.

Dann war ich hin und weg von der Idee, eine vermögende Investorin zu werden, und vertiefte mich in die verschiedenen finanztheoretischen Modelle zur privaten Vermögensplanung.

Sobald ich erkannte, dass alles ziemlich einfach und logisch war, verlor ich das Interesse daran.«

Nachdem ich das gelesen hatte, wusste ich, dass Gillian weder faul noch dumm war. Noch dazu lag sie völlig falsch mit ihrer Annahme, dass sie nichts zum Abschluss brachte. Sie beendete all ihre begonnenen Projekte – genauso wie die Honigbienen.

■ Sie beenden Ihre Projekte, weil Sie bereits bekommen haben, was Sie wollten

Wenn es Ihnen so geht wie Gillian und Sie neue Projekte voller Enthusiasmus beginnen, dann aber schnell das Interesse daran verlieren, haben Sie Ihr persönliches Ziel mit großer Sicherheit bereits erreicht – selbst wenn es für andere nicht so aussieht.

Natürlich kann es auch vorkommen, dass Sie bei einem Projekt überenthusiastisch sind, Angst bekommen und das Handtuch werfen, bevor Sie Ihr persönliches Ziel erreicht haben. Ihre unbewussten Verteidigungsmechanismen haben Ihre innere Aufregung als Alarmsignal eingestuft und versuchen, Sie zu schützen, indem sie Sie zum Scheitern bringen. Sie sollten in diesem Fall nicht aufgeben, denn nach einer Weile wird Ihr Interesse an diesem Projekt in ruhigerer Gestimmtheit wiedererwachen.

In den allermeisten Fällen schwindet Ihr Interesse nicht, bevor Sie nicht genau das bekommen haben, was Sie wollten. Erinnern Sie sich nur an das Prinzip der Belohnungssysteme und Aktivitätsspannen, das ich im zweiten Kapitel erläutert habe. Wenn eine Honigbiene ihren Nektar bekommen hat, verliert sie das Interesse an der Blume und steuert die nächste an. Wenn ein Scanner ein Projekt aufgibt, tut er das aus demselben Grund.

Warum glaubt alle Welt dann, dass Sie stets zu früh aufgeben?

Möglicherweise verarbeiten Sie Informationen schneller als alle anderen. Manche Menschen (Scanner und auch Nichtscanner) verfügen über eine rasche Auffassungsgabe und haben in einer Gruppensituation einfach keine Geduld, auf alle anderen zu warten.

Vielleicht sind Sie ein Visionär oder eine Führungspersönlichkeit. Scanner beginnen neue Projekte voller Enthusiasmus. Sie bestimmen gerne den Kurs und können ein Team inspirieren. Das ist aber auch der einzige interessante Teil für sie. Sie wollen nicht an der gesamten Reise teilnehmen. Lieber beginnen sie mit etwas Neuem.

Vielleicht sind Sie ein Designer. »Ich kann sehr gut etwas Neues planen und entwickeln, aber sobald ich alle potenziellen Probleme theoretisch gelöst habe, verliere ich das Interesse an einem Projekt. Ich glaube, ich habe keine Lust auf die anstrengende Arbeit, die nach der Planungsphase kommt«, erklärte mir eine Frau. »Vielleicht sind Sie eine Designerin«, antwortete ich, »und ein anderer empfindet die Ausführung eines Projekts als gar nicht so anstrengend.« Sie sah mich eine ganze Weile ungläubig an. »Das hat noch nie jemand zu mir gesagt«, seufzte sie schließlich.

Es gibt viele Gründe, warum Scanner etwas beenden – in den Augen anderer abrupt oder vorzeitig –, aber es läuft stets nach dem gleichen Muster ab: Solange sie interessant für sie ist, bleiben Scanner an einer Sache dran. Sobald ihr Interesse abklingt, ziehen sie sich zurück.

Doch keine dieser Erklärungen lieferte einen schlüssigen Grund dafür, warum Gillian ihr Vorhaben, Hebamme zu werden, so plötzlich aufgegeben hatte. Als ich weiter bei ihr nachhakte, bekam ich schließlich eine klare Antwort:

»Als ich fünfzehn Jahre alt war, las ich in einem Hebammenhandbuch meiner Schwester, wie viel bei einer Geburt schiefgehen kann. Ich war überrascht, dass Babys überhaupt jemals heil zur Welt kommen. Seitdem hat der Vorgang der Geburt mich unglaublich fasziniert.

Ich wollte Hebamme werden und mich dann fortbilden, um Frauen während der Schwangerschaft medizinisch zu beraten. Ich wollte alles aus diesem Bereich lernen – von der Medizin über die Biologie des Menschen bis hin zu anormalen Geburten und vor allem alles, was dazu beitragen konnte, ein kleines, hilfloses Baby sicher zur Welt zu bringen.

Doch die Ausbildung für Hebammen bezieht die medizinische Forschung nicht ein – das ist auch völlig in Ordnung. Aber als ich das erkannte, zerplatzte eine weitere große Seifenblase der Begeisterung. Ich kann nie länger bei einer Sache bleiben.«

Und wieder lautete ihre Schlussfolgerung, dass etwas mit ihr nicht in Ordnung war. Aber wie kam sie nur dazu? Gillian wollte sich im medizinischen Bereich fortbilden und ihr Wissen einsetzen, um Babys heil zur Welt zu bringen. Mit ihren eigenen Nachforschungen über Allergien und dem verbesserten Gesundheitszustand ihrer Tochter hatte sie bereits bewiesen, dass sie so etwas konnte. Aber eine Hebammenausbildung war nicht das Richtige für sie. Warum um alles in der Welt hätte sie diese Idee also weiterverfolgen sollen?

Es war so offensichtlich. Aber sie konnte es nicht erkennen.

Ich erklärte ihr, wie seltsam ihre Schlussfolgerung angesichts der Faktenlage war. »Sie wissen, was Sie wollen. Sie stellen fest, dass Sie es in diesem Beruf nicht finden werden. Nun sollten Sie woanders weitersuchen.«

Gillian war nicht das Problem. Aber sie hat wie so viele andere Scanner in der Tat ein Problem: Wenn sie ein Paar Schuhe kaufen will und aus Versehen in eine Tierhandlung geht, macht sie sich Vorwürfe, weil sie kein Hundefutter braucht. Verlässt sie das Geschäft mit leeren Händen, fühlt sie sich wie eine Versagerin.

Das ist wirklich ein Problem.

Aber eine Bemerkung aus Gillians Forumsbeiträgen lieferte mir einen Hinweis zur Lösung: »Ich habe einen Newsletter herausgebracht, ihn aber schon nach zwei Ausgaben wieder eingestellt. Je mehr ich mich damit beschäftigte, desto schlechter fühlte ich mich.«

■ Hatten Sie je dieses Gefühl?

Wenn Sie zu den Scannern gehören, die nie lange bei einer Sache bleiben, weiß ich die Antwort bereits: Sie kennen dieses Gefühl nur zu gut. Aber haben Sie sich je eingehender damit befasst?

Eins weiß ich ganz sicher: Dieses Gefühl ist die Ursache für jedes unerwartete Ende eines Projekts. Scannern graut es davor, von der Hauptquelle ihrer Energie und Freude abgetrennt zu sein – sie wollen etwas lernen, entdecken, entwickeln und spannende Sachen machen. Ist ihnen das verwehrt, ziehen sie sich über kurz oder lang aus jeder Betätigung zurück.

Nichts ist wichtiger, als zu wissen, wann und warum Sie dieses Gefühl haben. Es ist der Kern Ihrer Scanner-Identität.

Allerdings wollen Scanner sich nicht mit dem Wann und Warum befassen. Da das Gefühl so unangenehm für sie ist, wollen sie nur, dass es wieder verschwindet. Sie sind nicht bereit, Ursachenforschung zu betreiben, und nehmen stattdessen automatisch an, dass es ein persönlicher Mangel ist, eine Charakterschwäche, möglicherweise sogar der Wunsch zu versagen. Wie Gillian kommen auch viele andere Scanner zu dem Schluss, mit ihnen stimme etwas nicht.

Wenn Ihnen das auch nur entfernt bekannt vorkommt, sollten Sie eine wichtige Übung durchführen.

■ Benennen Sie das Gefühl

Gehen Sie für zwanzig Minuten an einen ruhigen, ungestörten Ort. Nehmen Sie Ihr Projektbuch und einen Stift zur Hand, und vergegenwärtigen Sie sich einen Ihrer Versuche, bei einem Projekt zu bleiben, obwohl Sie bereits das Interesse daran verloren hatten. Versetzen Sie sich in diese Situation zurück, und stellen Sie sich vor, Sie müssten unbedingt an dieser Aufgabe dranbleiben. Wie fühlen Sie sich dabei? Wird das Gefühl intensiver, je länger Sie sich die Situation vorstellen?

Beschreiben Sie Ihre Empfindung, so gut Sie können. Nehmen Sie sich Zeit dafür. Diese Übung macht keinen Spaß, aber wenn Sie jetzt gewissenhaft dranbleiben, müssen Sie sie nie wieder machen. Schreiben Sie alles auf, was Ihnen zu Ihrem Gefühl einfällt. Wenn Sie damit fertig sind, lesen Sie die folgenden Aussagen anderer Scanner:

Rosa: *Ich fühlte mich, als wäre ich von allem ausgeschlossen, was mich glücklich macht. Ich wollte mich losreißen, um freizukommen.*

Howard: *Wenn ich in diesem Job bleibe, erwartet mich unter Garantie ein eintöniges und langweiliges Leben.*

Renee: *Es war, als würde ich in einen dunklen Tunnel hineinfahren mit dem sicheren Wissen, nie wieder die Sonne zu erblicken. Es war ein schreckliches Gefühl.*

Wenn Sie etwas Ähnliches geschrieben haben, dann haben Sie den Punkt getroffen. Damit wir dieses Gefühl künftig leichter identifizieren können, wollen wir es generell das »Schlechte Gefühl« nennen. Sich damit zu konfrontieren, ist eine ebenso schmerzliche wie erhellende Erfahrung, denn es ist genau dieses Gefühl, das Sie von jedem Projekt abbringt. Es hindert Sie daran weiterzumachen, selbst wenn Sie es möchten. Das Schlechte Gefühl ist der erste Teil des Geheimnisses Ihres Scanner-Daseins, und es ist wichtig, dass Sie es identifizieren können, wenn es Sie das nächste Mal befällt.

Da wir das Schlechte Gefühl nun erkannt haben, können wir erklären, warum Sie (und all die anderen Scanner) nicht »beenden«, was Sie begonnen haben.

– Sie klinken sich aus einem Projekt wieder aus, weil es unerträglich für Sie wäre weiterzumachen.
– Es wäre unerträglich, weil es Ihnen nichts mehr von all dem gibt, was Sie sich wünschen.
– Weil dies so ist, müssten Sie akzeptieren, unglücklich zu sein.
– Das zu versuchen wäre einfach verrückt.

Ihr Gefühl sagt Ihnen genau das. Sie sollten es nicht auf die leichte Schulter nehmen. Das große Unbehagen stammt tief aus Ihrem Inneren, von Ihren ebenso primitiven wie mächtigen Überlebensmechanismen. Sie sagen Ihnen, dass Sie sich selbst schaden, wenn Sie weitermachen – und haben, wie ich gleich erläutern werde, wahrscheinlich recht.

Sich selbst die Schuld an diesem Schlechten Gefühl zu geben ist grundverkehrt. Sie sollten es aber auch nicht ignorieren. Kritisieren Sie sich nicht länger dafür, dass Sie Projekte nicht beenden. Wenn Sie zulassen, dass dieses Gefühl Sie von einem Projekt abbringt, handeln Sie richtig!

Wie oft haben Sie sich das bereits gesagt? Wenn Sie so sind wie die meisten Scanner, wahrscheinlich noch nie. Nehmen Sie sich daher etwas Zeit, um die Erkenntnis zu genießen: Sie haben stets richtig gehandelt!

Was aber tun Sie, wenn sich eine Chance bietet, wenn die Zeichen auf Erfolg stehen, Sie diese aber nicht erkennen?

■ Sie könnten eine großartige Chance verpassen

Die Chance. Manchmal enthält dieses Wort eine sehr dunkle Botschaft. Wir alle haben bereits die leidvolle Erfahrung gemacht, dass ein anderer eine unserer Ideen oder Erfindungen anpreist, weil wir selbst zu früh das Handtuch geworfen haben. Wir sagen uns: Natürlich werde ich meine Chance auf Erfolg verpassen, wenn ich nicht an einer Sache dranbleibe und sie bis zum Ende durchziehe, egal, wie ich mich dabei fühle. Wenn ich die Gelegenheit nicht beim Schopf ergreife, bin ich ein Versager.

Diese Annahme sollten wir genauer hinterfragen.

Warum muss jede gute Idee zwangsläufig eine Chance sein, erfolgreich, reich und berühmt zu werden? Selbst wenn Sie ein Mensch wären, der alles zum Abschluss bringt, was er anfängt, könnten Sie nicht all Ihre Ideen realisieren.

Selbst mit vielen Helfern oder einer Menge freier Zeit kann kein Scanner aus jedem Einfall etwas machen oder ein Spezialist in jedem Bereich werden, der ihn interessiert. Schließlich ist er ein Scanner und würde sich nicht von all den anderen tollen Ideen abhalten lassen wollen, die er noch hat.

Aber was hat man davon, grenzenlos fasziniert von etwas zu sein und kopfüber in all die neuen Ideen einzutauchen, wenn man am Ende nichts damit anfängt? Warum sollte man so weitermachen?

Gehen Sie leichtfertig mit Ihren Interessen und Ideen um? Nein!

Passiert, während Sie sich damit befassen, etwas anderes? Ja!

Ein anderes mächtiges Gefühl stellt sich bei Ihnen ein. Es ist die zweite Hälfte des Geheimnisses, das Sie im tiefsten Inneren zu einem Scanner macht: das »Gute Gefühl«.

Jess: *Der wundervollste Moment auf der Welt ist gekommen, wenn ich kurz vor dem Absprung stehe und an all die wunder-*

baren Dinge denke, die mich beim Eintauchen wahrscheinlich erwarten.

Mark: *Bei jedem Rätsel läuft mir vor Aufregung das Wasser im Mund zusammen. Ich bin dann wie ein Hund, vor dessen Schnauze ein Knochen baumelt. Ich kann es gar nicht erwarten, die Lösung zu finden.*

Dianne: *Ich liebe die Ostküstenmusik aus Kanada. Sie gefällt mir so gut, dass ich manchmal sogar fast in Tränen ausbreche, wenn ich sie höre. Dieses Gefühl habe ich nur bei dieser Musik. So bin ich vor Kurzem auf die Irische Flöte gestoßen. Ich will lernen, dieses Instrument zu beherrschen, und dann möchte ich beim Irischen Musikwettbewerb teilnehmen (und gewinnen) und anschließend mit meinen Lieblingsbands von der Ostküste zusammen spielen. Oder CDs aufnehmen.*
Ich kann gerade vor Aufregung fast nicht mehr atmen. Werde ich je so fantastisch Flöte spielen, dass ich mir doch noch meinen Traum, berühmt zu werden, erfülle? Könnte dies meine wahre Leidenschaft sein, nach der ich so lange gesucht habe? Oder ist es nur wieder eins von den Dingen, die mir ein paar Monate lang Spaß machen und dann ihren Reiz verlieren?

Unser Geist entflammt sich aus unterschiedlichen Gründen für etwas. Dianne möchte zwar gerne eine Meisterin im Flötespielen werden, aber den glücklichen Dendriten in ihrem Gehirn, die munter ihre Botenstoffe abfeuern, ist das möglicherweise völlig egal.

Aber wenn der Pfad zur Meisterschaft Dianne nachhaltig stimuliert, ihr Freude bringt und insgesamt eine positive Wirkung auf sie hat, wird sie ihn weiterverfolgen, da die Kraft des Guten Gefühls sie vorantreibt.

■ Geben Sie dem anderen Gefühl einen Namen

Sie haben bereits Ihr Schlechtes Gefühl beschrieben. Nun ist es an der Zeit, auch das Gute Gefühl in Worte zu fassen. Öffnen Sie Ihr Projektbuch, und denken Sie daran, wie Sie sich fühlen, wenn Sie im Scanner-Modus sind und mit Vollgas durchstarten, weil etwas Sie völlig in den Bann zieht und Sie es mehr als alles andere auf der Welt tun möchten.

Beschreiben Sie Ihr Gefühl im Projektbuch. *Schreiben Sie langsam und bedächtig, damit Sie es nie mehr vergessen.* Es ist an der Zeit, dieses Gefühl bewusst für sich einzufordern. Es zieht Sie wie ein starker Magnet zu allem hin, was neu und unbekannt für Sie ist. Es ist der innere Quell Ihres Glücks und der andere Teil Ihrer Scanner-Identität. Ihr Geist liebt neue Ideen und neue Projekte aus ganz eigenen Gründen. Und wenn Ihre Gehirnzellen sich vergnügen, dann hören sie wohl ihre eigene Musik. Lassen Sie sie ruhig tanzen.

■ Ein radikaler Rat

Ich bin der festen Überzeugung, dass Sie *nicht* 99 Prozent der Projekte zum Abschluss bringen sollten, die Sie unter dem Einfluss des Guten Gefühls begonnen haben. Aber Sie sollten *trotzdem* damit beginnen.

Im vorigen Kapitel habe ich Ihnen erklärt, wie wichtig es ist, aktiv zu werden, und dass die beiden entscheidenden Regeln lauten: Fangen Sie klein an! Fangen Sie jetzt an! Nun ist es an der Zeit, dass Sie den gesamten Prozess kennenlernen:

Fangen Sie klein an.
Fangen Sie jetzt an.
Fangen Sie alles an.
Und scheren Sie sich nicht um das Ende.

Wie bitte?

Ja, ich meine es genau so, wie ich es gesagt habe. Wenn Sie mit einer tollen Erfindung im Kopf aufwachen und Ihnen schon eine großartige Vermarktungsstrategie dafür eingefallen ist oder wenn Sie gerade eine fantastische Idee für ein Videospiel hatten ... oder ... oder ... oder, dann lassen Sie den Motor an und legen los.

Nehmen Sie Ihr Projektbuch zur Hand, und schreiben Sie Ihre Idee in all Ihrer Grandiosität auf wie ein da Vinci. Lassen Sie sich durch nichts und niemanden unterbrechen. Schreiben Sie alle guten Ideen auf, fügen Sie Diagramme oder Zeichnungen oder andere Details nach Belieben hinzu. Sammeln Sie Informationen zu dem Thema im Internet, und drucken Sie diese aus. Verfolgen Sie Ihre Idee, soweit Ihre Begeisterung und Ihre Vorstellungskraft Sie tragen, und hören Sie erst auf, wenn Sie nicht mehr können, Ihr Gehirn leergefegt ist und Ihre geistige Energie sich erschöpft hat.

Sie werden brillant sein. Wenn Sie mit Begeisterung arbeiten, sind Sie ein Genie. Das gilt für jeden Menschen.

■ Wie geht es weiter, wenn der Anfang gemacht ist?

Bewahren Sie alles gut auf, und zeigen Sie es her. Feiern Sie. Und seien Sie dankbar dafür, dass Sie ein Scanner sind. Nicht jeder hat so viel Spaß allein mit dem, was sich zwischen seinen Ohren abspielt.

Kritisieren Sie sich nie wieder dafür, Ihre Ideen nicht zu einem Abschluss zu bringen. Werfen Sie diese Last einfach von Ihren Schultern. Sie hätte ohnehin nie dort landen sollen.

Denn Sie waren nie das Problem.

Gillian weiß das mittlerweile. Sie sieht all die Projekte, die sie fallen gelassen hat, nun mit anderen Augen.

Scanner spüren den Druck, sich für »eine Sache« zu entschei-
den, obwohl sie überhaupt nicht dafür geschaffen sind. An
manchen Projekten bleiben sie länger dran als an anderen,
manche machen sie sogar zu ihrem Beruf, aber vielleicht ge-
schieht das auch nie. Das heißt jedoch nicht, dass sie einen
schwachen Willen oder kognitive Defizite hätten. Scanner be-
geistern sich lediglich für vieles, ihr Begeisterungsknopf wird
viel häufiger gedrückt als bei anderen Menschen, und das ist
auch gut so.

Ich hoffe, auch Sie werden bald so denken.

Was ich Ihnen gerade gesagt habe, erzähle ich auch auf jedem meiner Scanner-Workshops. Und nach ein paar Momenten erstaunten Schweigens sagt irgendjemand dann:

■ Aber ich habe mir doch schon die gesamte Ausrüstung angeschafft!

Ich weiß, dass Sie nicht kleinlich sein wollen, aber was ist mit all den Perlen, die Sie für Ihre neue Schmuckkollektion gekauft haben? (Sie haben vor einem Jahr gerade mal einen halben Armreif angefertigt.) Und was ist mit dem Fotolabor im Keller, mit den Entwicklungsschalen und Chemikalien und all den Fotos, die Sie selbst entwickelt haben? Es hat Tage gedauert, bis alles eingerichtet war. (Nach der ersten Serie haben Sie nie wieder Fotos entwickelt.)

Entweder Sie geben jetzt eine Party und versuchen, mit Ihren Freunden ein paar der halb versandeten Ideen wiederzubeleben. Das könnte eine Weile funktionieren. Oder Sie gestehen sich ein, dass bestimmte Projekte für Sie abgeschlossen sind und Sie nichts daran ändern können. Wenn es sich um persönliche Projekte handelt, ist es kein Drama.

Wenn Ihre unfertigen Projekte allerdings vorwurfsvolle Botschaften an Sie aussenden, können Sie dieses Problem auf ganz eigene Art beheben, nämlich mit dem *Scanner-Finish*.

▪ Das Scanner-Finish

Das ist eine Methode, Projekte auf völlig andere, ungewohnte Weise zum Abschluss zu bringen. Und so funktioniert sie: Wenn Sie mit großer Wahrscheinlichkeit nicht an einem Projekt weiterarbeiten werden, sammeln Sie alle Utensilien zusammen, packen sie in eine Schachtel, schlagen diese in braunes Packpapier ein und binden das Paket mit einer Paketschnur zu. Dann versehen Sie es mit einem großen Etikett. Darauf sollte stehen, um welches Projekt es sich gehandelt hat, in welchem Stadium Sie das Ganze beendet haben und wie die nächsten Schritte aussehen würden, falls Sie es jemals weiterführen.

Dann können Sie sich ohne Bedauern von Ihrem Projekt verabschieden. Sie haben es abgeschlossen, Wiederaufnahme nicht vorgesehen. Ihre Mission als Scanner ist erfüllt.

Selbst wenn das Projekt niemandem sonst abgeschlossen erscheint, für Sie ist es das. Es ist *Ihr* Projekt. *Sie* hatten die Idee dazu und haben es freiwillig in Angriff genommen. Nun haben Sie auch das Recht zu entscheiden, wann Sie damit fertig sind.

Sie beziehen bei dem Projekt auch die Möglichkeit mit ein, dass es nicht umsonst war, da Sie Instruktionen auf das Etikett schreiben. Sie können das Paket sogar jemandem schenken, der etwas zu tun braucht. Aber Sie können noch etwas Besseres mit Ihrem kleinen Paket tun. Sie können eine Sammlung beginnen, die das folgende Motto hat: *das Regal meines Lebenswerks*.

■ Das Regal Ihres Lebenswerks

Für Ihre Pakete benötigen Sie ein paar leere Regalbretter in einem Bücherregal oder Schrank. Versehen Sie diese mit einem einfachen Schild mit der Aufschrift »Regal meines Lebenswerks« oder »Meine Autobiografie« oder »Souvenirs eines abenteuerlustigen Geistes«. Sie können das Ganze sogar wie die Werkesammlung eines Komponisten oder Schriftstellers betrachten und es »Œuvre« nennen. Das klingt sehr hübsch.

Jedes Mal, wenn Sie ein Paket nach Art des Scanner-Finish fertiggestellt haben, stellen Sie es in das Regal, sodass im Laufe der Zeit eine kleine Ausstellung oder gar ein Museum all der Ideen, Projekte und Pläne entsteht, an denen Sie begeistert gearbeitet haben.

Dieses System erscheint Ihnen vielleicht zu simpel. Doch es hat eine überaus tiefe Bedeutung. Möglicherweise bewundern Sie nun zum ersten Mal Ihren fabelhaften Scanner-Geist.

■ Moment mal! Ich werde doch auch von anderen beurteilt!

Vielleicht denken Sie jetzt: »Es ist ja schön und gut, seinem eigenen Herzen zu folgen, aber man wird nun einmal von Chefs dafür bezahlt und von Lehrern dafür benotet, dass man etwas zum Abschluss bringt. Dabei zählt es nicht, wann man selbst ein Projekt als beendet erachtet.

Damit haben Sie natürlich recht. Selbst wenn Sie aus triftigen persönlichen Gründen nicht an einer Sache weiterarbeiten wollen, *müssen Sie trotzdem in der Lage sein, sie abzuschließen, ohne dabei das Gefühl zu haben, im Gefängnis zu sein!*

Erstens erwartet man von Ihnen, dass Sie Projekte beenden, egal, wer Sie sind. Im wirklichen Leben müssen Sie Prüfungen zu Ende schreiben und auch Projekte in der Arbeit beenden. In der Regel werden Sie versuchen, mithilfe Ihrer Selbstdisziplin durchzuhalten. Aber das kann Sie sehr unglücklich machen, was Ihnen gar nicht guttut. Es wäre klüger, eine geeignetere Methode zu finden. Ich habe ein paar Ideen, die Ihnen dabei helfen können (s. u. »Trickkiste für gelangweilte Scanner«).

Zweitens gewinnnen Sie großes Selbstvertrauen, wenn Sie wissen, dass Sie in der Lage sind, etwas durchzuziehen – selbst wenn Sie ein bekennender Scanner sind und das nicht oft vorhaben. Dieses Wissen versetzt Sie in die Lage, frei zu wählen, was Sie tun möchten. Sobald Sie *sich bewusst dazu entschließen*, ein Projekt fallen zu lassen, ist es völlig in Ordnung; aber wenn Sie ein Projekt nicht zu Ende bringen *können*, kann Ihnen das erhebliche Probleme bereiten.

Doch was tun, wenn das Schlechte Gefühl Sie wie immer erwartet? Wird es Sie nicht ohnehin stoppen?

Nicht unbedingt!

Sie haben das Gefühl mittlerweile benannt, daher werden Sie feststellen, dass es seine Macht verloren hat. Sie versuchen nun nicht mehr, jedes Mal die Flucht zu ergreifen, wenn Sie eine uninteressante Arbeit erledigen müssen. Trotzdem wird die Aufgabe Ihnen keinen Spaß machen.

Hier sind ein paar Strategien, wie Sie an einem Projekt dranbleiben können, selbst wenn der beste Teil schon vorbei ist.

■ Trickkiste für gelangweilte Scanner

Essen Sie das Gemüse zuerst, aber denken Sie daran, dass das Dessert noch kommt. Wenn Sie eintönige Aufgaben erledigen müssen, sollten Sie sich mit spannenden neuen Projekten belohnen. Auf diese Weise haben Sie ein aufregendes Ziel vor Augen, während Sie sich durch die langweilige Tätigkeit kämpfen.

Beziehen Sie einen Freund oder Kollegen mit ein. Wenn ich an einem neuen Buch arbeite, schreibe ich viele Texte mehr als ein Mal. Und wenn ich bei einem schwierigen Abschnitt ankomme, werfen meine Lektorin und ich ihn wie eine heiße Kartoffel zwischen uns hin und her. Nichts reduziert den Druck so sehr, wie zu wissen, dass man einer wohlwollenden Leserin eine unfertige Textversion schicken kann und sie voller Kommentare und Anregungen zurückbekommt.

Beobachten Sie genau, wie weit Sie gekommen sind. Es ist wichtig zu wissen, wie weit Sie mit Ihrem Projekt sind und wie viel noch zu tun ist. Sonst haben Sie schnell das Gefühl, Ihre Aufgabe würde sich so endlos erstrecken wie der weite Horizont. Legen Sie im Vorhinein Markierungen fest, die Ihnen anzeigen, dass Sie nur noch die Hälfte, ein Drittel oder Viertel der Arbeit vor sich haben.

Legen Sie Kurzsprints ein. Stellen Sie Ihren Küchenwecker und arbeiten Sie jeweils fünfzehn Minuten lang an Ihrem Projekt. Oder planen Sie sich heute, morgen und am Samstag jeweils eine halbe Stunde dafür ein. Treffen Sie eine Vereinbarung mit sich selbst, und halten Sie sich daran, bis Sie Ihre Arbeit abgeschlossen haben.

Denken Sie stets an Folgendes: Sie müssen nicht jedes Projekt beenden, das Sie beginnen, *aber Sie sollten wissen, wie Sie es schaffen, wenn es erforderlich ist.* Eines Tages werden Sie auf ein Projekt stoßen, bei dem sich die Fertigstellung lohnt. Spätestens dann werden Sie dieses Wissen benötigen. Bis dahin – und auch danach – sollten Sie sich stets daran erinnern, wie viel Spaß es Ihnen macht, mit etwas Neuem zu beginnen.

Wenn Sie nicht länger versuchen wollen, der Norm zu entsprechen, und Sie bereit sind, Ihren neugierigen Geist und Ihre zahlreichen Begabungen optimal einzusetzen, ist es an der Zeit, eine neue Richtung einzuschlagen. Anstatt sich selbst zu verändern, werden Sie die Menschen um sich herum verändern. Sie müssen die Ärmel hochkrempeln und Ihre Energie darauf ausrichten, ein Umfeld für sich zu schaffen, das Sie unterstützt, und zwar genau so, wie Sie sind.

Dies führt uns zum zweiten Teil dieses Buchs.

■ Was kommt als Nächstes?

Damit Sie Ihr Leben so einrichten können, dass Ihr außergewöhnliches Potenzial sich entfalten kann, sollten Sie noch mehr darüber wissen, wer Sie sind. Sie haben bereits die ersten Schritte gemacht. Aber um sich weiter zu rüsten und alles tun zu können, wozu Sie in der Lage sind, sollten Sie Ihre einzigartige Persönlichkeit sowie Ihre speziellen Probleme und Bedürfnisse genauer erforschen.

Teil zwei

Welcher Scanner-Typ sind Sie?

Hallo Scanner,

mittlerweile glauben Sie hoffentlich nicht mehr, dass Sie sich auf einen Beruf, einen Lebensstil oder eine Passion beschränken müssen, da Sie erkannt haben, dass Sie nicht dafür geschaffen sind. Sie waren vielleicht unglücklich darüber, sich nie für etwas entscheiden zu können, aber ein Teil von Ihnen hat sich stets dagegen gesträubt, sich auf etwas festzulegen. Was ist also Ihr Problem? Möglicherweise haben Sie gar keins! Aber mit Sicherheit haben Sie einen ungewöhnlich flinken, neugierigen Geist, der mit Begeisterung Probleme löst oder sich zu Neuem inspirieren lässt, und Sie sind jemand, der mit zu vielen Begabungen ausgestattet ist, um sich nur einem Job oder Interessengebiet zu verschreiben.

Sie haben nun die spannende Aufgabe, ein erfülltes Leben für sich zu gestalten – mit all dem Freiraum, den Sie benötigen – und einen Lebensstil zu entwerfen, in dem Sie all Ihre Talente und vielseitigen Interessen unterbringen. Was für ein Lebensstil wäre das? Die Antwort hängt davon ab, zu welchem Scanner-Typ Sie gehören.

Nicht alle Scanner sind gleich. Die meisten Scanner lernen allerdings leidenschaftlich gern etwas Neues, sie sind kreativ und lieben es, Dinge zu entwickeln und zu gestalten, die es zuvor noch nicht gab. Und viele Scanner würden gerne einer Gruppe von Gleichgesinnten angehören. Doch in anderen, spezielleren Bereichen gibt es überraschend wenige Übereinstimmungen. Ein Scanner-Typ (der Serienmeister, s. Kapitel 15) liebt die Herausforderung, etwas Neues zu erlernen, bis er es perfekt beherrscht. Er möchte zum Beispiel eine Fremdsprache so gut sprechen wie ein Muttersprachler oder ein Tongefäß perfekt glasieren können oder sich in Karate bis zum schwarzen Gürtel hochkämpfen. Ein anderer Scanner-Typ (der Ausprobierer, s. Kapitel 18) will gerne in Erfahrung bringen, wie etwas funktioniert, indem er es einfach selbst ausprobiert. Er will zum

Beispiel ein kleines Boot bauen, ein Kinderbuch schreiben und illustrieren, einen Steingarten anlegen – nur ein Mal. Ein Experte auf einem bestimmten Gebiet zu werden würde er als Einschränkung empfinden.

Scanner haben außerdem verschiedene Stärken und Schwächen. Der Tellerjongleur (s. Kapitel 12) hat die unglaubliche Fähigkeit, an Dutzenden von Problemen gleichzeitig zu arbeiten, findet aber nie Zeit, auch einmal bis zum Boden seiner Projekte vorzudringen. Der Wanderer (s. Kapitel 17) ist überaus offen für neue Bekanntschaften und ein neues Umfeld, aber es mangelt ihm an einer konkreten Ausrichtung im eigenen Leben.

▪ Was unterscheidet die verschiedenen Scanner-Typen voneinander?

Sie lernen in diesem Buch sowohl solche Scanner kennen, die nur ein oder zwei Wochen lang ein neues Gebiet erkunden, als auch solche, die jahrelang hinarbeiten, um etwas so zu erlernen, dass sie zufrieden sind. Manche Scanner wechseln rasch von einem Interessengebiet zum nächsten und sehen sich kein einziges Mal um. Andere haben viele verschiedene Interessen, denen sie sich abwechselnd immer wieder widmen. Diese Unterschiede sind nicht oberflächlich. Sie bilden die Basis für die Strategie, die sie zu ihrem ganz individuellen Lebensstil führt.

In der Vergangenheit hat man Ihnen stets geraten, das Leben zu führen, das für alle anderen Menschen in Ihrem Umfeld funktioniert: Sie sollten sich für etwas entscheiden und es bis zum Ende durchziehen. Doch das können Sie nicht. Zum einen haben Sie zu viele verschiedene Interessen, und zum anderen hat das Wort »Ende« für Sie eine ganz andere Bedeutung.

Doch auch was die Erwartungen an ihre Projekte betrifft, sind Scanner untereinander sehr verschieden. Der eine möchte Probleme aus dem wirklichen Leben lösen und nichts anderes. Ein anderer ist fasziniert von allem Rätselhaften und liebt es zu ergründen, was dahintersteckt. Aber beide waren bisher wahrscheinlich weder in der Lage, sich an ihre Umwelt anzupassen, noch ihre eigenen Erwartungen zu erfüllen.

Doch wenn Ihnen die richtigen Werkzeuge und Anleitungen zur Verfügung stehen, kann sich das ändern. Sobald Sie einen Plan haben, der Ihrem natürlichen, individuellen Rhythmus entspricht, sowie einen Beruf, der Ihnen genug Raum lässt, so zu sein, wie Sie wirklich sind, können Sie Ihr Leben grundlegend ändern.

■ Wie Sie die nächsten Kapitel nutzen

Sie werden sich kaum eindeutig als einen ganz bestimmten Scanner-Typ identifizieren können. Höchstwahrscheinlich erkennen Sie sich in zwei oder drei oder sogar all den Beschreibungen in den folgenden Kapiteln wieder. Ich lerne immer noch viel über Scanner dazu – und mache jeden Tag neue, spannende Entdeckungen. Daher ist diese Typologie nur ein vorläufiger Versuch. Um ehrlich zu sein, ich bin noch nie einem Scanner begegnet, der nur einem Typus angehörte.

Doch Sie werden, wenn Sie die folgenden Kapitel ganz lesen, alle nötigen Hinweise für eine genauere Typbestimmung erhalten. Zudem werden Sie in jedem Kapitel nützliche Techniken und interessante Berufe kennenlernen. Einige davon tauchen sogar in allen Kapiteln auf. Lesen Sie den nächsten Teil des Buches daher komplett durch, und packen Sie alles, was vielversprechend aussieht, in Ihren Einkaufswagen, um es bei passender Gelegenheit auszuprobieren. Dann können Sie in einem zweiten Schritt die Techniken beibehalten, die gut funktionieren, und die anderen bleiben lassen. Auf diese Weise stellen Sie ein maßgeschneidertes Lebenskonzept für sich zusammen.

Kapitel 9
Zyklische Scanner

Ich bin ein Wiederholungstäter. Ich habe vier oder fünf Inter-
essengebiete, die ich abwechselnd liegen lasse und nach einer
Weile voller Begeisterung wieder hervorhole.

Wenn Sie keine Schwierigkeiten haben, Ihre Interessen auf-
zuzählen, sind Sie wahrscheinlich ein Zyklischer Scanner. Sie
wissen, welche Dinge Sie am liebsten machen – anders als
Sequenz-Scanner, die immer wieder auf neue Interessengebiete
stoßen (mehr dazu später).

Ihre Liste enthält möglicherweise nur ein paar Einträge – so
wie beim Doppelagenten im nächsten Kapitel, der zwischen
zwei Lebensmodellen hin und her schwankt. Auf Ihrer Liste
können auch zwanzig Einträge stehen, aber sie ist nicht endlos.
Sie wissen, was Ihr Ding ist, und nehmen jede Aktivität immer
wieder auf.

Unter den Zyklischen Scannern habe ich drei verschiedene
Typen identifiziert. Ich beginne mit dem Doppelagenten, einem
Scanner, der in der Regel nur zwei Dinge tun will. Alle Scanner
können die Techniken für den Doppelagenten nutzen, allerdings hat der Doppelagent seine eigenen Widerstände, Begabungen und Konflikte. Er muss einen Beruf finden, der anderen
Scannern möglicherweise nicht so entspricht.

Der zweite Typus – die Sibylle – macht bei Weitem die größte
Gruppe unter den Zyklischen Scannern aus. Jede Sibylle hat
viele Interessen und ist so zwischen ihnen hin- und hergerissen,
dass sie sich häufig wie gelähmt fühlt und gar nichts tut. Sibyllen
leiden unter ihrer Konfusion und ihrem Chaos, aber am meisten belastet es sie, wenn sie in ihrem Leben nichts vorzuweisen
haben.

Der dritte und letzte Typus ist der Tellerjongleur. Er ist der Schnellste unter den Zyklischen Scannern. Er kann viele Projekte gleichzeitig am Laufen haben. Obwohl Tellerjongleure an ihrem Arbeitsplatz häufig die großen Stars sind, haben sie genau wie jeder andere Scanner Probleme, das zu tun, was sie am liebsten machen, und verschieben die Erfüllung ihrer Träume auf einen unbestimmten Zeitpunkt in der Zukunft. (Das ist keine kluge Entscheidung, aber zum Glück ist sie auch nicht nötig.)

Wir wollen uns das Leben der Zyklischen Scanner nun genauer ansehen. Achten Sie darauf, ob Sie sich selbst in irgendeinem von ihnen wiedererkennen.

Kapitel 10
Sind Sie ein Doppelagent?

Ich musste mich zwischen dem, was richtig war, und meinem Lebenstraum entscheiden. Man kann nicht einfach tun, was man will. Man muss auch an andere denken.

Ich möchte zwei verschiedene Berufe ausüben, die sich aber unmöglich miteinander vereinbaren lassen. Ich komme mir vor wie ein Esel, der zwischen zwei Heuhaufen steht und verhungert, weil er sich für keinen entscheiden kann.

Sind Sie ein Doppelagent?

- Haben Sie einen Lebenstraum aufgegeben, weil er Ihnen unrealistisch erschien?
- Würden Sie gerne in mehreren Städten oder Ländern leben und mehrere Berufe ausüben?
- Glauben Sie, das Leben sei voller schwieriger Entscheidungen?
- Denken Sie manchmal daran, Ihren Job einfach zu kündigen und etwas umwerfend tolles Neues anzufangen?
- Wäre es schlimm für Sie, wenn man Sie für einen Egoisten hielte? Brächte eine Veränderung in Ihrem Leben für die Menschen, die Sie lieben, zu viele Opfer mit sich, und lähmt Sie diese Vorstellung?
- Denken Sie manchmal, Ihr Problem ließe sich zu zweit (oder gemeinsam mit mehreren Menschen) lösen?

Wenn Sie die meisten Fragen mit Ja beantwortet haben, gehören Sie zu einer besonderen Gruppe von Scannern, die ich als Doppelagenten bezeichne. Ich nenne sie so, weil sie in ihrer

Fantasie manchmal zwei Menschen sein wollen: Der eine davon macht das Richtige, und der andere hat die Freiheit, seinen Traum zu leben.

Ein typischer Doppelagent hat das Gefühl, im Leben nur eine Alternative zu haben: entweder sich selbst oder einen anderen Menschen unglücklich zu machen.

Anders als andere Scanner brauchen Doppelagenten nicht den häufigen Wechsel. Sie wären sogar bereit, eins der beiden Leben für immer zu führen, wenn sie nur könnten, doch die Hindernisse erscheinen ihnen unüberwindbar. In Wirklichkeit lassen sich die Probleme dieser Scanner jedoch am leichtesten lösen. Wenn Sie allerdings ein typischer Doppelagent sind, kommt Ihnen Ihre Situation hoffnungslos vor.

▪ Helens Geschichte

Helen fuhr mich nach einem Workshop zurück in mein Hotel und erzählte mir auf der Fahrt traurig: »Ich habe mein Leben in Afrika geliebt. Ich habe zwei Jahre im Busch verbracht und mich so lebendig wie noch nie zuvor gefühlt. Seit ich wieder zu Hause bin, ist es mir nie mehr wieder so ergangen. Aber ich kann nicht mehr in Afrika leben und sollte wohl dankbar für die fabelhaften Jahre dort sein.«

»Das ist aber schade«, sagte ich. »Warum können Sie nicht mehr dort leben?«

»Meine Eltern werden älter, und ich brächte es nicht übers Herz, sie alleine zu lassen. Ich möchte ihre letzten Jahre mit ihnen verbringen. Sie sind die besten Eltern auf der ganzen Welt, und ich könnte es nicht ertragen, nicht da zu sein, wenn sie mich brauchen. Ich würde es den Rest meines Lebens bereuen. Afrika aufzugeben bricht mir das Herz, aber meine Eltern sind mir wichtiger. So ist es nun einmal.«

Sie bog in die Auffahrt meines Hotels ein und hielt an, um

mir eine gute Nacht zu wünschen. Es war ihr offensichtlich etwas peinlich, dass sie mich mit ihrer Geschichte behelligt hatte, aber ich war neugierig.

»Könnten Sie nicht hin und wieder für kürzere Zeit nach Afrika reisen, zum Beispiel für drei Wochen, und das vielleicht ein paar Mal im Jahr?«, fragte ich.

Sie schwieg eine Weile und sagte dann: »Daran habe ich noch nie gedacht.«

Sie schwieg erneut, und ich konnte beinahe hören, wie es in ihrem Kopf summte und schwirrte. Schließlich sagte sie resigniert: »Ich werde in meinem Job ganz sicher nicht so viel Urlaub bekommen.«

»Ich verstehe«, sagte ich. »Das ist sehr schade. Aber Moment mal. Sagten Sie nicht, dass Sie erst seit einem Jahr wieder in den Staaten sind? Haben Sie denn schon einen tollen Job?«

»Nein, gar nicht«, lachte sie. »Ich arbeite als Assistentin in der Verwaltung des Ortskrankenhauses. Ich bekomme dort keinerlei Sozialleistungen. Aber es ist immerhin ein Job, und ich brauche einen. Ich weiß, dass sie mich dort nicht für drei Wochen weglassen.«

»Es sieht so aus, als hätten Sie den falschen Job. Haben Sie versucht, eine Arbeit zu finden, die Ihren Wünschen etwas mehr entspricht?«

Wieder machte sie überrascht eine Pause. »Und die wäre?«

»Ich weiß es nicht genau, aber wenn Ihr Stundenlohn im Krankenhaus nicht außergewöhnlich hoch ist, könnten Sie die gleiche Arbeit doch als Teilzeitkraft erledigen und Ihre Arbeitszeiten selbst festlegen. Vielleicht könnten Sie auch projektbezogen arbeiten. Wenn ein Projekt nach einigen Monaten abgeschlossen ist, könnten Sie die restlichen Monate freinehmen.«

Draußen war es dunkel, aber die Lichter des Hotels erhellten ihr Gesicht, und ich erkannte an ihrer Miene, dass sie eine Idee hatte. »Mein Bruder würde meine Eltern in den Ferien zusammen mit seiner Frau und den Kindern liebend gerne besuchen«, sagte sie aufgeregt.

Danach konnte sie nichts mehr stoppen. Sie wünschte mir höflich eine gute Nacht, aber ich wusste, dass sie jetzt so schnell wie möglich weg wollte. Wahrscheinlich würde sie sich zu Hause gleich ans Telefon hängen.

■ Das Entweder-oder-Denken

Wenn Sie ebenfalls vergessen haben, dass es im Leben immer mehr Möglichkeiten gibt, sind Sie wahrscheinlich in die Falle des Entweder-oder-Denkens geraten. Es ist keineswegs ungewöhnlich, so zu denken – für einen Scanner allerdings untypisch. Scanner sind in der Regel kreative und unkonventionelle Köpfe, die sich nicht auf herkömmliche Denkmuster festlegen lassen.

Doch immer wieder begegne ich Scannern wie Helen, die ihr eigenes Denken abschalten und sich geschlagen geben, noch bevor sie nach Lösungen gesucht haben. Ich hatte Helen lediglich vorgeschlagen, für kürzere Zeit nach Afrika zu reisen, wenn sie nicht das ganze Jahr dort leben konnte. Das war keine höhere Mathematik. Doch ich erkannte, dass wir alle in unserem Leben bereits ähnlich reagiert haben, und begann, den Mechanismus zu verstehen.

Sobald das Entweder-oder sich unseres Denkens bemächtigt, verschwindet offenbar unser gesamter natürlicher Einfallsreichtum. Und wenn es etwas gibt, das unsere Träume vernichtet, dann ist es das Entweder-oder-Denken.

Wie war das mit dem Esel, der zwischen den beiden Heuhaufen steht und sich nicht entscheiden kann, welchen von ihnen er fressen soll, bis er schließlich verhungert? Erkennen Sie seinen Irrtum? Keiner hat dem armen Esel gesagt, dass er beide Heuhaufen fressen darf. Er kann den einen ganz auffressen und sich dann über den anderen hermachen. Oder er frisst einmal hier und einmal da. Danach kann er losziehen und noch viele weitere Heuhaufen fressen.

Doch das Entweder-oder-Denken versetzt uns in Trance. Es schleicht sich unbemerkt heran und dominiert unsere Gedanken, indem es ihnen künstliche Grenzen auferlegt. Sobald es die Kontrolle übernommen hat, machen wir nicht einmal mehr den Versuch, uns bessere Alternativen auszudenken.

Dazu kommt, dass wir in unserer Enttäuschung nicht mehr klar denken können. Deshalb beißen wir in den sauren Apfel, tun das, was »richtig« ist, und sagen zu uns selbst, dass wir keine Kinder mehr sind und die Zeiten vorbei, in denen sich alles nur um uns gedreht hat.

Doch es gibt einen Teil in jedem Scanner, der nie erwachsen wird. Wenn Scanner sich für eine Idee begeistern, dann tun sie das mit der gleichen Intensität wie Kinder. Enttäuschungen treffen sie ähnlich tief. Sobald sie daher bei Dingen, die ihnen enorm wichtig sind, auf Hindernisse oder Konflikte stoßen, sehen sie nur eine mögliche Lösung und geben den Kampf auf.

Das Entweder-oder-Denken vernichtet Träume in Windeseile.

Das Entweder-oder-Denkspiel

Wenn Sie in starre Denkmuster verfallen, nach dem Motto »Ich kann nur das eine *oder* das andere haben«, sollten Sie lernen, auch nach anderen Lösungen zu suchen. Lesen Sie die Anleitung für das folgende einfache Denkspiel, dann werden Sie wissen, worauf ich hinauswill.

Schritt 1: Stellen Sie sich vor, Sie haben nur noch eine Packung Spaghetti, eine Dose Thunfisch und eine Dose Hundefutter auf Vorrat und sagen zu Ihrer Familie: »Wir können entweder Spaghetti oder Thunfisch essen.« Das ist eine Entweder-oder-Aussage.

Schritt 2: Prüfen Sie nun, auf welche Weise Sie diese Entweder-oder-Aussage verändern können. Eine Möglichkeit wäre: »Wir können *entweder* Spaghetti oder Thunfisch essen – *oder* wir lassen uns was anderes einfallen.«

Schritt 3: Überlegen Sie sich möglichst viele Alternativen. (Wenn Sie das Spiel mit Freunden machen, gibt es für jeden Vorschlag einen Punkt. Probieren Sie es auch mit Kindern aus. In der Regel bekommen sie die meisten Punkte.)

Die erste Alternative könnte zum Beispiel lauten: »Wir müssen *weder* Thunfisch *noch* Spaghetti essen. Wir könnten uns telefonisch eine Pizza bestellen. Wir könnten auch zum Einkaufen oder in ein Restaurant gehen. Oder wir rufen einen Freund oder Verwandten an und laden uns dort zum Abendessen ein. Oder wir beginnen ab heute eine einwöchige Saft-Fastenkur.«

Die zweite Alternative könnte folgendermaßen aussehen: »Wir könnten den Thunfisch *und* die Spaghetti essen. Du isst das eine und ich das andere. Oder wir essen den Thunfisch zusammen mit den Spaghetti. Oder es gibt Thunfisch als Vorspeise und später ein kleines Spaghetti-Hauptgericht. Oder wir bestellen uns etwas Vegetarisches beim Chinesen und machen zusammen mit dem Thunfisch eine Soße für die Spaghetti daraus. Oder wir laden eine Freundin ein, die noch eine dritte Zutat mitbringt, und bereiten einen Thunfischauflauf zu.«

Fallen Ihnen noch andere Alternativen ein?

Übertragen Sie das Ganze nun auf Ihre eigene Situation und den Konflikt, der Sie lähmt. Helen hätte zum Beispiel gesagt: »Ich möchte in Afrika leben, und ich möchte in der Nähe meiner Eltern sein.« Und eine ihrer Lösungen hätte gelautet: »Ich könnte zu jeweils unterschiedlichen Zeiten im Jahr an beiden Orten leben.«

Dieses Spiel kommt Ihnen vielleicht ein bisschen albern vor, aber wenn Sie es nur eine Woche lang täglich ein paar Mal üben, wird Ihr Denken viel offener werden. Überlegen Sie nur, was das bedeuten könnte: Vielleicht ist dies der erste Schritt auf dem Weg zu Ihrem Traumleben.

Carmens Entweder-oder-Konflikt

Überlegen Sie, ob Sie eine Lösung für den folgenden Entweder-oder-Konflikt finden können.

Carmen, eine meiner Klientinnen, träumte davon, mit Raubtieren zu arbeiten (also mit Löwen und Tigern, was ich etwas besorgniserregend fand, aber nun gut – Herzensträume hinterfrage ich nie). Sie hatte den sehnlichen Wunsch, an einem einjährigen Kurs teilzunehmen, den ein Raubtiertrainercamp auf der anderen Seite des Landes anbot. Anders als Helen war sie als erfolgreiche Industriedesignerin an ihr Büro gebunden.

»Ich verbringe fünfzig Wochen im Jahr in der Arbeit und habe zwei Wochen Urlaub. Mehr gibt es nicht«, sagte sie. »Ich denke darüber nach, zu kündigen und es darauf ankommen zu lassen, ob ich woanders einen Job finde.«

»Immer mit der Ruhe«, warnte ich. »Wie beim Selbstmord oder bei einer Scheidung ist auch für eine Kündigung immer noch genug Zeit. Daher sollte sie das letzte Mittel der Wahl sein. Vielleicht können Sie ja eine Doppelagentin sein und beides unter einen Hut bringen. Reisen Sie im Rahmen Ihrer Arbeit viel, oder haben Sie, was noch besser wäre, ein paar große Kunden in der Nähe des Trainingscamps, die Sie besuchen könnten? Oder wäre es sogar möglich, dort neue Kunden zu akquirieren?«

»Nein, es spielt sich alles in der Nähe unserer Firma ab. Und ich arbeite hauptsächlich am Computer, sodass ich ziemlich fest an meinen Arbeitsplatz gekettet bin«, seufzte sie.

Was würden Sie Carmen raten? Denken Sie einen Moment darüber nach, und lesen Sie dann den Rest der Geschichte.

Falls Sie vorschlagen, Carmen solle ihren Job behalten, aber in die Nähe des Tiertrainingscamps ziehen und dort Telearbeit machen, liegen Sie ziemlich richtig. Mit Telearbeit könnte sie sich ihr Leben so einrichten, wie sie möchte. Ich bezeichne diese Variante als das *Lebensdesign-Modell*.

▪ Das Lebensdesign-Modell

Lebensdesign-Modelle sind eine Kombination aus Zeitmanagement und Arbeitsorganisation – und noch ein bisschen mehr. Da ich Lebensdesigns als wesentliche Grundlage für ein glückliches und produktives Leben betrachte, standen sie seit jeher im Zentrum meiner Arbeit. In meinem ersten Buch ›Wishcraft‹ habe ich gezeigt, dass wir detektivisch genau unseren persönlichen Lebensstil ermitteln müssen: Dabei gilt es herauszufinden, was uns am glücklichsten macht und was wir am besten können. Wir sollten nicht versuchen, uns selbst zu verändern, sondern unsere Umwelt so gestalten, dass sie uns gibt, was wir benötigen, damit wir uns optimal entfalten können.

In diesem Buch stelle ich Lebensdesign-Modelle für alle Scanner-Typen vor. Sobald Sie sich als einen bestimmten Typus identifiziert haben, können Sie ein Modell auswählen, das Ihrem Leben eine Struktur und eine Richtung gibt. Es hält Sie so lange in Bewegung, bis Ihr Leben sich auf seinen natürlichen Rhythmus eingependelt hat.

Die Lebensdesign-Modelle beinhalten keine Regeln, sondern lediglich grobe Leitfäden, denn Ihre Schritte sind einzigartig. Was Sie von Herzen gerne tun, wie lange Sie es tun und der Beruf, der zu Ihnen passt, sind sehr individuelle Dinge. Daher werden die vorgestellten Modelle erst dann perfekt auf Sie zugeschnitten sein, wenn Sie Ihre eigenen Änderungen daran vorgenommen haben. Wie Sie sehen werden, habe ich jedem Lebensdesign-Modell einen eigenen Namen gegeben.

Das Telearbeit-Modell: An zwei Orten gleichzeitig sein

Als Carmen mir erzählte, dass sie fast die ganze Zeit am Computer saß, fragte ich sie: »Wenn Sie hauptsächlich am Computer arbeiten, warum müssen Sie dann unbedingt im Büro sein? Könnten Sie nicht von einem anderen Ort aus Telearbeit machen?«

»Ich bin mir nicht sicher«, antwortete sie aufgeregt. »Ich werde herausfinden, ob es geht.«

Carmen musste all ihr Verhandlungsgeschick aufbieten, denn ihr Chef war zunächst gegen die Telearbeit. Aber mithilfe von Untersuchungen konnte sie belegen, dass Telearbeiter mehr leisten und aufgrund dessen ihre Arbeitgeber letztlich weniger kosten. Und als es Carmen gelang, einen guten Kunden zu akquirieren, der zwei Stunden vom Raubtiertrainingscamp entfernt war, konnte ihr Chef nicht mehr Nein sagen. Sie vereinbarten, dass Carmen alle sechs Wochen zum Stammsitz ihrer Firma fliegen würde, um jeweils eine Woche dort zu arbeiten.

So konnte sie ihren Job behalten und trotzdem ihren Tiertrainerkurs belegen.

Helen, die sich in den afrikanischen Kontinent verliebt hatte, aber nicht weit entfernt von ihren betagten Eltern leben wollte, löste ihr Problem mit einem anderen Lebensdesign-Modell.

Das Lehrer-Modell: Den Sommer freihaben

Seit wir uns vor zwei Jahren begegnet sind, hat Helen die Sommer in Afrika und den Rest des Jahres bei ihren Eltern verbracht. Sie nutzt somit das »Lehrer-Modell«. Dieses Modell gibt es, seit es verschiedene Jahreszeiten und Landwirtschaft gibt. Mein Vater ging wie alle anderen Bauernkinder in seinem russischen Dorf im Winter zur Schule, aber während der Pflanz- und Wachstumszeit und bis die Ernte eingebracht war, musste er auf dem Bauernhof seiner Familie helfen. Im Herbst konnte er dann wieder zur Schule gehen. Da in den Sommermonaten keine Kinder in die Schule kamen, nutzten die Lehrer diese Zeit, um Urlaub zu machen. Diese Praxis hat sich bis heute erhalten, sogar in den Städten.

Diese Zweiteilung des Jahres ist ideal für Menschen, die an zwei verschiedenen Orten leben oder zwei verschiedene Leben führen möchten.

Da Landwirte eher im Winter freihaben, können Sie natürlich auch diese Variante des Modells wählen und es dann als »Landwirt-Modell« bezeichnen.

Und wenn Sie jemand sind, der seine beiden Leben gleichzeitig, ja sogar am selben Tag führen möchte, könnte das »Parallel-Modell« genau das Richtige für Sie sein. Dann müssen Sie lediglich einen anderen Hut aufsetzen oder sich in einen anderen Raum (oder in einen anderen Stadtteil) begeben, wenn Sie von einer Tätigkeit zur anderen wechseln.

Selbstverständlich verdienen Lehrer und Landwirte ihren Lebensunterhalt in der nichtfreien Zeit des Jahres, und zwar so viel, dass sie das ganze Jahr über etwas zu essen haben. Und auch Sie werden diese Notwendigkeit berücksichtigen müssen.

■ Jobs für Doppelagenten

Wenn Sie zwei Leben führen möchten, ist ein Nine-to-five-Job – und das 48 Wochen im Jahr – einfach nicht das Richtige für Sie. Sie brauchen eine unkonventionellere Einnahmequelle beziehungsweise einen ungewöhnlichen Job. Hier einige Möglichkeiten, die vielleicht für Sie infrage kommen. Ich habe sie in zwei Gruppen unterteilt. Die erste ist für Doppelagenten wie Helen, die gerne reisen. Die zweite ist für diejenigen, die zwei oder mehr Jobs gleichzeitig wollen oder brauchen.

Wenn Sie vom Reisen träumen

1. Suchen Sie sich einen Job, den Sie leicht durch einen anderen ersetzen können. Eine Seminarteilnehmerin erzählte mir, dass sie und ihr damaliger Freund nur Einsteigerjobs in Büros annahmen und immer nur so lange dort blieben, bis sie genug Geld verdient hatten, um nach Europa zu reisen. »Es war immer leicht, solche Jobs zu bekommen. Daher machte es uns nichts aus zu kündigen. Und keiner von uns beiden wollte Karriere machen. Wir wollten heiraten, viele Kinder bekommen und dann für immer zu Hause bleiben. Daher wollten wir vorher intensiv reisen.« Allerdings heiratete sie dann einen Mann, der Touren in der Antarktis leitete und im Südpazifik Fische für große Aquarien sammelte, sodass sie zu ihrer großen Freude nie sesshaft werden musste.

2. Machen Sie sich selbstständig. Der amerikanische Autor Daniel Pink zeigt in seinem Buch ›Free Agent Nation‹ aus dem Jahr 2001 zahlreiche Möglichkeiten, wie Selbstständige Dutzende verschiedene Tätigkeiten im Jahr ausführen können, die er in schillernde Bezeichnungen kleidet. Von den »Permafreien« (Selbstständige, die als freie Mitarbeiter in einem Unternehmen angefangen und diesen Status beibehalten haben, obwohl ihnen ein fester Job angeboten wurde) über die »E-Rentner« (Rentner, die ein Internetunternehmen gegründet haben) bis zu den »Hightech-Cowboys« oder den »Nomaden«.

Daniel Pink betont, dass diese Leute nicht minder wichtig sind als Installateure, Lkw-Fahrer oder Elektriker, die traditionell die sichersten Berufe haben. Außerdem verdienen sie nicht schlecht.

Eine weitere Möglichkeit, die Wahl zu haben, wann und wo Sie Ihr anderes (beziehungsweise Ihre anderen) Leben führen, besteht darin, projektbezogen zu arbeiten. Angebote dazu finden Sie bei den Stellenanzeigen im Internet. Viele Firmen engagieren Mitarbeiter gezielt für bestimmte Projekte.

Ich kenne eine Frau, die in einer Filmproduktionsfirma arbeitet, und eine andere, die Computernetzwerke für Unternehmen einrichtet. Beiden gelingt es, jedes Jahr sechs Monate freizunehmen, um sich all ihren anderen Interessen zu widmen.

3. Suchen Sie sich gut bezahlte, befristete Jobs, mit denen Sie das ganze Jahr finanziell über die Runden kommen. Meistens handelt es sich bei solchen Tätigkeiten um Saisonarbeiten.

Fischen Ich kenne einen Fotografen, der in den Sommermonaten auf einem Fischkutter in Alaska arbeitet. Er verdient dabei so gut, dass er während des restlichen Jahres als Fotograf tätig sein kann.

Handbücher für technische Geräte übersetzen Mein Sohn hat das jahrelang gemacht. Er arbeitete jeweils sechs Monate wie verrückt und sparte in dieser Zeit genug Geld, um ein Jahr lang die Welt zu bereisen und zu tun, was ihm sonst noch Spaß machte (er hat bereits längere Zeit in Japan, Griechenland, Spanien und Deutschland gelebt).

Als Landschaftsgärtner arbeiten Bei diesem Job können Sie in den Wintermonaten reisen (wie beim Landwirt-Modell, das ich Ihnen oben vorgestellt habe). Sie müssen einen festen Kundenstamm aufbauen und vorwiegend in den Frühlings- und Sommermonaten arbeiten. Dann packen Sie Ihr Werkzeug zusammen und verbringen den Rest des Jahres in Ihrem zweiten Leben.

4. Der Sonne folgen. Das saisonale Lebensdesign-Modell ist eine Variante für Saison-Scanner. Dabei handelt es sich um Menschen, die drei oder mehr Jobs haben und alle gerne machen. Ein Freund hat mir einmal eine E-Mail über einen Saison-Scanner geschrieben, den er kennengelernt hatte.

Ich hatte einmal einen Skilehrer, der ganz cool all die Dinge tat, die ihm Spaß machten. So hatte er eine Menge Abwechslung in seinem Leben und konnte sogar gut davon leben. Jahr für Jahr ging das so:
Von Dezember bis März arbeitete er als Skilehrer in Kanada (es machte ihm riesigen Spaß); im März flog er nach Australien, um Unterwasserfotos zu schießen (er arbeitete als freier Fotograf für eine Tauchzeitschrift); im Juni reiste er zum Surfen nach Hawaii (ich glaube, das machte er nur zum Vergnügen und nicht, um Geld zu verdienen); und danach begab er sich auf die Skipisten in Chile, um dort die neue Ausrüstung für Hersteller von Wintersportartikeln zu testen und zu präsentieren. In dieser Reihenfolge bestritt er seinen Lebensunterhalt. Man sah ihm an, wie gut ihm dieses Lebensmodell bekam.

5. Suchen Sie sich einen ortsunabhängigen Job. Es gibt alle möglichen Jobs, bei denen Sie nicht an einen bestimmten Ort gebunden sind und reisen können. So werden zum Beispiel Krankenschwestern im Rahmen bestimmter Programme für ein Jahr oder länger an verschiedene Einsatzorte geschickt. Wenn Sie in der IT-Branche arbeiten, sind Sie in der Regel absolut nicht ortsgebunden und können Ihre Qualifikationen überallhin mitnehmen.

Leena, Datentypistin in einem Krankenhaus, hegte schon lange den sehnlichen Wunsch, für eine Weile in Ghana zu leben. »In Ghana gibt es auch Krankenhäuser«, sagte ich zu ihr. »Sie könnten bei einem Krankenhaus dort anfragen, ob Ihre Fähigkeiten möglicherweise gebraucht werden.« Leena richtete eine Internetseite mit dem Titel »Ich_will_nach_Ghana« ein, um Informationen und nützliche Kontakte zu sammeln, und bekam innerhalb von ein paar Monaten tatsächlich einen Job in Ghana.

6. Suchen Sie sich einen Job mit Reisetätigkeit. Jobs mit Reisetätigkeit haben viele Vorteile, allerdings können Sie sich das Reiseziel nicht immer aussuchen.

Simultandolmetschen Ich kenne eine Engländerin, die in Paris lebt und einem Team von renommierten Simultandolmetschern angehört. Sie liebt ihren Job und reist häufig zu internationalen Wirtschafts- und Regierungskonferenzen nach Zentralasien. Um in das Team aufgenommen zu werden, musste sie einen anspruchsvollen einjährigen Kurs in Belgien absolvieren. »Es ist nicht der einzige Weg, um eine Lizenz als Simultandolmetscherin zu bekommen«, sagte sie, »aber diese Organisation vermittelt mir gute Angebote und bietet darüber hinaus gute Sozialleistungen.«

In einem globalen Unternehmen arbeiten Sie könnten als Trainer in einem weltweit agierenden Unternehmen tätig werden oder für eine internationale Hotelkette arbeiten. Eine Frau, die ich vor ein paar Jahren in einem Flugzeug kennenlernte, erzählte mir, dass sie für eine internationale Hotelkette in Hongkong als Managerin des Servicebereichs arbeite und ihre Wochenenden häufig mit Freunden in Katmandu in Nepal verbringe.

Aber was, wenn sich Ihre Passion nicht mit einem Job vereinbaren lässt, mit dem Sie Ihren Lebensunterhalt bestreiten können? Hat sich das Entweder-oder-Denken wieder eingeschlichen und Sie vor die folgende Alternative gestellt?

A: Ich muss alles für meinen Lebenstraum aufs Spiel setzen und ihm meine gesamte Zeit widmen.

B: Ich kann meine Sicherheit nicht für meinen Lebenstraum aufgeben.

Denken Sie stets daran, dass keine der beiden Möglichkeiten zutrifft. Stattdessen gibt es einige bessere Alternativen.

Wenn ein *Beruf Ihnen nicht genügt*

Die meisten Scanner nehmen automatisch an – wie die meisten anderen Menschen übrigens auch –, dass sie aus jedem Interessengebiet einen Beruf machen müssen. Wie Sie bereits wissen, kann das ziemlich problematisch werden. Zum einen haben Scanner zu viele Interessen, und zum anderen bleiben nur die wenigsten davon über einen langen Zeitraum für sie interessant.

Zum Glück gibt es eine Reihe von Alternativen.

1. Tun Sie das eine für Geld und das andere aus Leidenschaft: Suchen Sie sich einen zufriedenstellenden Job. Der beste Freund beinahe jedes Scanners ist ein zufriedenstellender Job. Er ist vielleicht nicht Ihr Traumjob, aber er finanziert Ihre Träume.

Wenn ein Job nicht unangenehm ist, pro Woche nicht mehr als 40 Stunden Ihrer Zeit verschlingt und Ihnen Sicherheit bietet, kann er Ihnen die Freiheit schenken, all die Dinge zu tun, die Sie *in Ihrer freien Zeit* gerne tun. Viele Menschen beklagen sich über ihren unbefriedigenden Job, anstatt zu begreifen, dass er in vielen Fällen gut genug ist. Sobald ihnen diese Einsicht dämmert, sehen sie ihren Job mit anderen Augen.

Bedenken Sie nur einmal Folgendes: Ein Job, der Ihnen nicht unangenehm ist und sich lediglich den Vorwurf gefallen lassen muss, dass er Sie nicht erfüllen kann, der Ihnen dafür aber ein Einkommen, Sicherheit und die Freiheit bietet, in Ihrer Freizeit etwas Erfüllendes zu tun, ist doch etwas Wunderbares!

Aber ich will einen Job, der mehr ist als das.

Natürlich gibt es überaus erfüllende Jobs, aber aus allem, wofür man sich begeistert, einen Job zu machen, ist keine leichte Übung. Der folgende Beitrag aus meinem Internet-Forum zeigt das sehr deutlich.

Ellen: *Ich sitze liebend gerne den ganzen Tag unter einem Baum und lese Romane aus dem 19. Jahrhundert. Deshalb habe ich mich entschlossen, Lektorin zu werden, damit ich fürs Lesen bezahlt werde. Doch ich musste entsetzliche Texte bearbeiten. Es gefiel mir überhaupt nicht. Raten Sie mal, was ich jetzt beruflich mache. Ich arbeite als Sekretärin in einem schönen Büro mit netten Kollegen und kann meinen Arbeitsplatz von zu Hause aus bequem zu Fuß erreichen. Jeden Abend, jeden Samstag und Sonntag sowie jeden Urlaub sitze ich unter einem Baum und lese Romane aus dem 19. Jahrhundert. Ich erzähle allen Leuten meine Geschichte. Wenn Sie vierzig Stunden pro Woche arbeiten, haben Sie immer noch mindestens dreieinhalb Stunden jeden Abend sowie zwölf oder mehr Stunden jeden Samstag und Sonntag Zeit, um zu lesen (oder das zu tun, was auch immer Ihrer Vorstellung vom Paradies entspricht). Sie müssen lediglich irgendeinen angenehmen, unkomplizierten und stressfreien Job finden, der Ihnen erlaubt, Ihre freie Zeit genau damit zu verbringen, was Sie am liebsten tun.*

Meine Freunde haben mir zwar von einem »anspruchslosen« Job abgeraten, aber ich bin mit meiner Arbeit wirklich glücklich. Ich habe mich mit der Tatsache abgefunden, dass mir niemand etwas dafür bezahlt, wenn ich Romane aus dem 19. Jahrhundert lese. Also tue ich dies nun in meiner Freizeit.

2. Machen Sie sich selbstständig. Wenn Sie ein ganz kleines Dienstleistungsunternehmen gründen, sind die Investitionskosten gering, und Sie können die Arbeit so gestalten, dass sie Ihnen nicht zu viel Zeit raubt. Sie könnten zum Beispiel Kurierdienste mit Ihrem Auto anbieten, einen Lieferwagen zu einem Hundesalon umfunktionieren oder Autos abends in Ihrer Werkstatt annehmen, sie reparieren und ihren Besitzern am nächsten Morgen noch vor der Arbeit wieder übergeben. Oder Sie geben Sprachkurse per Telefon.

Viele Menschen begehen beim Selbstständigwerden allerdings einen entscheidenden Fehler: Sie versuchen, alles vorschriftsmäßig zu machen. Sie erstellen einen Geschäftsplan, damit sie einen Kredit bekommen, kaufen sich Software für eine Marketingkampagne, mieten ein Büro an, möglicherweise auch noch eine Werkstatt oder ein Lager, und hoffen dann, dass das Ganze sich rechnet.

Aber Sie sind ein Scanner und wissen es besser. Sie haben die Erfahrung bereits gemacht, zu viel Geld für eine Golfausrüstung ausgegeben zu haben, die nach nur einem Monat im Schrank landete und seither dort verstaubt. Daher prüft ein kluger Scanner die Wassertemperatur zunächst mit dem großen Zeh, bevor er gleich einen Kredit aufnimmt und den ganzen See kauft. Der beste Weg, eine neue Geschäftsidee zu testen, besteht darin, die Anfangsinvestitionen auf ein Minimum zu reduzieren und die Idee erst einmal auszuprobieren.

Wenn Sie bereits selbstständig sind, können Sie in der Regel selbst bestimmen, wie Sie Ihre Zeit verbringen wollen. Mit guten Mitarbeitern oder einem zuverlässigen Stellvertreter (während Sie per Telefon oder Computer weiterhin in Kontakt mit Ihren Angestellten bleiben) sind Sie sehr frei – so wie Peter, Inhaber eines Ingenieurbüros in Toronto, der einen Büromanager einstellte, als er mit seinem Hobby, der Schauspielerei, immer erfolgreicher wurde. So verlagerte er seine Tätigkeit allmählich von seinem Ingenieurbüro auf die Bühne.

In den folgenden Kapiteln werde ich Ihnen viele weitere Anregungen für Ihre Berufswahl geben, die Sie auf Ihre persönlichen Bedürfnisse hin zurechtschneidern können.

Doch nun benötigen Sie eine spezielle Scanner-Ausrüstung, die Ihre Interessen fördert und Ihnen hilft, all Ihre persönlichen Ziele zu erreichen.

■ Die Spezialausrüstung für Doppelagenten

Hier einige Hilfsmittel, damit Sie mit Ihrem Doppel- (oder Vierfach-)Leben nicht ins Schleudern kommen. Als Doppelagent müssen Sie darauf achten, dass Ihr Traum stets in Sichtweite bleibt, weil es sein kann, dass er sich erst in einem halben Jahr oder später erfüllt. Bis Ihr neuer Lebensstil für Sie zur Gewohnheit wird, sollten Sie eine Verbindung zu diesem anderen Leben herstellen und sich Erinnerungsstützen schaffen, damit Sie stets vor Augen haben, dass Sie bald tun werden, was Sie so sehr lieben.

Der zweijährige Wandkalender

Es ist nicht schwer, Ihren Sommer- oder Saisonausflug in Ihr anderes Leben stets präsent zu halten. Aus einem großen Bogen Papier fertigen Sie einfach einen posterartigen Wandkalender an (wie in Kapitel 3: Scanner-Panik auf S. 66 beschrieben) und hängen ihn an markanter Stelle in Ihrer Wohnung auf. Er wird Sie daran erinnern, dass es nur noch 84 … Tage bis zu Ihrer Abreise nach Afrika sind. Das ist etwas ganz anderes als die nörgelnde innere Stimme: »Ich werde nie tun, was ich mir wünsche.«

Anders als den meisten Scannern rate ich den Doppelagenten und Saison-Scannern zu einem zweijährigen Wandkalender, in dem jedes Jahr in die vier Jahreszeiten unterteilt ist.

Sie können auch mehrere Exemplare anfertigen und sie in verschiedenen Zimmern in Ihrer Wohnung und in Ihrem Büro aufhängen, bis Sie den Wandkalender als Memo nicht mehr brauchen.

Markieren Sie darin die jeweiligen Zeitabschnitte mit einem farbigen Leuchtmarker. So könnte zum Beispiel eine dicke gelbe Linie die Zeit vom Herbst bis zum nächsten Frühling anzeigen, in der Sie in der Schule unterrichten. Und eine blaue

Linie könnte Ihre Zeit als Tauchlehrerin während des Sommers kennzeichnen. Die Markierungen sollten so auffällig angebracht sein, dass die Zeitabschnitte auch aus der Entfernung gut zu erkennen sind.

Die Koffer für Ihre Reise bereitstellen

Alles, was Sie für Ihr anderes Leben benötigen – alle Ausrüstungsgegenstände, das gesamte Zubehör und Material –, sollten Sie an einem festen Platz aufbewahren, damit Sie es leicht finden, wenn Sie hinüberwechseln. Wenn Sie diesen Platz darüber hinaus anregend oder schön gestalten, wird er in Ihnen immer Vorfreude auf Ihre bevorstehende Reise erwecken. Helen bewahrt ihre geliebten Gegenstände aus Afrika – einschließlich ihres original Tropenhelms – in einem alten, messingbeschlagenen Holzkoffer auf, der mit vielen Fotos aus Afrika und Bildern alter Dampfschiffe beklebt ist.

Sollten es mehrere Orte sein, an denen Sie sich Ihren Projekten widmen (etwa ein nahe gelegener Park, um Fotos zu machen, oder ein angemietetes Tonstudio, um einen Song aufzunehmen), stellen Sie für jeden Ort einen eigenen Koffer bereit, in den Sie jeweils all die Dinge packen, die Ihnen an dem betreffenden Ort am besten gefallen.

Ein Saison-Scanner hat mir einmal Folgendes geschrieben:

Ich habe meine Ski- und meine Kletterausrüstung schon immer in getrennten Bereichen in meiner Garage verstaut. Das war noch nichts Besonderes. Aber jetzt habe ich über jedem Stapel eine Pinnwand aufgehängt mit tollen Fotos aus ›National Geographic‹, die alle etwas mit meinen anderen Leben zu tun haben. So fällt mein Blick häufig darauf, und ich vergesse nie, was für wunderbare Zeiten ich haben werde.

Meine großen zweijährigen Kalender bestehen aus bemalten Leinentüchern, damit ich sie zusammenlegen und überallhin

mitnehmen kann. Jede Reise habe ich darauf – entsprechend der
Saison – mit unterschiedlichen Farben markiert. Wenn ich nicht
zu Hause übernachte, nehme ich immer einen Kalender mit und
hänge ihn so auf, dass ich ihn gleich beim Aufwachen sehe.

■ Ihr Scanner-Projektbuch

Wenn Sie noch monatelang auf eine schöne Reise warten
müssen oder wenn Sie das Parallel-Modell leben und sich jeden
Abend nach der Arbeit gedanklich mit Ihrer Kunst, Ihren
Gedichten oder Ihren Designentwürfen befassen möchten, sollten Sie sich mithilfe Ihres Projektbuchs den Einstieg erleichtern. Das Projektbuch hilft Ihnen, in Gedanken Ihre Lieblings-
orte aufzusuchen, Erinnerungen und Pläne festzuhalten oder
Diagramme und Skizzen zu zeichnen, egal, wie wenig Zeit Sie
haben.

Im Anschluss finden Sie eine Übersicht über die Lebensdesign-
Modelle, Jobs und Spezialausrüstung für Doppelagenten.

Werkzeugkiste für Doppelagenten

Lebensdesign-Modelle für Doppelagenten
Das Telearbeit-Modell
Das Lehrer-Modell
Das Landwirt-Modell
Das Saison-Modell
Das Parallel-Modell

Jobs für Doppelagenten
Ersetzbare Jobs
Selbstständige Arbeit
Gut bezahlte, befristete Jobs
Ortsunabhängige Jobs
Jobs mit Reisetätigkeit
Zufriedenstellende Jobs
Das eigene kleine Unternehmen

Spezialausrüstung für Doppelagenten
Das Entweder-oder-Denkspiel
Das Scanner-Projektbuch
Der zweijährige Wandkalender
Der/Die Reisekoffer

Im nächsten Kapitel befassen wir uns mit dem Scanner-Typus, den ich als Sibylle bezeichne. Dieser Typus hat mehr als zwei oder vier – oder zehn – Interessen und wird von diesen in so viele verschiedene Richtungen gezogen, dass er sich meist völlig gelähmt fühlt.

Kapitel 11
Sind Sie ein Sibyllinischer Scanner?*

Ich werde gleichzeitig in so viele verschiedene Richtungen gezogen, dass ich mich wie gelähmt fühle.

Ich bringe kein Buch, kein Geschäft, kein Spiel, kein Weblog zu Ende. Ich habe bei keinem meiner Interessengebiete etwas vorzuweisen.

Egal, was ich tue, ich habe grundsätzlich das Gefühl, etwas anderes zu verpassen.

Sind Sie ein Sibyllinischer Scanner?

- Haben Sie sich schon einmal gewünscht, Sie könnten zwanzig Personen gleichzeitig sein?
- Können Sie alle Interessen aufzählen, die Sie gerne vertiefen möchten?
- Haben Sie die meisten dieser Interessen schon länger?
- Neigen Sie zum Chaos und verlegen häufig Dinge, die Sie eigentlich dringend brauchen?
- Würden Sie gerne ein Projekt abschließen, bevor Sie sich an das nächste machen, schaffen es aber fast nie?
- Lieben Sie neue Erkenntnisse und Entdeckungen, die Ihnen ein bewunderndes »Das habe ich noch überhaupt nicht gewusst« abringen?

---

* Eine Sibylle war im Altertum eine weissagende Frau. Dem römischen Historiker Varro (1. Jh. v. Chr.) zufolge gab es insgesamt zehn Sibyllen. (Anm. d. Übers.)

– Befürchten Sie, nie etwas Substanzielles zu schaffen, sich nie ein umfangreiches Fachwissen anzueignen und nie angesehen zu sein?

Wenn Sie die meisten Fragen mit Ja beantwortet haben, sind Sie ein Sibyllinischer Scanner. Die Liste Ihrer Interessengebiete ist nicht endlos, aber Sie können sich trotzdem nicht vorstellen, wie Sie das alles jemals schaffen sollen, da Sie sich leider nicht plötzlich in fünf, zehn oder sogar zwanzig verschiedene Personen verwandeln können.

Sie gehören zur größten Gruppe der Zyklischen Scanner. Ein ums andere Mal greifen Sie Ihre Projekte auf und finden sie wieder toll und spannend. Sie probieren zwar gerne auch mal was Neues aus, aber eigentlich zieht es Sie immer wieder zu den Dingen zurück, die Sie schon seit Längerem faszinieren.

Als typisch Sibyllinischer Scanner sind Sie ständig von einem kreativen Durcheinander umgeben und können häufig bestimmte Utensilien nicht finden, da Sie, weil Sie so viele Projekte gleichzeitig am Laufen haben, den Überblick verlieren. Dabei können Sibyllinische Scanner Unordnung nur sehr schlecht ertragen und mobilisieren zwischendurch viel Energie, um ihr Chaos in einem Schwung zu beseitigen. Dies erfüllt sie auch mit großer Befriedigung. Allerdings hält die Ordnung nicht lange an, denn wenn sie einen kreativen Impuls verspüren, haben sie keine Geduld, irgendetwas ordentlich wegzuräumen.

Wie die meisten Scanner haben Sie viele unterschiedliche Begabungen, und wenn Sie eine davon einsetzen, sind Sie so glücklich wie ein Kind im Spielzeugladen. Beim Lesen haben Sie ein Lächeln im Gesicht, aber Sie lesen selten lange, weil Ihnen schon bald eine tolle Idee durch den Kopf schießt und Sie dann in Gedanken zum Beispiel ein kleines Internetunternehmen aufbauen.

In Ihrem Job sind Sie erfolgreich, aber bei Ihren privaten

Interessen mangelt es Ihnen an Zielstrebigkeit, sodass vieles unabgeschlossen bleibt. Da Sie Ihre Projekte immer nach einer Weile abbrechen und dann wieder von vorne beginnen müssen, kommen Sie in der Regel nicht sehr weit. Doch tief in Ihrem Inneren sehnen Sie sich danach, etwas vorweisen zu können, wenn Sie schon so viel Zeit und Energie investieren. Sie möchten der Welt ein fertiges Produkt präsentieren und wären gerne eine Kapazität auf einem Ihrer Gebiete.

Sie haben zwar schon versucht, die Anzahl Ihrer Projekte einzugrenzen, um sich intensiver und nacheinander damit beschäftigen zu können, aber immer wenn Sie das tun, haben Sie das Gefühl, sich selbst zu beschneiden und interessantere Dinge zu verpassen.

■ Lynns Geschichte

Vor Kurzem beriet ich eine Frau namens Lynn, die unter der Vielzahl ihrer Interessen litt. Sie wusste bereits, dass sie eine Scannerin war, und versuchte daher gar nicht, sich für nur einen Bereich zu entscheiden.

»Ich habe den idealen zufriedenstellenden Job«, berichtete sie mir. »Ich habe viel Zeit für mich und kann zum großen Teil frei entscheiden, wann ich mich meinen Lieblingsbeschäftigungen widmen möchte.«

»Das klingt wunderbar!«, sagte ich. »Wo liegt dann das Problem?«

»Ich habe zwei Probleme. Erstens interessiere ich mich für zu viele Dinge und möchte sie alle gleichzeitig tun. Wenn ich mir zum Beispiel eins meiner Projekte vornehme und unterwegs an einem anderen vorbeikomme, zieht es mich automatisch dort hin. Ich liebe alle meine Projekte – mit der Folge, dass ich meist keins davon in Angriff nehme.

Und zweitens vergeht ein Jahr ums andere, und ich muss

erkennen, dass ich keine einzige meiner großartigen Ideen je zu einem Abschluss bringe. Ich werde nie etwas vorzuweisen haben. Ich kann Ihnen gar nicht sagen, wie oft ich Dinge für fünf Minuten in die Hand nehme und dann wieder weglege – und dabei denke, dass ich mich eines Tages intensiv damit befassen werde. Es ist so seltsam. Ich könnte endlich so ziemlich alles tun, was ich möchte, aber ich verschwende meine Zeit mit unwichtigem Kram. Ich hätte jede Freiheit und komme trotzdem nicht vorwärts.«

▪ Die Freiheit ist nicht immer eine Freundin der Sibyllinischen Scanner

Lynn hatte einen wichtigen Punkt erkannt, der vielen nicht bewusst ist: Die Freiheit ist nicht die beste Freundin eines jeden Scanners. Sibyllinische Scanner wie Lynn sind sehr offen, neugierig und originell, und das mit großem Vergnügen. Außerdem können sie, wohin sie auch schauen, spannende Dinge entdecken. »Das macht bestimmt Spaß«, vermutete ich. »Ja, eine Weile schon. Aber ab einem gewissen Punkt fühle ich mich völlig überwältigt, und die Wogen schlagen über mir zusammen. Das ist dann gar nicht mehr lustig.«

Sibyllinische Scanner müssen einen Teil ihrer Freiheit durch eine Struktur ersetzen. Aber welche Struktur funktioniert für Menschen, die Dutzende von Interessen haben? Gibt es ein Thema, das sich durch all ihre Interessengebiete zieht? Manchmal erkennen Sibyllinische Scanner einen roten Faden, aber nur sehr selten haben ihre Projekte etwas miteinander zu tun. Und zudem hat es den Anschein, als könnten Scanner wie Lynn nie etwas zu Ende bringen und nie die Anerkennung und Bewunderung bekommen, die sie sich insgeheim ersehnen.

Doch der Schein trügt. Sibyllinische Scanner können die produktivsten Scanner von allen sein.

Wie die meisten Menschen dachte auch Lynn, sie würde nie etwas erreichen, wenn sie sich nicht auf eine Sache konzentrierte, und ihre Erfahrung bestätigte das. Aber ich hatte eine Überraschung für sie.

»Scanner wie Sie, die ihre Interessen immer wieder aufgreifen, sind prädestiniert dafür, Erstaunliches zu leisten – sogar noch mehr als Spezialisten«, eröffnete ich ihr.

»Wie kann das sein?«, fragte sie ungläubig. »Ich widme mich meinen Projekten kaum ausführlicher, und wenn doch einmal, bringe ich nie etwas zu Ende. Wie kann ich diese beiden Probleme Ihrer Meinung nach lösen?«

»Für beide gibt es die gleiche Lösung«, antwortete ich. »Wir müssen Sie nur ein bisschen in Ihrer Freiheit beschneiden.«

»Werde ich etwa in eine Strafkolonie verbannt?«, fragte sie spöttisch.

»Nein, Sie brauchen nur ein gutes Projektmanagement. Einen Terminplan, an den Sie sich halten müssen«, erwiderte ich lächelnd.

»Vielleicht bräuchte ich einen strengen Lehrer, der mich an meinem Stuhl festbindet«, seufzte Lynn.

»Und eine Schulglocke, die Ihnen signalisiert, wann die nächste Stunde beginnt«, gab ich zurück.

»Eigentlich gar keine schlechte Idee«, antwortete Lynn.

Wer wie Lynn denkt, er müsse sich zwischen seinen geliebten Projekten entscheiden, hat die Schlacht schon verloren, bevor sie überhaupt begonnen hat. Jedoch liegt es auf der Hand, dass man sich nicht allen Projekten gleichzeitig widmen kann. Wer alles auf einmal tun möchte, braucht tatsächlich einen Terminplan, der ihm hilft, eine Reihenfolge hineinzubringen. Allerdings müssen Scanner ihre Terminpläne auf ihre individuellen Aktivitätsspannen abstimmen, da sie sonst nicht funktionieren.

»Sagen Sie mir jetzt bitte nicht, dass ich sechs Monate lang das eine und anschließend das Nächste tun soll. Das habe ich bereits versucht. Es nimmt mir die Luft zum Atmen.«

»Wie wäre es, wenn Sie ein oder zwei Stunden bei einer Sache blieben und dann auf die nächste umschalten würden?«, fragte ich.

»Wie in der Schule!«, rief sie aus. »Und wie auf der Universität! Sie haben das mit der Schulglocke tatsächlich ernst gemeint! Ich habe die Schulglocke tatsächlich gerne gehört, weil ich mich immer schon auf die nächste Unterrichtsstunde freute. Es machte mir Spaß, meine anderen Hefte und Bücher aus der Schultasche herauszuholen.«

»Dann könnte eine Stunde für Sie die richtige Zeitspanne sein?«, fragte ich sie.

»Ja, zumindest war es früher so. Wenn ein Fach länger dauerte, zum Beispiel der Chemieunterricht im Schullabor oder die Zeichenstunden, wurde ich unruhig. Nach einer Stunde begannen meine Gedanken immer umherzuschweifen.«

Es sah so aus, als hätten wir die Lösung für Lynn gefunden, da sie bereits wusste, wie weit ihre Aufmerksamkeitsspanne reichte. Wenn Sie ähnlich veranlagt sind, können Sie das gleiche Lebensdesign-Modell verwenden.

■ Das Stundenplan-Modell

Ich las Lynn den folgenden Brief vor. Er stammte von einer Klientin, die mir berichtete, wie gut das Stundenplan-Modell bei ihr funktionierte.

Ich habe mich mit einer PR-Agentur selbstständig gemacht. Es hat sich zufällig ergeben, aber jetzt bin ich überglücklich damit. Jeden Morgen nach dem Frühstück beschäftige ich mich intensiv mit der Geschichte Asiens. Es ist ein Hobby, für das ich früher nie Zeit hatte. Nach etwa einer Stunde schalte ich in den Kreativmodus um (vielleicht liegt es ja am Kaffee?) und arbeite an Vorträgen oder Broschüren für meine Kunden. An den Nach-

mittagen kümmere ich mich ums Geschäft. Ich treffe mich online mit meiner Assistentin, die von ihrem eigenen Büro aus arbeitet, und bespreche mit ihr Problemlösungsstrategien und generelle Planungs- und Organisationsfragen. Zwei Mal pro Monat telefoniere ich nachmittags mit einem Coach, damit ich meine Marketingaktivitäten nicht zu sehr schleifen lasse. (Wenn ich weiß, dass ein Telefontermin mit ihm bevorsteht, schaffe ich es immer, vorher meine Arbeit zu erledigen!)

Abends treffe ich mich entweder mit Kunden, oder ich sehe mir einen alten Film an. Vor dem Einschlafen lese ich noch in einem aktuellen Sachbuch. Mit dieser Tageseinteilung könnte ich ewig so weitermachen, aber wenn ich länger als ein paar Stunden an einer bestimmten Sache dranbleiben muss, laugt mich das völlig aus.

»Sie könnte meine Zwillingsschwester sein. Diese Zeiteinteilung überzeugt mich hundertprozentig!«, sagte Lynn aufgeregt. »Aber ich glaube nicht, dass ich wirklich eine Schulglocke brauche«, fügte sie lachend hinzu.

»Sie können stattdessen Ihren Küchenwecker wunderbar zum Einsatz bringen, aber auf jeden Fall benötigen Sie einen Scanner-Terminplaner.«

»Ich werde mir morgen einen besorgen«, sagte Lynn.

»Wahrscheinlich müssen Sie sich Ihren Terminplaner selbst basteln«, antwortete ich.

Möglicherweise gilt das auch für Sie.

■ Der Scanner-Terminplaner

Bevor Sie sich einen Terminplaner kaufen oder ihn selbst anfertigen, sollten Sie Ihr Lebensdesign-Modell testen. Öffnen Sie dazu Ihr Projektbuch, und schreiben Sie auf einer rechten Seite im rechten Randbereich alles untereinander auf, was Ihnen Spaß macht, aber nichts mit Ihren aktuellen Projekten zu tun hat. Achten Sie besonders auf flüchtige Erinnerungen an Dinge, zu denen Sie schon lange nicht mehr gekommen sind, wie zum Beispiel singen, tanzen, zeichnen oder eine Seite in einem Buch Ihres Lieblingsautors lesen. Auch wenn Sie gerne abends ein paar Minuten draußen sitzen, gehört es in diese Liste.

Sobald Ihr persönlicher Scanner-Terminplaner steht, werden Sie eine dieser Aktivitäten angehen.

Die Einträge erinnern Sie an all die Dinge, die einfach nur Spaß machen: in der Küche zu singen oder Musik anzustellen und ein paar Minuten dazu zu tanzen oder schnell eine Skizze Ihrer Kaffeetasse anzufertigen. Dies sind alles so kleine Dinge, dass man sie leicht vergisst, aber Sie sollten sie nie gering schätzen. Mit ihnen öffnen Sie Türen der Wahrnehmung, die den Unterschied machen zwischen einem normalen und einem großartigen Leben. Für Scanner sind sie wie Vitamine.

Probieren Sie nun aus, ob das Stundenplan-Modell für Sie geeignet ist. Tun Sie das Gleiche wie Lynn, die folgende Schritte ausführte:

Erstellen Sie eine Liste Ihrer Lieblingsprojekte. Zunächst schrieb Lynn alle Dinge auf, die sie am liebsten sofort tun wollte.

- Fenstergewächshäuser für meine Lieblingskräuter anlegen
- Ein Brettspiel über berühmte Reisende der Geschichte konzipieren
- Mein PR-Büro straffer organisieren und mehr Kunden akquirieren
- Stoffpuppen für meine Enkel entwerfen und nähen
- Meine Memoiren schreiben

Erstellen Sie einen Zeitplan und probieren Sie ihn aus. Auf dem Papier sieht vieles gut aus, aber Sie müssen Ihren Zeitplan tatsächlich ausprobieren, um zu sehen, ob er Ihnen entspricht.

Lynn nahm sich vier Tage Zeit, um zu prüfen, ob es für sie funktionierte, wenn sie jeweils nach einer Stunde von einem Projekt zum nächsten wechselte. Als sie mich nach dieser Versuchsphase anrief, war sie überaus enthusiastisch. »Ich habe Dinge getan, die ich schon jahrelang nicht mehr gemacht habe. Es ist fantastisch«, berichtete sie mir glücklich.

»Offenbar ist das Stundenplan-Modell perfekt für Sie geeignet«, sagte ich.

»Nun, ganz perfekt ist es noch nicht«, antwortete sie.

Stimmen Sie Ihren vorläufigen Zeitplan mit Ihren Aktivitätsspannen ab. »Seit ich in der Schule war, hat sich bei mir wohl doch einiges verändert. Eine Stunde reicht mir nicht mehr. Ich hätte lieber zwei Stunden Zeit für meine diversen Vorhaben«, erklärte Lynn.

»Auf Ihrer Liste stehen fünf Dinge«, erinnerte ich sie. »Wenn Sie sich jeder Tätigkeit zwei Stunden lang widmen, haben Sie einen langen Tag.«

Also schob Lynn einige Aktivitäten herum und nahm ein paar weitere Justierungen vor.

Schreiben Sie Ihren veränderten Terminplan auf. Lynns Zeitplan sah so aus:

Montag bis Freitag
- 9 Uhr: Geschichtsbücher lesen und Notizen für einen Kurs machen, den ich eventuell an einer Abendschule anbiete
- 11 Uhr: Vorbereitungen für die Fenstergewächshäuser treffen, Samen bestellen oder Erde und Töpfe kaufen oder etwas zu diesem Thema lesen
- 13 Uhr: meine PR-Arbeit zusammen mit meiner Assistentin erledigen
- 15 Uhr: an meinem Brettspiel weiterarbeiten oder spazieren gehen und dabei Ideen für das Spiel sammeln und notieren

– abends: Schnitte entwerfen oder Stoffe ausschneiden und
eine Stoffpuppe nähen; dabei mit der Familie fernsehen

Samstag und Sonntag
– morgens: meine Memoiren schreiben
– restlicher Tag: meine Tochter und Enkelin besuchen oder
Büroarbeit erledigen: Pressemappen zusammenstellen, Mai-
linglisten pflegen oder ein neues Computerprogramm ausprobieren

Lynn erstellte sieben Blätter mit diesem Plan, für jeden Wo-
chentag eins, und machte etliche Kopien davon. Diese Seiten
waren ihr Terminplaner.

»Dieser Planer hilft mir sehr«, sagte sie mir eine Woche später am Telefon, »er sorgt dafür, dass ich mich wie bei einem
Arzttermin an die Zeiten halte. Wenn ich zum Beispiel sehe,
dass ich an meinem Brettspiel arbeiten sollte, tue ich es wirklich. Eine ganz neue Erfahrung mit dem Terminplaner ist, dass
er mich nicht nur an mein nächstes Projekt erinnert, sondern
mir förmlich die Erlaubnis gibt, mich damit zu beschäftigen.«

»Die Erlaubnis?«, fragte ich.

»Ja. Früher habe ich selten die Dinge getan, die ich liebend
gern mache, weil ich mich ein wenig schuldig fühlte. Als hätte
ich Wichtigeres zu tun. Doch wenn sie jetzt laut Plan dran sind,
sage ich zu mir: ›Es steht im Plan, also *muss* ich es machen.‹ Früher hat mir wirklich etwas gefehlt, aber jetzt geht es mir fantastisch! So, als hätte ich Urlaub. Ich kann mich nicht daran erinnern, wann ich das letzte Mal so gut zu mir gewesen bin. Es ist
wunderbar, und ich möchte nie mehr in mein altes Leben zurückkehren ...«

Aber ich hörte an ihrer Stimme, dass sie noch etwas auf dem
Herzen hatte.

»Aber ...?«, fragte ich daher nach.

»Nun ja, wir haben uns eigentlich noch nicht um mein zweites Problem gekümmert«, sagte sie. »Ich möchte wirklich nicht undankbar sein, und ich kann Ihnen gar nicht sagen, wie gut mir meine neue Zeiteinteilung gefällt, aber ...«

»Sie fragen sich, ob Sie auf diese Weise langfristig etwas Substanzielles erreichen werden?«

»Genau so ist es«, antwortete sie.

»Sie meinen zum Beispiel irgendein abgeschlossenes Projekt, ein vorzeigbares Ergebnis?«

»Ja«, sagte sie. »Das habe ich bisher noch nie geschafft. Was werde ich später einmal vorzuweisen haben? Es klingt egoistisch, aber es ist mir wichtig. Ich wünsche mir, dass ich auf dieser Welt meine Spuren hinterlasse.«

Ich erwiderte: »Wenn Sie jeden Tag ein bisschen an Ihren Projekten arbeiten, werden Sie nach einer Weile feststellen, dass sich etwas tut. Wenn Sie bei dieser – oder einer ähnlichen – Zeiteinteilung bleiben, bauen Sie in kleinen Schritten etwas auf. So werden auch Wolkenkratzer errichtet. Jeden Tag kommen Sie ein Stückchen weiter, und nach ein paar Tagen haben Sie ein Stockwerk geschafft. Und dann errichten Sie das zweite Stockwerk. Wenn Sie immer so weitermachen, haben Sie am Ende einen Wolkenkratzer fertiggestellt.«

»Tatsächlich?«, murmelte sie zweifelnd.

»Na ja, da Sie mehrere Projekte haben, könnten am Ende auch fünf Wolkenkratzer dabei herauskommen«, lachte ich. »Wenn Sie bei Ihrem jetzigen Zeitplan bleiben, könnten Sie in einem Jahr die erste Rohfassung Ihrer Memoiren schreiben, Kräuter an jedem Fenster anpflanzen, Dutzende von Geschichtsstunden vorbereiten und unterrichten sowie Ihr Brettspiel fertigstellen und vielleicht auch schon auf den Markt bringen. Sie arbeiten jeden Tag ein paar Stunden an Ihren Projekten, daher könnten Sie mit der Zeit gewissermaßen auch die Chinesische Mauer bauen.«

»Natürlich«, sagte sie, »warum bin ich selbst nicht darauf gekommen?«

»Scanner bemerken allmähliche Veränderungen häufig nicht, da sie keinen großen Sinn für Zeit haben«, erklärte ich Lynn. »Sie leben in einem endlosen Jetzt. Vor allem Zyklische Scanner.«

Nicht zuletzt aus diesem Grund sollten Sibyllinische Scanner ihre Terminplaner und Kalender so aufhängen, dass sie sie ständig vor Augen haben. Visuelle Mittel zur Darstellung von Zeit sind ideal für sie. So erkennen sie nicht nur, welche Richtung sie eingeschlagen haben, sondern auch, wie weit sie bereits gekommen sind.

■ Sich das Erreichte bewusst machen

Ich war gerade dabei, ein Lebensdesign-Modell für Celeste, eine Künstlerin, auszuarbeiten, als sie auf das Thema »Lebensleistungen« zu sprechen kam.

»Ich erreiche überhaupt nichts«, klagte sie. »Ich bleibe immer nur ein paar Monate an meinen Objekten dran, und am Ende habe ich nie mehr als ein oder zwei fertiggestellt.« Celeste gestaltet unter anderem Skulpturen aus Schrott. Sie erschafft fantastische Werke – einige davon zwei Meter hoch –, indem sie ein paar Monate intensiv daran arbeitet. Doch dann hat sie das Ganze auf einmal total satt: »Ab einem bestimmten Punkt kann ich keinen Schrott mehr sehen oder nur entfernt an eine Skulptur denken. Alles wirkt auf mich dann nur noch wie Müll.«

In der Regel greift Celeste dann zu ihrer Gitarre und verbringt die Abende damit, eigene Songs in kleinen Clubs zu performen. Nach ein paar Monaten verliert allerdings auch das seinen Reiz für sie. »Ein Musikproduzent wollte meine Songs mal ganz groß rausbringen. Doch als wir uns trafen, hatte ich gerade keine Lust mehr, Musik zu machen. Stattdessen wollte ich unbedingt an meinem Buch über Design weiterschreiben – auch so ein altes Projekt von mir.« Celestes andere »alte Projekte« sind Tauchen, Backen und die Renovierung ihres Hauses.

»Ich mache maximal ein paar Monate lang was am Stück«, seufzte sie. »Aber ich habe überhaupt keinen Einfluss darauf, wann ich mich zu etwas hingezogen fühle und wann es mich wieder langweilt. Doch ohne dieses Prickeln brauche ich gar nicht anzufangen. Daher kann ich auch nichts planen. Ich müsste eigentlich schon längst in Galerien ausgestellt, eine CD produziert sowie ein Buch geschrieben haben, aber dafür müsste ich mich wie ein Pitbull in einem Projekt festbeißen und nie mehr loslassen. Doch das kann ich nicht.«

Celeste lebt ihr Leben gemäß ihrer inneren Uhr. Wenn man die Freiheit dazu hat, ist das im Prinzip sehr praktisch.

Sollte auch Sie – so wie Celeste – eine feste Zeiteinteilung daran hindern, auf Ihre kreativen Impulse zu reagieren, benötigen Sie ein anderes Lebensdesign-Modell – eins, das Ihre Projekte konkret benennt und daher greifbar macht. Für Celeste sind ihre Impulse kreativer Treibstoff, und wenn sie darauf reagiert, hat sie die besten Ideen.

Alle Scanner kennen das Verlangen, plötzlich alles stehen und liegen zu lassen und mit etwas zu beginnen, das sie in diesem Moment reizt. Meist versuchen sie, diesem Impuls zu widerstehen – alles andere wäre ihnen peinlich.

Wenn Ihnen das bekannt vorkommt, empfehle ich Ihnen, Ihrem Impuls einfach nachzugeben. Beginnen Sie jedes Projekt, das Sie reizt, und widmen Sie sich ihm eine Stunde, eine Woche oder so lange es Sie auf Trab hält. Dann lassen Sie es ruhen und nehmen Ihre vorherige Tätigkeit wieder auf. Diese Zeiteinteilung bezeichne ich als »Impuls-Modell«. Vielleicht entspricht es genau Ihrem kreativen Rhythmus.

Allerdings ist damit das zweite Problem der Sibyllinischen Scanner noch nicht gelöst, das Gefühl nämlich, nicht vorwärtszukommen. Celeste etwa hatte den Eindruck, sich ständig im Kreis zu bewegen und nichts zu erreichen.

Ich erinnerte sie an all die Dinge, die sie mir bei unserem ersten Gespräch ein paar Monate zuvor aufgezählt hatte. »Celeste, Sie haben zwei Einakter geschrieben und vertont, Sie haben das Bühnenbild dafür entworfen und in beiden Stücken mitgespielt. Außerdem haben Sie in den letzten fünf Jahren Dutzende von Songs geschrieben und in Clubs vorgetragen. Und vor einem Jahr haben Sie zwei Kunstwerke für ziemlich viel Geld an einen Innenarchitekten verkauft.«

Sie nickte. »Das stimmt. Warum vergesse ich das immer wieder? Das ist gar keine so schlechte Bilanz. Ich muss mir stärker bewusst machen, was ich bereits erreicht habe. Aber ich kann trotzdem nicht nach vorne sehen und habe keine Ahnung, in welche Richtung ich mich bewegen werde.«

In diesem Moment fiel mir die Aussage einer Keramikerin ein, eine dieser einfachen Wahrheiten, die einem im Gedächtnis hängen bleiben, weil sie so plausibel sind: Die Keramikerin nahm sich jedes Jahr vor, eintausend Gefäße anzufertigen, da ihr das eine Richtung und ein Ziel gab.

»Warum machen Sie das nicht auch, Celeste? Könnten Sie sich jährliche Ziele stecken?«

»Obwohl ich nicht weiß, wie lange ich an einer Sache dranbleiben werde?«, fragte sie.

»Warum nicht?«, antwortete ich. »Sie beschäftigen sich doch mit jedem Ihrer Projekte mindestens ein Mal pro Jahr, stimmt's? Um sicherzugehen, können Sie auch einen längeren Zeitraum veranschlagen. Am Ende der Frist sollten Sie jedenfalls etwas Großes planen und den Abschluss des Projekts gebührend feiern. Wenn Sie zum Beispiel eine Ausstellung planen, müssten Sie dafür etwas fertigstellen, nicht wahr?«

»Das könnte heikel werden«, sagte Celeste zögernd. »Ich bräuchte eine bestimmte Anzahl von Werken für eine Ausstellung. Und ich kann nicht vorhersagen, wie viele ich schaffe.«

»Sie könnten sich auch etwas anderes überlegen, zum Beispiel ein Event, zu dem Sie Freunde und Bekannte einladen.

Das wäre ein Termin, den Sie nicht so einfach ignorieren können. Wie wäre es mit einer Silvesterparty, bei der Sie Rückschau auf Ihre Fortschritte halten und bei der Ihre Freunde ebenfalls über den Stand ihrer Projekte berichten.«

Diese Idee gefiel Celeste. Sie setzte sich zum Ziel, innerhalb von fünfzehn Monaten eine weitere Skulptur anzufertigen und zu verkaufen, eine CD mit fünf Songs aufzunehmen, zwei weitere Bühnenstücke zu schreiben, ein paar neue Ideen für Bühnenbilder zu entwickeln, mit ihrem Buch über Design voranzukommen sowie mindestens ein Mal zum Tauchen zu gehen.

Zwei Wochen später traf ich sie wieder und fragte sie, wie es ihr ging.

»Meine Zielsetzung ist vielleicht nicht sehr ehrgeizig, da ich ja keine Ahnung habe, wann und wie lange ich woran weiterarbeite«, sagte sie, »aber aufgrund der Tatsache, dass ich mir einen Termin in fünfzehn Monaten gesetzt habe, hat sich meine Arbeitsweise radikal verändert. Ich überprüfe jetzt immer meinen Begeisterungspegel für etwas. So finde ich heraus, womit ich mich gerade am liebsten beschäftigen möchte: mit der Musik, der Kunst oder womit auch immer. Das ist im Prinzip nichts Neues. Aber zum ersten Mal weiß ich, wo ich stehe und wie weit ich bei einem Projekt bereits gekommen bin. Ich weiß genau, was ich bis zum Ende des Monats erledigen möchte. Früher war ich nie in der Lage, etwas im Voraus zu planen – außer in der Schule, doch das fand ich grauenvoll. Ich habe immer gewusst, dass ich nicht auf Kommando kreativ sein kann, daher habe ich mir in meinem Leben absolute Freiheit eingeräumt.«

»Sie haben zu viele Begabungen für die absolute Freiheit«, sagte ich lächelnd. »So etwas gibt es nur für jemanden wie Picasso. Aber er hat auch keine Songs und Bücher geschrieben.«

Sie lachte. »Ja, er stand einfach jeden Tag auf und malte – oder auch nicht. Was für ein einfaches Leben!«

Probleme hatte Celeste nach wie vor damit, dass sie nicht vorhersehen konnte, wann sich ihre Begeisterung für eins ihrer

Projekte auf einem Höhenflug und wann auf einer Talfahrt befinden würde.

»Die Keramikerin hat ein einfacheres Leben als ich«, seufzte sie. »Ich wünschte, ich müsste auch nur tausend Stück von irgendetwas anfertigen. Dann wüsste ich genau, was ich jeden Tag zu tun hätte.«

Ich empfahl ihr eine Methode, die ich selbst anwende: das »Prioritäten-Rotationsbrett«.

Es hat viele Vorteile, seine Prioritäten turnusmäßig zu wechseln. Bei jemandem wie Celeste erhält das Leben allein dadurch eine Form und Struktur, dass die Ankunft eines jeden Interesses immer in Aussicht steht. Und wenn man sich erst einmal ein Ziel gesetzt hat, kann bereits der Blick auf seine Prioriäten ein sanfter Anstoß sein, eine Entscheidungshilfe, welchem Projekt man jeweils ein wenig Aufmerksamkeit schenken sollte. Ich schlug Celeste vor, jedes Projekt auf ein Post-it zu schreiben und diese wie Schachfiguren auf ein Schachbrett zu kleben.

»Sie könnten den Zettel mit der Aufschrift ›einen Song schreiben‹ in Führung gehen lassen und die anderen dahinter aufreihen«, sagte ich.

Celeste war begeistert von dieser Idee und fertigte ein großes, mit Filz beklebtes Schachbrett an, das sie an der Wand direkt unter ihrem 15-monatigen Ziele-Kalender befestigte. (Der Kalender war in ein ausgeklügeltes Raster unterteilt, sodass man auf einen Blick erkannte, wie viel Prozent jeder Aufgabe bereits erledigt waren und wie viel Zeit noch bis zur Neujahrsparty verblieb.) Für das Prioritäten-Rotationsbrett hatte sie vier kleine Kissen in unterschiedlichen Farben genäht, die auf der Rückseite mit einem Klettband versehen waren. Jedes repräsentierte eine ihrer Passionen, und sie bewegte sie auf dem Brett wie Schachfiguren hin und her, je nachdem, welcher Bereich gerade ihre Aufmerksamkeit erforderte.

»Es ist, als hätte ich jetzt einen Kompass für mein Leben«, sagte sie und deutete auf den Ziele-Kalender und das Prioritätenbrett. »Ich weiß, wo Norden und wo Süden ist. Ich weiß, wie viel ich noch zu tun habe, und das finde ich klasse. Ich kann Ihnen gar nicht sagen, was für ein Unterschied es ist, mit diesen einfachen Hilfsmitteln zu arbeiten. Es ist sogar ein angenehmes Gefühl, die Reihenfolge meiner Projekte zu verändern. Ich denke dann: ›Okay, es sieht so aus, als wäre die Musik mal wieder aus der Versenkung aufgetaucht. Hallo Musik!‹ Dann setze ich das Musikkissen einfach nach vorne.

Ich konnte mir früher nicht vorstellen, dass es für mich Sinn macht, Prioritäten zu setzen. Wenn ich das Songschreiben vernachlässigte, weil ich meine Kunst im Kopf hatte – wofür sollte ich mich dann entscheiden? Doch mit dem Prioritätenbrett passiert nun etwas Unglaubliches. Wenn ich zur Wand sehe und bemerke, dass einige Bereiche zurückgefallen sind, *werden sie auf einmal interessant* für mich! Selbst wenn sie mich zuvor gar nicht gereizt haben.«

Das Prioritäten-Rotationsbrett könnte auch Ihnen weiterhelfen. Probieren Sie es einfach aus!

▪ Das Arzt-Modell

Sibyllinische Scanner sind die größte Gruppe der Zyklischen Scanner, doch auch innerhalb dieser Gruppe gibt es große Unterschiede. Wenn die Terminplanung von Lynn oder Celeste bei Ihnen nicht funktioniert, sollten Sie sich das Arzt-Modell als mögliche Alternative genauer ansehen.

Ein Arzt könnte seine Patienten montags und dienstags empfangen, mittwochs und donnerstags im Krankenhaus arbeiten, ein Mal pro Monat an Konferenzen teilnehmen und im Winter zusammen mit »Ärzte ohne Grenzen« nach Nepal reisen. Dieses Arzt-Modell eignet sich für alle Sibyllinischen Scanner, die sich einem ihrer Projekte jeweils ein paar Tage widmen und ein bis zwei Mal pro Jahr etwas ganz anderes machen möchten.

▪ Weitere Hilfsmittel für Sibyllinische Scanner

20 oder 30 Ringordner   Dies ist eines der nützlichsten Hilfsmittel für Sibyllinische Scanner, keiner der anderen Scanner-Typen benötigt es so dringend wie sie. Zum einen können sie all ihre Projekte damit übersichtlich ordnen, und zum anderen helfen die Ringordner ihnen, ihre kreativen Gedanken effektiv zu nutzen.

Sibyllinische Scanner haben immer wieder kreative Schübe, in denen die Ideen nur so sprudeln. (Eine meiner Klientinnen bezeichnete diese Phasen als »Ideenschwemme«.) Es wäre eine wahre Verschwendung ihrer Begabung, Scanner in solchen Phasen zu bremsen und von ihnen zu verlangen, zuerst doch lieber ein aktuelles Projekt abzuschließen. Wenn ein Scanner für jede neue Idee einen passenden Ringordner herausziehen kann, wird er in der Lage sein, alle kreativen Gedanken festzuhalten. In den Ordnern sind sie gut aufgehoben, und man kann sie nach Abklingen eines kreativen Schubs jederzeit nach Belieben vertiefen. Mit diesem einfachen Hilfsmittel lässt sich fast jede Ideenschwemme sofort in den Griff bekommen.

Projektboxen   Falls Ihre Projekte sich nicht auf einem Blatt Papier festhalten lassen, das nur über zwei Dimensionen verfügt – also wenn Sie zum Beispiel Bücher oder verschiedene andere Objekte dafür benötigen –, können Sie auch stapelbare Ablagefächer oder Projektboxen verwenden. Sie sind ein ebenso gutes Ablagesystem wie Ringordner.

▪ Jobs für Sibyllinische Scanner

Alle Zyklischen Scanner können Experten auf ihren Gebieten werden, da ihr Wissen im Laufe der Jahre ständig wächst und sie ihre Fähigkeiten stetig erweitern. Aber wie sollen sie ihre

Rechnungen bezahlen, wenn es bis zum Expertentum noch eine Weile hin ist? Hier einige Jobs, die sich gut für Sibyllinische Scanner eignen und ihnen außerdem genug Zeit für ihre Lieblingsprojekte lassen.

Mehrere Einkommensquellen Nutzen Sie Ihre vielfältigen Talente, um Ihren Lebensunterhalt zu erwirtschaften. Wenn Sie mit einem Job nicht genug Geld verdienen, sollten Sie mehrere Tätigkeiten ausüben. Es könnte das ideale Modell für Sie sein, vor allem, wenn Sie mit Ihren Lieblingsprojekten etwas verdienen können (so wie Celeste mit ihren Kunstwerken).

Der zufriedenstellende Job Sibyllinische Scanner sind häufig am glücklichsten mit dem »zufriedenstellenden Job«, wie ich ihn nenne. Ein solcher Job lässt nach der Arbeit und am Wochenende genügend Platz für Ihre Interessen. Bedenken Sie, dass der zufriedenstellende Job wöchentlich nur vierzig Stunden Ihrer Zeit (oder weniger) in Anspruch nimmt, Ihnen Sicherheit bietet und Sie ihn in einer angenehmen, stressfreien Atmosphäre unter netten Kollegen ausüben. Ein solcher Job ist ein Förderer Ihrer Kunst, daher sollten Sie ihn stets positiv sehen.

Selbstständigkeit zu Hause Die Selbstständigkeit zu Hause könnte für Sie ideal sein, da sie Ihnen erlaubt, Ihrem natürlichen Rhythmus zu folgen. So können Sie sich Ihren Alltag so einrichten, dass Sie immer dann an Ihren Projekten arbeiten, wenn Sie sich ihnen mit voller Aufmerksamkeit und Konzentration widmen können.

Schirm-Berufe Wenn Sie möglichst viele Dinge tun möchten, die Ihnen Spaß machen, könnte ein Schirm-Beruf am besten für Sie geeignet sein. Nehmen wir an, Sie schreiben gerne. Also könnten Sie als freier Journalist oder Autor arbeiten und Artikel beziehungsweise Bücher zu jedem Thema schreiben, das Sie interessiert. Oder wenn Ihnen daran liegt, (nach Art der Scanner) möglichst viel Wissen zu sammeln, könnten Sie in einer Bibliothek, im Bereich der wissenschaftlichen Forschung oder als Informationsbroker arbeiten. Bei allen diesen Berufen sitzen Sie an der Quelle von Informationen.

Beratertätigkeit Wenn Sie als Berater in einem Bereich arbeiten, der Sie interessiert, können Sie ein Experte auf dem Gebiet werden und viel Anerkennung bekommen. Sie könnten auch Seminare leiten oder Bücher zum Thema schreiben. Und zusätzlich können Sie Ihre freie Zeit für all die anderen Dinge nutzen, die Ihnen am Herzen liegen.

■ So sieht Lynns Leben heute aus

Vor Kurzem hat Lynn sich bei mir gemeldet. Seit sie vor zwei Jahren gelernt hat, eine Struktur in ihre Projekte zu bringen, hat sich ihr Leben sehr verändert. Sie hat eine Reihe von Puppen genäht, die historischen Figuren nachempfunden sind. Darüber hinaus hat sie eine Internetseite über Gewächshäuser für Hobbygärtner erstellt und sich auf seltene Kräuter spezialisiert. Und außerdem leitet sie PR-Workshops für kleinere Firmen (davon hat sie auch DVDs erstellt, die sie über eine weitere Internetseite verkauft).

Probieren Sie ein paar der Anregungen aus diesem Kapitel aus, und beobachten Sie, was geschieht. Wahrscheinlich werden auch Sie Fortschritte machen, mit denen Sie niemals gerechnet hätten.

Werkzeugkiste für Sibyllinische Scanner

Lebensdesign-Modelle für Sibyllinische Scanner
Das Stundenplan-Modell
Das Arzt-Modell
Das Impuls-Modell

Jobs für Sibyllinische Scanner
Mehrere Einkommensquellen
Der zufriedenstellende Job
Selbstständigkeit zu Hause
Schirm-Berufe
Beratertätigkeit

Spezialausrüstung für Sibyllinische Scanner
Der Scanner-Terminplaner
Das Scanner-Projektbuch
Der 15-monatige Ziele-Kalender
Das Prioritäten-Rotationsbrett
20 bis 30 Ringordner
Projektboxen

Sie haben mittlerweile den Doppelagenten kennengelernt – einen Scanner, der abwechselnd in seine verschiedenen Leben eintaucht – sowie den Sibyllinischen Scanner, der Stunden, Wochen oder Monate bei einem Projekt bleibt. Nun ist es an der Zeit, dem schnellsten der Zyklischen Scanner zu begegnen, dem Tellerjongleur. Er hat alle seine Projekte gleichzeitig am Laufen.

Kapitel 12

Sind Sie ein Tellerjongleur?

Im Zirkus kann man manchmal Artisten sehen, die gleichzeitig viele Teller nebeneinander auf langen Stäben kreisen lassen. Ich hatte immer das Gefühl, dass auch ich wie ein Zirkusartist mit Tellern jongliere.

Ich versuche alle meine Lebensträume gut zu organisieren. Ich habe ein Terminbuch, einen elektronischen Terminplaner sowie To-do-Listen – aber nichts davon funktioniert. Ich bin jemand, der blitzschnell reagiert. Wenn man mir plötzlich etwas zuwirft, fange ich es zu hundert Prozent auf.

Ich bin der geborene Retter bei allen Notfällen und Problemen. Ich liebe die Herausforderung, für alles eine Lösung zu finden. Doch da ich immer allen anderen helfe, bleibt mir für meine eigenen Dinge zu wenig Zeit.

Sind Sie ein Tellerjongleur?

- Beheben Sie Probleme meist schneller als alle anderen?
- Lieben Sie die Herausforderung, an mehreren Projekten gleichzeitig zu arbeiten?
- Fällt es Ihnen schwer, Nein zu sagen, wenn jemand Sie um Hilfe bittet?
- Lernen Sie nur dann gerne etwas, wenn es dazu dient, Probleme zu lösen?
- Genießen Sie das Gefühl, gebraucht zu werden und durch Ihr Engagement etwas zu verändern?
- Erscheint Ihnen das Leben, das Sie führen, in Anbetracht Ihrer Fähigkeiten als zu begrenzt?

Wenn Sie die meisten Fragen mit Ja beantwortet haben, sind Sie ein Tellerjongleur. Sie sind voller Energie, wenn Sie mehrere Dinge gleichzeitig am Laufen haben. Aber Sie sind kein typischer Multitasker, der versucht, seine Arbeitslast in den Griff zu bekommen, indem er jeder Aufgabe nur einen Teil seiner Aufmerksamkeit widmet und sich am Ende heillos verzettelt und ineffizient arbeitet.

Tellerjongleure lieben es, viele Dinge gleichzeitig zu tun. Und da sie schnell denken und arbeiten, fühlen sie sich nur selten überfordert oder gestresst. So wie die Samurais in den japanischen Filmen arbeiten Tellerjongleure auf zwei Ebenen: zum einen an der anstehenden Aufgabe und zum anderen an der Verbesserung ihrer Koordinationsfähigkeit.

Das gilt auch für große Projekte. Als James Joyce von seinem Biografen Stuart Gilbert einmal gefragt wurde, an welchem Kapitel seines Romans ›Ulysses‹ er gerade arbeite, antwortete Joyce wie ein wahrer Tellerjongleur: »An allen.«

Sie sind der geborene Troubleshooter. Es macht Ihnen Spaß, Probleme zu lösen. Häufig tun Sie das auch für andere Menschen. Sie bieten großzügig Ihre Hilfe an, weil Sie viele Probleme flink beheben und es nicht mitansehen können, wenn jemand sich lange damit herumquält. Einige Menschen sind auf Sie angewiesen. Doch oft werden Sie auch ausgenutzt.

Sie haben große geistige Kapazität und Tiefe, doch das schert Sie kaum – nicht, weil es in Ihrer täglichen Arbeit untergeht, sondern weil es Ihnen viel wichtiger erscheint, problembezogen zu denken, als Ihre Gedanken richtungslos umherschweifen zu lassen.

»Ich muss Probleme aus dem wirklichen Leben lösen können«, erklärte mir Liam, ein IT-Experte. »Lernen als Selbstzweck ist etwas für den Urlaub.« Liam arbeitet als Systemanalytiker bei einem großen Software-Unternehmen. Knifflige Probleme zu lösen, ist seine Spezialität. Da er ohne große Mühe neue Systeme einrichtet und gleichzeitig überall dort hilft, wo es brennt, hat er sich beruflich so unentbehrlich gemacht, dass er kaum noch zu etwas anderem kommt. Doch obwohl er einen langen Arbeitstag hat, gefällt ihm der Gedanke, dass ohne ihn nichts funktionieren würde.

Manchmal denkt Liam allerdings, so wie viele Tellerjongleure, über all seine anderen Fähigkeiten nach, die in seinem Leben nie zum Einsatz kommen.

»In der heutigen Arbeitswelt werden Menschen mit vielfältigen Begabungen und Interessen wenig geschätzt. Mein Unternehmen sieht mich ausschließlich als Troubleshooter, als Mann für Notfälle, und damit basta. Ich werde nie die Chance haben, meine anderen Fähigkeiten in der Arbeit einzusetzen.«

»Was würden Sie denn gerne tun, wenn Sie mehr Zeit hätten?«, fragte ich.

»Alles Mögliche«, antwortete er. »Es hat mir zum Beispiel großen Spaß gemacht, der Tochter einer Freundin am Wochenende Nachhilfe in Mathematik zu geben. Es war eine echte Herausforderung herauszufinden, was sie nicht verstand. Doch schließlich erkannte ich, dass sie die Mathematik mit *all* ihren ungelösten Problemen in einen Topf warf. Sie ist ein Teenager, und in diesem Alter hat man viele Probleme! Also musste ich einen Weg finden, ihr zu erklären, dass einige Probleme lösbar sind und man in der Mathematik garantiert eindeutige Antworten bekommt. Es war spannend! Als sie verstanden hatte, worum es mir ging, musste ich fast lachen, so glücklich war ich.«

»Sie setzen die Fähigkeiten, die Sie so glücklich machen, wohl nur sehr selten ein«, vermutete ich.

Liam schwieg einen Moment. »Vielleicht ist es so«, räumte er mit leiser Stimme ein.

Hier liegt das wahre Problem der Tellerjongleure: Sie haben eine ganze Reihe von Talenten, die nicht zum Einsatz kommen und daher verkümmern.

Ein Berg an Arbeit schreckt einen Tellerjongleur nicht. Auch Liam arbeitet eigentlich zu lange, obwohl er viele Aufgaben, die anderen große Probleme bereiten würden, mit links erledigt und zudem gerne an seine Grenzen geht. Doch wenn Tellerjongleure zu lange das Gleiche machen, entsteht bei ihnen so etwas wie ein geistiger Vitaminmangel. »Ich bin tatsächlich nicht mehr so locker und unbeschwert wie früher«, gestand Liam.

Eine meiner Klientinnen brachte das Problem auf den Punkt: »Wenn ich nur einen Teil meiner Fähigkeiten ausspielen kann, laugt mich das aus. Ein Teil von mir langweilt sich, obwohl ich voll eingespannt bin.«

Das ist das Dilemma. Da Tellerjongleure selten all ihre Talente zum Einsatz bringen, sind sie in der eigenartigen Situation, viel zu tun zu haben und sich dabei zu langweilen. Sie sind überarbeitet und unterfordert zugleich. Ich fragte mich, auf welche Ideen Liam verfallen würde, wenn er Zeit hätte.

▪ Haben Sie Zeit für sich selbst?

Wenn Sie ein großer Problemlöser sind, könnte es sein, dass Sie sich all die anderen Gedankenflüge vorenthalten, nach denen Ihr Geist sich sehnt. Sind Sie wie Liam der Meinung, Probleme zu lösen sei die einzig lohnende Tätigkeit für Sie? Dann lesen Sie die Geschichte der Tellerjongleurin Donna, und überlegen Sie, was Sie davon halten.

»In der Schule und in der Kirche hatte sich jeder daran gewöhnt, dass ich alle möglichen Probleme löste. Die Leute betrachteten es mittlerweile als selbstverständlich. Also halsten sie mir tausend Dinge auf und dachten, es sei nicht der Rede wert, wenn ich ihnen in einer schwierigen Situation weiterhalf. Nur selten erntete ich Dank dafür. Im Gegenteil, viele waren häufig sogar ungehalten, dass ich eine Aufgabe nicht noch schneller erledigte.« Donna machte es großen Spaß, dafür zu sorgen, dass die Dinge liefen, und ihr gelangen oft in letzter Minute wahre Wunder.

Hätten die anderen sie mehr geschätzt und nicht mit großer Selbstverständlichkeit so viel Arbeit auf sie abgewälzt, wäre Donna bereit gewesen, auch weiterhin jede freie Minute für sie zu opfern. Aber unter diesen Umständen zog sie sich eines Tages zurück und gönnte sich mehr Zeit für sich selbst.

»Ich hätte nie Nein gesagt, wenn sie mich nicht so ausgenutzt hätten und nicht so undankbar gewesen wären. Aber allein mir zuliebe hätte ich es auf jeden Fall tun sollen. Ich empfinde es als großen Luxus, so als würde ich Zeit vergeuden. Doch das stimmt nicht«, fügte sie hinzu, »ich hatte vergessen, wie gerne ich einfach dasitze und *nachdenke*.«

Worüber dachte Donna nach? »Über alles Mögliche. Ich liebe es, Neues zu erfahren – zum Beispiel aus Büchern oder Zeitschriften oder von den Packungen meiner Frühstücksmüslis –, denn das bedeutet, dass mein Geist in Bewegung ist. Wenn ich koche, das Haus putze oder spazieren gehe, denke ich fast die ganze Zeit über etwas nach. Auch wenn ich als Kind etwas malte, *dachte* ich darüber *nach*, was ich malen wollte. Wenn ich Zaubertricks vorführte, musste ich *nachdenken*, wie sie funktionierten. Ich *dachte* gerne über mathematische Probleme *nach*. Und heute macht es mir Spaß, 3-D-Puzzles zusammenzusetzen. Auch dafür muss ich *nachdenken* und Bilder gedanklich hin und her schieben. Wenn ich mich nicht von so oberflächlichen Dingen wie Problemlösungen vereinnahmen lasse, fühle ich mich wie ein Kind, das draußen spielen darf.«

Wie ist es bei Ihnen? Macht Ihnen das Denken als Freizeitbeschäftigung Spaß? Oder befürchten Sie, dass das nicht erlaubt ist, weil es keinem unmittelbaren Zweck dient? Wenn Sie nicht mit so vielen Tellern jonglieren und nicht so viele Probleme lösen müssten, was würde Ihr Geist dann gerne tun?

■ Machen Sie die folgende Fantasieübung

Nehmen Sie Ihr Projektbuch und einen Stift zur Hand und versuchen Sie zehn bis fünfzehn Minuten ungestört zu sein.

Stellen Sie sich vor, Sie sind alleine auf einer Insel. Ein Schiff wird Sie in zwei bis drei Tagen abholen. Bis dahin haben Sie genug zu essen, aber es gibt niemanden, mit dem Sie reden oder etwas unternehmen könnten. Sie werden also ein paar Tage mit sich selbst verbringen und aufs Meer hinaussehen.

Zunächst ist Ihr Kopf vielleicht leer, aber sobald Ihnen etwas in den Sinn kommt, schreiben Sie es auf.

Was ist passiert? Stellte sich bei der Aussicht, so viel Zeit für sich zu haben, Langeweile ein? Oder veränderte sich Ihr Denken?

Liam fiel anfangs nichts ein, aber dann tröpfelten ein paar Ideen, und schließlich öffneten sich die Schleusen.

Er wollte auf der ganzen Welt Kindertheater auf die Beine stellen, die durch kleine Orte touren und die Rollen in den Stücken mit Kindern aus dem jeweiligen Ort besetzen.

»Ich habe davon gehört, dass jemand in den USA so etwas mal ins Leben gerufen hat. Die Kinder bemühten sich das ganze Jahr, gute Noten zu schreiben, um sich für das Vorsprechen zu qualifizieren. Die Wirkung des Theaters auf die Kinder war erstaunlich. Einige von ihnen begannen sogar, Theaterstücke zu schreiben, obwohl sie vorher nicht einmal gerne gelesen hatten. Es ist möglich, Wandertheater in jeder Region der Welt zu gründen. Sogar in der Wüste Gobi gibt es eine jahrtausendealte Tradition umherreisender Schauspieler. Es ist ein Riesenereignis, wenn das Theater an einen Ort kommt. Es könnte sogar als Schule dienen, wenn es irgendwo keine gibt.«

Dann zeichnete Liam einige Diagramme, um mir ein Modell zu erläutern, das er bauen wollte. Es sollte Physiklehrern dabei helfen, die fünfte und sechste Dimension zu erklären. (Ehrlicherweise muss ich hinzufügen, ich *glaube*, es ging darum.)

Danach erzählte er mir von einem Fernsehbericht über Amazonas-Indianer, die auf winzigen Flöten mit einem besonders eindringlichen Klang spielen. Liam versuchte nun aus dem Kopf ein paar Instrumente zu entwerfen, die einen ähnlich intensiven Klang erzeugten.

Das Bild der einsamen Insel hatte bei ihm Raum für ein Denken geschaffen, das nichts mit der Lösung von Problemen zu tun hatte. Endlich hatten seine Ideen Platz, sich frei zu entfalten.

Liam zeichnete, während er sprach. Die Seiten waren rasch mit Skizzen gefüllt, und er strahlte über das ganze Gesicht, als er mir all seine Ideen erklärte.

»Wow«, sagte ich, als er zum Ende gekommen war. »Sie sind eine wandelnde Ideenfabrik.«

»Ja«, seufzte er, und seine Miene wurde ernster. »Aber es sind nur Ideen. Und das werden sie wohl auch bleiben.«

Sein Lächeln und seine Begeisterung waren völlig aus seinem Gesicht verschwunden. Liam war offensichtlich wieder in seinem alten Konflikt gefangen.

»Sie sehen so aus, als wäre die Pause zu Ende und Sie müssten wieder zurück ins Klassenzimmer.«

»So fühle ich mich jetzt auch, denn ich habe gerade an meine Unzufriedenheit gedacht«, sagte er mit einem müden Lächeln. »Wenn ich in den Büros meiner Firma unterwegs bin und Probleme behebe, stehe ich unter Hochspannung.«

»Wie ein Hockeyspieler in einem harten Match?«

»So ungefähr.«

»Das ist aber nicht das Gefühl, das Sie zum Lachen bringt«, stellte ich fest.

Er sah nachdenklich und sogar etwas neugierig aus. »Das stimmt. Es ist ein anderes Gefühl«, antwortete er.

Ich stellte ihm bewusst eine Frage, die vom Thema abwich. »Ich habe nie genau verstanden, was Wechselstrom ist. Könnten Sie es mir erklären?«

Er war zwar überrascht, aber er versuchte es.

»Nun, man könnte sagen, es ist elektrischer Strom, der regelmäßig die Richtung ändert. Warum fragen Sie?«

»Mir fällt gerade ein Lebensdesign-Modell ein, das Sie vielleicht aus diesem einspurigen Problemlösungsmodus herauskatapultiert – zumindest manchmal.«

»Das ist eine gute Idee, aber dann bräuchte ich einen anderen Job.«

»Man kann nie wissen«, antwortete ich.

■ Das Wechselstrom-Modell

Bei diesem Modell benötigt man keinen Kalender oder Terminplaner. Manchmal geht es dabei um so einfache Dinge wie aufstehen, zum Fenster gehen und ein paar Minuten in die Ferne schauen, um zu prüfen, ob nicht völlig andersgeartete Hirnströme sich gerne ein bis zwei Minuten lang ausbreiten würden. Sie können auch Karteikarten zur Hand nehmen, auf denen Sie Ihre Lebensträume aufgeschrieben haben, oder sich regelmäßig Zeit einplanen, um Ihr Projektbuch durchzublättern.

»Es ist schwierig, Dinge wichtig zu nehmen, die im wirklichen Leben zu nichts führen«, sagte Liam. »Manche Menschen sind absolut offen für Neues, ohne konkret etwas damit anzufangen. Das ist in meinen Augen ein unnützer Zeitvertreib.«

Doch wie viele Neurowissenschaftler wissen, können ungerichtete Denkprozesse eine ausgezeichnete Methode sein, Dinge zu entdecken, die man – ohne es zu wissen – gesucht hat.

Liam lächelte. »Es macht in der Tat Spaß, seinen Gedanken völlig freien Lauf zu lassen«, gab er zu. »Aber so etwas während der Arbeit zu tun wäre mir unangenehm. Ich kann mich bei langsamen Spaziergängen entspannen und meinen Gedanken nachhängen, aber im Job gebe ich richtig Gas.«

Doch mir ging es nicht um Zeiten der Entspannung. Ich schaltete meinen PC ein und öffnete eine Datei mit einem

Interview, das ich mit einer anderen Tellerjongleurin geführt hatte. Ich forderte Liam auf, es zu lesen.

■ Elizabeths Geschichte

Elizabeth geht es am besten, wenn sie auf Hochtouren ist. Sie fühlt sich nicht wohl, wenn sie das Tempo drosselt. Es schlaucht sie, nur mit halber Kraft und der Hälfte ihrer Fähigkeiten zu agieren, genauso wie es den Motor eines Autos belastet, wenn es sich nur mit der Hälfte der Zylinder einen steilen Berg hinaufquälen muss. Elizabeth berichtete dazu Folgendes:

Ich habe immer mehrere Dinge gleichzeitig am Laufen. Es langweilt und stresst mich, wenn ich nur eine Sache mache. Als ich noch in der Schule war, belegte ich Tanzkurse, gab selbst Tanzunterricht und arbeitete in einem Schnellimbiss – und das alles neben der Schule. Darüber hinaus musste ich jeden Abend das Essen für die gesamte Familie zubereiten und zusätzliche Hausarbeiten erledigen.

Als ich zur Universität ging, belegte ich achtzehn bis zwanzig Wochenstunden pro Semester, gab Tanzstunden, ging zum Tanzunterricht, wurde Turnerin in der Universitätsmannschaft, gab Turnunterricht und wurde Punktrichterin bei Turnwettkämpfen. Im Hauptfach studierte ich Psychologie und im Nebenfach Biologie. Ich lebte immer noch zu Hause und hatte daher nach wie vor die anstrengende Hausarbeit am Hals.

Normalerweise lese ich drei Bücher auf einmal – und natürlich Zeitschriften. Wenn es eng wird – und Sie können mir glauben, es wird manchmal sehr eng –, bekomme ich kein Burnout-Syndrom. Ich bin dann vielmehr sehr zielgerichtet und enorm leistungsfähig. Aber es macht mir absolut keinen Spaß, in eine Krise zu geraten. Wenn sie überstanden ist, kann ich darüber lachen, dass ich mich wieder mal in einen solchen Engpass hineinma-

növriert habe. Es gefällt mir, wenn mein Terminkalender voll ist, Herausforderungen sowie Abwechslung bietet, aber er sollte nicht so voll sein, dass ich Termine überziehen muss. Ich hasse es, mit der Arbeit zu spät dran zu sein. Für mich ist es ideal, wenn ich drei Dinge parallel am Laufen habe, vor allem jetzt, wo ich auch noch meine Kinder großziehe.

Liam war beeindruckt. Doch was mich an Elizabeth erinnert hatte, als ich Liam das Wechselstrom-Modell beschrieb, war ihre letzte Aussage:

Ganzheitlichkeit ist für mich der Schlüsselbegriff. Ich möchte sowohl meinen Geist als auch meinen Körper nutzen und beschäftige mich gerne gleichzeitig mit sehr unterschiedlichen Dingen. Mich körperlich zu verausgaben, finde ich toll. Gleichzeitig soll mein Geist beschäftigt sein und viele verschiedene Dinge aufnehmen. Wenn diese zentralen Voraussetzungen nicht erfüllt sind, langweile ich mich und habe das Gefühl, als würde ein Teil von mir verkümmern.

»Es stimmt«, sagte Liam. »Ich habe es bisher nicht erkannt, aber genau so geht es mir auch.«

»Wie wäre es, wenn Sie das Wechselstrom-Modell in Auszeiten anwenden, nämlich dann, wenn Sie Zeit für all Ihre großartigen Ideen haben?«, schlug ich vor.

Liam wirkte verlegen. Ich sah ihn fragend an.

■ Das eigentliche Problem

»Ich war nicht ganz ehrlich«, sagte Liam. »Das eigentliche Problem ist nicht, dass ich keine Zeit habe, sondern dass ich meine Projekte nicht beende. Am Anfang habe ich zwar großen Spaß dabei, aber nachdem ich ein Konzept entwickelt und das Ganze ausprobiert habe, verliere ich das Interesse daran und gebe das Projekt komplett auf.«

»Na, wenn das alles ist«, lachte ich. »Das ist kein Problem! Delegieren Sie Ihre Projekte dann einfach an jemand anderen. Bringen Sie anderen Menschen bei, Ihre Ideen weiterzuführen.«

Liams Miene hellte sich wieder auf, und er erzählte mir von einer weiteren Idee. Er wollte etwas für wirtschaftsschwache Bergregionen im Himalaja tun (nach dem Studium hatte er dort ein Jahr verbracht). Ihm schwebte vor, neue Techniken beim Tagebau zum Einsatz zu bringen und ein mobiles Ausbildungszentrum einzurichten, das den dort lebenden Menschen diese Techniken beibrachte.

»Es macht mir riesigen Spaß, mein Wissen an Lehrer weiterzugeben«, sagte er. »So bleibe ich selbst sehr frei.«

Ich stellte ihm ein Hilfsmittel vor, das ich im vierten Kapitel (»Die Furcht vor Verbindlichkeit«) ausgeführt habe: die LALA-Methode mit den Schritten Lernen, Anwenden, Lehren, Aufhören.

▪ Das LALA-System

Menschen, die so schnell agieren wie Tellerjongleure, stecken oft in einer Rolle fest, obwohl sie dazu geboren sind, Dutzende von Rollen auszufüllen. Um alle ihre Begabungen zum Einsatz zu bringen, empfiehlt sich für Tellerjongleure daher das LALA-System.

Jemand wird wie Liam von einem Unternehmen als Troubleshooter eingestellt. Nach dem LALA-System verfährt er dann folgendermaßen: Er lernt, was er wissen muss, um die Probleme zu beheben. Dann entwickelt und testet er einige neue Systeme, die dafür sorgen, dass verschiedene Abläufe in der Abteilung optimiert werden und frühere Probleme nicht mehr auftreten. Sobald sich herausgestellt hat, dass seine neuen Systeme einwandfrei funktionieren, erklärt er einem Mitarbeiter aus seiner Abteilung ihre Arbeitsweise. Dann wechselt er zu einer anderen Abteilung, aber nicht ohne vorher ein Handbuch für alle Mitarbeiter zu hinterlassen.

Der Tellerjongleur wäre mit diesem Modell glücklich, da er etwas lernen und erfinden sowie seine Erfindungen testen kann. Außerdem könnte er sein Wissen an andere weitergeben. Und Zusätzliches wäre nicht von ihm gefordert. Für den Tellerjongleur wäre es eine reizvolle Aufgabe, und jeder Firmenchef könnte sich über die steigende Produktivität seines Unternehmens freuen.

Liam gefiel die Idee überaus gut, aber er war sich ziemlich sicher, dass niemand ihn auf einer solchen Basis einstellen würde. Wahrscheinlich hatte er recht. Es sah ganz danach aus, als müsste er eines Tages sein eigenes Unternehmen gründen – wenn es ihm gelang, seine Arbeitszeit von über zehn Stunden täglich zu reduzieren.

Alles in allem keine leichte Aufgabe. Noch dazu sind Tellerjongleure häufig Einzelgänger. Sie sind so kompetent, dass sie nie gelernt haben, etwas zu delegieren. Zudem haben sie keine Geduld mit Menschen, die eine Arbeit nicht genauso gut wie sie selbst erledigen.

Ich schlug Liam daher einen Aktionsplan vor.

»Als Erstes«, sagte ich, »könnten Sie einen Kurs geben, in dem Sie den besten Ingenieuren Ihrer Firma beibringen, ihre Probleme selbst zu lösen. Nach einer Weile werden Sie dadurch mehr Zeit für sich selbst haben. Dann sollten Sie genau diese Ingenieure aufmerksam beobachten, um herauszufinden, mit wem Sie gerne weiterhin zusammenarbeiten würden, wenn Sie das Unternehmen verlassen.«

»Und was soll ich mit diesen Leuten anfangen?«, fragte er.

»Bringen Sie ihnen bei, die großartigen Ideen umzusetzen, von denen Sie mir erzählt haben«, antwortete ich.

»Und wovon soll ich sie bezahlen?«

»Sie hätten ein Unternehmen, das sie bezahlen würde.«

»Eine Bergbaugesellschaft im Himalaja? Ein Wandertheater für Kinder? Mit diesen Projekten könnte man nicht einmal die Stromrechnungen bezahlen. Außerdem wüsste ich ohnehin nicht, mit welchem Projekt ich anfangen sollte.«

■ Zehn Talente auf der Suche nach einem Job

»Sie sollten eine Ideenschmiede einrichten und mit allen Ihren Projekten an den Start gehen. So könnten Sie Ihre sämtlichen Begabungen nutzen. Außerdem könnten Sie eine gemeinnützige Gesellschaft gründen, die finanziell gefördert wird.«

Liam lachte laut und lehnte sich zurück. Ich wusste, dass ich auf etwas gestoßen war, das ihn sehr reizte: eine Ideenschmiede für ein halbes Dutzend kreative Unternehmungen einzurichten und tatsächlich alle in Angriff zu nehmen – das klang überaus spannend.

Wenn Sie zu den Menschen gehören, die stets gerufen werden, wenn es irgendwo brennt, dadurch aber sehr eingespannt sind und sich wünschen, etwas Kreativeres zu tun, als immer nur Probleme zu lösen, sollten Sie Ihre Situation überdenken. Sie könnten Ihr Tempo etwas reduzieren und beginnen, Ihre Augen nach Menschen offen zu halten, die Ihnen bei Ihren Projekten helfen. Manchmal genügt es sogar schon, einen Assistenten zu engagieren.

In einem meiner Scanner-Workshops meldete sich eine Frau zu Wort und sagte: »Mein Mann und ich sind Scanner. Wir haben jede Woche zehn gute Ideen. Aber wir können unsere Rechnungen nicht bezahlen, weil wir sie nicht finden. Bei uns herrscht eine dermaßen große Unordnung, dass es uns nicht einmal gelingt, die kleinsten Dinge zu erledigen. Wie sollten wir also jemals eine dieser Ideen vorantreiben?«

Diese beiden Menschen vergeuden bei der Suche nach Rechnungen ihre Zeit und ihre Begabungen. Außerdem verschwenden sie auf diese Weise auch viel Geld. Man sollte sich nicht mit Dingen beschäftigen, die man nicht gut kann. Wenn man kein großes Organisationstalent, dafür aber tolle Ideen hat, sollte man sich sein Leben so einrichten, dass man seine Ideen auch umsetzen kann.

Ich schlug der Teilnehmerin vor, einen Assistenten zu engagieren, der in Teilzeit – möglicherweise auch als »virtueller Assistent« ausschließlich im Internet – für sie arbeitete. Wenn ein kreativer Mensch sich mit Arbeiten aufhält, die auch ein anderer erledigen kann, verschwendet er seine Talente beziehungsweise enthält diese dem Rest der Welt vor, der davon profitieren könnte.

Doch was, wenn Sie sich einen Assistenten nicht leisten können? Sie können es! Wenn Sie an einem Tag in der Woche einen zusätzlichen Job annehmen und mit diesem Geld Ihren Assistenten bezahlen, werden Sie unterm Strich etwas dazuverdienen. Denn jetzt, da Ihr Assistent Ihnen die Detailarbeit abnimmt, können Sie endlich Ihre Projekte umsetzen. Außerdem ermüden Sie Ihren wachen, kreativen Geist nicht mit Arbeiten, für die er nicht geschaffen ist.

■ Auf einen Tellerjongleur setzen

Als Liam sich von mir verabschiedete, wusste ich, dass ich ihn zum Nachdenken gebracht, aber noch nicht vollends überzeugt hatte. Ich riet ihm, sich einen Ruck zu geben und seinen ungewöhnlich begabten Kopf gebührend einzusetzen.

Wer seine Fähigkeiten nicht nutzt, verschwendet sie automatisch. Finden deshalb auch Sie heraus, was Sie brauchen, um Ihre Begabungen in ihrer Fülle auszuschöpfen, und kämpfen Sie dann dafür, es zu bekommen. Nutzen Sie Ihre Zeit. Setzen Sie

Ihre Talente ein – wahrscheinlich erweisen Sie der Welt damit einen wertvollen Dienst.

Ich hatte alles daran gesetzt, Liam zu dieser Erkenntnis zu bringen. Bei unserem Abschied blieb mir deshalb nichts anderes übrig, als ihm fest die Daumen zu drücken. Ein paar Wochen später erhielt ich eine E-Mail von ihm.

Ich habe Ihnen einmal gesagt, dass Lesen als Selbstzweck, ohne konkrete Problemstellung, etwas für den Urlaub ist. Doch mittlerweile bin ich mir da nicht mehr so sicher. Ich glaube, ich habe es mir vorenthalten, viele Dinge zu lernen und zu entdecken. Ich stelle sie immer hintan, weil ich mich ausschließlich mit konkreten Problemen befasse. Nun erkenne ich, was mir dabei entgeht.

Ich schrieb ihm sofort zurück. »Wenn Sie einen Weg finden, die wirtschaftliche Situation kleiner Dörfer im Himalaja zu verbessern, und Physiklehrern ein Modell zur Verfügung stellen, mit dem sie ihren Schülern die höheren Dimensionen besser erklären können, und wenn Sie darüber hinaus Kindern in der ganzen Welt mit Ihren Wandertheatern helfen, lösen Sie meiner Meinung nach eine ganze Menge wichtiger Probleme – und gleichzeitig nutzen Sie Ihre Kreativität. Ich empfehle Ihnen, sich 20 bis 30 Ringordner zu besorgen, um alle Ideen festzuhalten, die Sie künftig haben werden.

Sie sollten übrigens auch recherchieren, welche finanziellen Förderungsmöglichkeiten für Ihre Ideenschmiede infrage kämen. Es gibt zahlreiche Internetseiten, die Ihnen diesbezüglich weiterhelfen können. Man kann gar nicht früh genug mit der Vorbereitung anfangen. Wissen Sie schon, wie man einen Förderantrag stellt?«

Am nächsten Tag schrieb Liam mir per Mail zurück. »Ob ich weiß, wie man einen Förderantrag stellt? Nein, aber es sieht ganz so aus, als würde ich es bald lernen ...«

Ich freute mich sehr für Liam.
Und ich freue mich auch für Sie.

Hier noch eine Liste der Lebensdesign-Modelle, Jobs und Hilfsmittel, die Ihnen als Tellerjongleur nützlich sein können.

Werkzeugkiste für Tellerjongleure

Lebensdesign-Modelle für Tellerjongleure
Das Wechselstrom-Modell
Das LALA-System (Lernen, Anwenden, Lehren, Aufhören)

Jobs für Tellerjongleure
Eine gemeinnützige Ideenschmiede gründen
Als mobiler Troubleshooter tätig sein

Spezialausrüstung für Tellerjongleure
Das Scanner-Projektbuch
Eine Ideensammlung auf Karteikarten
20 oder 30 Ringordner

Lassen Sie uns im nächsten Kapitel einen Blick auf Scanner
werfen, die sich nicht im Kreis bewegen, um sich immer aufs
Neue mit den gleichen Projekten zu beschäftigen, sondern
stattdessen stetig vorwärts gehen. Einige bewegen sich dabei
langsam – wie unser Doppelagent – und widmen sich Monate
oder Jahre einem Interessengebiet. Andere dagegen agieren so
schnell wie Tellerjongleure. Ich bezeichne sie als Sequenz-
Scanner.

Kapitel 13
Sequenz-Scanner

Wir kommen nun zu der Gruppe von Scannern, die ihre früheren Projekte nicht wieder aufnehmen. Sequenz-Scanner blicken ausschließlich nach vorne.

Das Leben ist zu kurz, um irgendetwas zwei Mal zu machen. Ich beschäftige mich alle paar Monate mit einem neuen Projekt und lasse das vorherige ohne einen weiteren Gedanken daran ziehen.

Wenn Sie partout keine Liste mit all Ihren Interessengebieten erstellen können, weil Sie häufig gar nicht wissen, welche das sind, bevor sie nicht unmittelbar darauf stoßen, sind Sie wahrscheinlich ein Sequenz-Scanner.

Dieser Scanner-Typ ist auf der Suche nach der nächsten interessanten Beschäftigung und verspürt keinerlei Impuls, seine früheren Projekte weiterzuführen.

»Es ist mir peinlich, es zuzugeben«, erklärte mir ein Seminarteilnehmer einmal, »aber egal, wie großartig ein Projekt auch sein mag, es kommt ein Zeitpunkt, an dem es wie eine ausgepresste Zitrone auf mich wirkt, und dann suche ich nach einer neuen Frucht.«

Sally interessiert sich alle paar Monate für etwas Neues. Sie widmet sich ihrem Garten oder erlernt ein neues Computerprogramm, bis sie mit dem Erreichten zufrieden ist. Dann beschäftigt sie sich mit dem nächsten Projekt. Natürlich lässt sie ihre Geranien auch danach nicht vertrocknen, aber mit ihrem Herzen ist sie bei der neuen Aufgabe.

In der Gruppe der Sequenz-Scanner bewegt sich der Serienspezialist am langsamsten vorwärts. Er widmet sich jahrelang einem Projekt, bevor er zum nächsten übergeht. Der schnellste Sequenz-Scanner ist der Turbo-Wechsler.

Alle Scanner lieben das Lernen – aber wenn manche es geschafft haben, ein kniffliges Rätsel zu lösen, ist das Thema ein für alle Mal für sie beendet. So ist es zum Beispiel beim Serienspezialisten. Der Serienmeister dagegen liebt die Herausforderung, eine Sache perfekt zu beherrschen, und übt so lange, bis er seine eigenen Grenzen überwunden und seine Bestleistung erreicht hat.

Aber egal, um welchen Typus es sich genau handelt, Sequenz-Scanner sind in jedem Fall faszinierende und brillante Persönlichkeiten. Wenn Sie dazugehören, befinden Sie sich in bester Gesellschaft.

Kapitel 14

Sind Sie ein Serienspezialist?

In der Regel bleibe ich vier bis fünf Jahre bei einer Sache, dann muss ich etwas anderes machen. Es irritiert mich aber, immer wieder bei null anzufangen.

Ich befürchte, dass ich nie zu einer Art Stabilität gelange. Doch nach einer Weile habe ich einfach genug von einer bestimmten Beschäftigung.

Sind Sie ein Serienspezialist?

- Sieht Ihr Lebenslauf so aus, als könnte er von mehr als einer Person stammen?
- Tauchen Sie so tief in ein Projekt oder einen Job ein, dass man den Eindruck gewinnen könnte, es handle sich um Ihre Lebensaufgabe?
- Stellen Sie fest, dass Sie sich zu Neuem aufmachen wollen, sobald Sie den Dreh bei einer Sache raushaben?
- Macht es Ihnen Spaß, sich verschiedene Unternehmenskulturen anzuschauen, zum Beispiel die eines Großunternehmens, eines Krankenhauses, einer Filmproduktionsfirma oder einer Finanzgesellschaft?
- Befürchten Sie, dass Sie aufgrund Ihres häufigen Jobwechsels langfristig weder beachtliche Kompetenz noch einen Ruf als Experte auf einem Gebiet erwerben können?
- Haben Sie je gedacht, dass all Ihre Probleme gelöst wären, wenn es die Reinkarnation tatsächlich gäbe?

Wenn Sie die Fragen mit Ja beantwortet haben, sind Sie ein Serienspezialist.

Auf den ersten Blick wirken Sie überhaupt nicht wie ein Scanner. Sie widmen sich einem Bereich voll und ganz, haben keine offensichtlichen Probleme und bleiben so wie ein Spezialist jahrelang bei einer Sache. Doch wenn Sie beruflich an einem Höhepunkt angekommen sind, werfen Sie alles hin und beginnen mit etwas Neuem. Ihre Familie fragt sich, ob Sie sich selbst sabotieren oder Angst vor Erfolg haben. Doch da Sie ein wahrer Scanner sind, wissen Sie, dass das Leben zu kurz ist, um sich für immer und ewig auf nur einen Bereich festzulegen – egal, ob es sich um ein Hobby oder einen Beruf handelt.

Serienspezialisten sind häufig brillant auf ihrem Gebiet. Ihren Kollegen oder Chefs käme es daher nie in den Sinn, dass sie nur auf einer Entdeckungsreise sind. Was aber suchen sie? Sicherlich nicht den richtigen Beruf. Denn ein einziger Beruf kann nie genug für einen Serienspezialisten sein. Was er sucht, ist schwer zu ermitteln und für die Menschen um ihn herum kaum zu verstehen.

■ **Harrys Geschichte**

Als Harry eine Auszeichnung bekam, weil er der erfolgreichste Immobilienmakler seines Unternehmens war, veranstaltete seine Familie ein großes Fest für ihn. Noch vor vier Jahren war er ein chronisch unterbezahlter Grafiker gewesen, wenn er überhaupt eine Arbeit gehabt hatte. Und nun war er fast reich geworden. Zum einen hatte er ein Talent, Privathäuser und Gewerbeobjekte zu verkaufen, und zum anderen hatte er seine Hausaufgaben gemacht, indem er sich optimal auf diese Tätigkeit vorbereitet hatte.

Auf der Party hielt sein Chef mit einem Glas Champagner in der Hand eine kleine Ansprache und lobte den Preisträger.

»Harry hat sich intensiv mit dem Immobilienmarkt beschäftigt. Er kennt sich aus mit der Geschichte der Häuser und Unternehmen in unserer Gegend und hat sogar einige Zeitungskolumnen über dieses Thema geschrieben. Er war der Erste in unserem Land, der auf die Idee gekommen ist, eine Internetseite zu gestalten, auf der potenzielle Kunden sich Häuser ansehen und Termine vereinbaren können. Er ist wirklich fabelhaft.« Harry lächelte stolz, während sein Chef fortfuhr:

»Ich weiß nicht, wie sich Ihre Karriere weiterentwickeln wird, Harry, aber ich hoffe, Sie sind nicht auf meinen Posten aus«, sagte der Chef lachend.

Harry lachte ebenfalls. »Keine Sorge, Joe. Ich ziehe mich ganz aus dem Maklergeschäft zurück.«

Im Raum wurde es totenstill.

Seine Familie war völlig perplex. »Wovon redest du, Harry?«, fragten sie ihn aufgebracht.

»Ich möchte eine Ausbildung als Englischlehrer machen. Und dann möchte ich ein Buch über meine Erfahrungen schreiben.«

Alle waren wie vor den Kopf gestoßen. Aber für Harry war es nur logisch, sich beruflich zu verändern. »Warum sollte ich immer das Gleiche machen?«, fragte er.

»Wegen der Kohle!«, rief sein Bruder, und der ganze Raum brach in Gelächter aus. Darauf erwiderte Harry, immer noch lächelnd: »Ich habe genug Geld. Mehr als ich brauche. Jetzt möchte ich etwas anderes ausprobieren.«

Drei Jahre später lernte ich Harry während eines Lehrerkongresses kennen, auf dem ich einen Vortrag hielt. Er gab nicht nur Englischunterricht, sondern hatte auch ein Buch über seine Arbeit als Lehrer verfasst. Er war sich noch nicht sicher, ob er es veröffentlichen wollte, da er den Lehrerjob als Lernerfahrung betrachtete, die er gerne noch einmal wiederholen wollte – allerdings mit dem Ehrgeiz, es beim nächsten Mal noch besser zu machen. Im Moment unterrichtet er aber nicht, sondern bereist wahrscheinlich gerade eine unbekannte südamerikanische

Insel und schreibt einen Bericht über die letzten Vertreter eines kleinen Volksstamms, der seit langer Zeit dort lebt.

Für Harry ist alles ganz einfach. Man verbringt sein Leben nicht damit, Geld zu verdienen, das man nicht braucht, und man vergeudet seine Zeit auch nicht mit Dingen, die man bereits kennt und beherrscht.

Harry ist ein typischer Scanner. Er liebt das Leben und lernt mit Begeisterung etwas Neues. Schon von Kindheit an hatte er die Fähigkeit, sich Wochen oder sogar Jahre in ein Thema zu vertiefen. Er ist gescheit und vielfältig talentiert. Er liebt die Natur und ist fasziniert von der Mathematik. Außerdem nimmt er gerne alle möglichen Sachen auseinander und setzt sie danach wieder zusammen, wobei er ausgefallene, aber praktische Erfindungen für den Alltag macht. Darüber hinaus findet er sich mühelos an unbekannten Orten zurecht, an denen andere leicht die Orientierung verlieren, und er ist anderen Menschen gegenüber freundlich und einfühlsam (bei seinen Schülern ist er sehr beliebt). Man hat bei ihm den Eindruck, als gäbe es nichts, was er nicht könnte.

Der einzige rote Faden, der sich durch sein Leben zieht, ist die Suche nach der terra incognita, dem Unbekannten. Jedes Mal taucht er vollkommen in ein neues Gebiet ein, wie ein Schauspieler, der in eine andere Rolle schlüpft. Woraus besteht Harrys Nektar, seine Belohnung? Er konnte mir die Antwort auf diese Frage sofort geben: »Es ist ganz einfach. Ich möchte mehr als ein Leben haben. Ich möchte wissen, wie es ist, das Leben vieler verschiedener Menschen zu führen«, erklärte er. »Ich wollte die Erfahrung machen, ein reicher, erfolgreicher Immobilienmakler zu sein, und es ist mir gelungen. Es hat mir riesigen Spaß gemacht. Dann war die nächste Erfahrung an der Reihe.«

▪ Ediths Geschäftsrettungsaktionen

Ich lernte Edith letztes Jahr im Rahmen einer telefonischen Beratung kennen. Gleich am Anfang stellte sie mir eine Frage, die mich zum Lachen brachte.

»Wo kann ich mich für eine Reinkarnation anmelden? Sie scheint mir der einzige Weg zu sein, um jemals mein Problem zu lösen«, sagte Edith.

»Das klingt ganz danach, als seien Sie eine Scannerin«, antwortete ich.

Aber sie war anderer Meinung. »Wie würden Sie jemanden nennen, der circa fünf Jahre bei einer Sache bleibt, dann keine Lust mehr darauf hat und zur nächsten wechselt? Für mich hört sich das nicht nach einem typischen Scanner an. Ich habe es bereits drei Mal gemacht. Ich weiß nicht, was mit mir los ist.«

Ich war neugierig und bat sie, mir ihre ganze Geschichte zu erzählen.

»Ich war total aufgeregt, als ich mit meinem ersten Geschäft an den Start ging. Ich hatte einen Stoffladen mit Nähservice von einem Vorbesitzer übernommen. Doch kurz nachdem ich eingezogen war, wurde mir klar, wie es tatsächlich um das Geschäft bestellt war. Ein heilloses Durcheinander, unglaublich! Wir waren nicht nur selbst verschuldet, sondern auch viele Kunden schuldeten dem Geschäft Geld. Und alle diese Schulden standen bereits seit über einem Jahr aus! Ich lernte, wie man ein Geschäft leitet, bei dem Feuer unterm Dach ist. Jeden Monat stand ich kurz vor der Insolvenz. Mein Mann schlug mir im Spaß vor, den Laden ›Ediths Horrortrip‹ zu nennen, weil ich ständig so wirkte, als würde ich, an Gleisen festgebunden, einem heranrasenden Zug entgegensehen. Ich habe wirklich Tag und Nacht geschuftet, um den Laden zu retten, und nach ein paar Jahren hatte ich es schließlich geschafft.

Es war wunderbar. Im nächsten Jahr optimierte ich noch die Organisation, und dann brummte der Laden so richtig. Ich konnte gar nicht glauben, wie gut alles funktionierte. Es lief wie geschmiert: Ich hatte einen riesigen Kundenstamm, gab zahlreiche Nähkurse, die Buchhaltung war perfekt und die Rechnungen waren bezahlt. Endlich konnte ich in meinem Laden sitzen und alles mit einem glücklichen Lächeln betrachten.

Doch nach ein paar Monaten stellte ich fest, dass mir langweilig war. Ich hatte keine große Lust mehr, zur Arbeit zu gehen. Ich war deprimiert und überzeugt, mein Leben sei gelaufen. Meine Familie dachte, ich sei verrückt geworden. Das dachte ich auch.«

»Vielleicht war der Teil, der Ihnen Spaß machte, beendet«, sagte ich.

Sie klang nachdenklich, als sie fortfuhr. »Na ja, es war nicht gerade erholsam, sich um all die brenzligen Situationen zu kümmern, aber es war immer spannend, und ich hatte das Gefühl, etwas Wichtiges und Lohnendes zu tun. Aber man kann doch nicht so einfach mir nichts, dir nichts etwas aufgeben, das endlich gut funktioniert. Ich verkaufte den Laden schließlich, weil wir in einen anderen Teil des Landes zogen. Dort übernahm ich einen heruntergekommenen Haushaltswarenladen und fing wieder von vorne an. Als ich auch dieses Geschäft in Schuss gebracht hatte, wollte ich es wieder verkaufen, anstatt die Früchte meiner Arbeit zu genießen und mich ein wenig zu entspannen. Ich frage mich, ob ich wirklich zu den Leuten gehöre, die Angst vor Erfolg haben.«

»Für mich klingt es so, als hätten Sie Angst vor Langeweile«, sagte ich, »Sie arbeiten sehr hart für Ihren Erfolg.«

»Kann man denn Angst vor der Langeweile haben?«

»Natürlich«, lachte ich. »Für Scanner ist Langeweile ein rotes Tuch. Sie gibt ihnen das Gefühl, ihr Leben sei vorbei, so wie es auch bei Ihnen der Fall war.«

»Nicht zu fassen«, antwortete sie überrascht. »Was kann man denn tun? Wie geht man mit der Langeweile um?«

»Sie tun alles, was in Ihrer Macht steht, um das Gefühl der

Langeweile zu vermeiden«, erwiderte ich. »Daher haben Sie genau das Richtige getan.«

»Das ist ja unglaublich«, sagte sie entgeistert.

Warum lassen manche Scanner ein Projekt fallen, wenn sie erfolgreich sind? Haben Sie etwa Angst vor dem Erfolg? Oder vielleicht Angst davor, sich festzulegen? Oder ist die Antwort viel einfacher?

■ Scanner wollen einfach Spaß haben

Menschen, die Spaß haben wollen, sind anders als Menschen, die ehrgeizig sind. Wenn Sie ehrgeizig sind, ist der Erfolg Ihr Ziel. Sie bleiben hartnäckig an einer Sache dran, auch wenn es zwischendurch mal schwierig wird, denn schließlich möchten Sie gutes Geld verdienen beziehungsweise hohes Ansehen oder Auszeichnungen erwerben. Für die meisten von uns sind das anerkannte Symbole für den Erfolg. Sie motivieren uns dazu, hart zu arbeiten. Wer diese Erfolgssymbole erwirbt, ist ein Gewinner und wird von allen bewundert.

Aber worin das Ziel eines Scanners besteht, ist den meisten Menschen nicht klar – und auch vielen Scannern nicht. Wenn Ihre Ziele sich immer wieder verändern oder Sie sich so wie Harry und Edith von einem Projekt verabschieden, sobald es erfolgreich läuft, denkt jeder, dass etwas mit Ihnen nicht stimmt. Es ist für die wenigsten nachvollziehbar, dass der Erfolg bei Ihnen nicht an erster Stelle steht.

Nein, auf Erfolge sind Scanner nicht aus. Wenn man sie fragt, warum sie etwas aufgeben, für das sie sich einmal leidenschaftlich begeistert und engagiert haben, antworten sie, dass sie das Interesse daran verloren haben. Mit dieser Antwort können die anderen nun absolut nichts anfangen. »Na und?«, fragen sie. »Muss man sich denn die ganze Zeit vergnügen? Ist es nicht auch mal an der Zeit, erwachsen zu werden?« Und die Scanner wissen keine Antwort darauf. Sie wissen nur, dass sie sich nicht mit langweiligen Dingen abfinden können. Daher haben sie keine Wahl.

Scannern ist es wichtiger, etwas Neues zu lernen, als viel Wissen anzuhäufen. Daher möchte Harry ein neues Leben ausprobieren, und Edith macht es Spaß, ein Geschäft zu retten, das kurz vor der Pleite steht. Harry wird deshalb nie ein schwerreicher Immobilienmogul werden, und Edith wird nie lange erfolgreiche Ladenbesitzerin sein. Aber das ist ihnen egal.

In unserer erfolgsorientierten Gesellschaft bezahlen sie einen hohen Preis für diese Einstellung.

Doch woher weiß man, ob Scanner nicht tatsächlich Angst vor Erfolg haben?

Man kann es anhand eines Kriteriums deutlich erkennen: Wer etwas ablehnt, das er wirklich möchte, betrachtet alles andere wie einen schlechten Ersatz. Aber wenn Scanner etwas ablehnen, ersetzen sie es durch etwas, das ihnen besser gefällt.

Was wollen nun Serienspezialisten? Was ist Harry und Edith wichtiger als Geld, Ansehen oder Erfolg?

▪ »Ich möchte so sein wie Walter Mitty«

Diese Worte stammen von Harry, dem erfolgreichen Immobilienmakler, der dann Lehrer und Autor wurde. Er lachte, als er es sagte, aber er meinte es ziemlich ernst. Walter Mitty ist eine Figur aus einer Kurzgeschichte von James Thurber. Er steht unter dem Pantoffel seiner Frau und träumt ständig davon, ein wagemutiger Chirurg, ein heldenhafter Pilot oder ein schneidiger Fregattenkapitän zu sein.

Harry kannte die folgenden Zeilen auswendig: »Wirf die Scheinwerfer an! Jag sie auf 8500 hoch, wir brechen durch!«, sagte er mit dramatischer Stimme.

Wir lächelten, und ich fragte ihn: »Möchten Sie das Leben eines Draufgängers führen?«

»Nein, aber unbedingt ein interessantes!«, antwortete er.

»Ich *will* eine Draufgängerin sein«, sagte Edith und war von ihren eigenen Worten überrascht. Harry liebt es, in verschiedene Leben zu schlüpfen. Er will am eigenen Leib erfahren, wie die Welt anderer Menschen aussieht. Edith dagegen gefallen die Spannung und Intensität, wenn sie Geschäfte kurz vor dem finanziellen Ruin übernimmt und wieder auf Vordermann bringt. Wenn man in Harry einen Soziologen sehen wollte, dann wäre Edith eine Feuerwehrfrau.

Beide wissen, was sie wollen. Aber sie haben ein ernsthaftes Problem, das allen Scannern auf die eine oder andere Weise begegnet. Man kann nicht ständig den Beruf wechseln oder immer wieder Neues anfangen und sich gleichzeitig ein finanzielles Polster aufbauen. Außerdem wird man natürlich nie als Experte auf einem Gebiet angesehen.

Daher berichtete ich den beiden von Serienspezialisten, die einen Weg gefunden haben, die Erfolgsleiter zu erklimmen, ohne ihr Scanner-Dasein dafür aufzugeben. Einige hatten einen Schirm-Beruf.

▪ Viele verschiedene Interessen unter einen Hut bringen

Gloria arbeitet als Unternehmensberaterin für kleine Firmen. So wie Edith macht es ihr Freude, Unternehmen vor dem Ruin zu retten. Daher hat sie einen Beruf daraus gemacht. Sie gibt eine Online-Zeitschrift für Ein-Mann-Unternehmen heraus und bietet Seminare für Kleinunternehmer auf der ganzen Welt an: von Sibirien bis Colorado. Allerdings hatte sie schon immer Probleme, länger bei einer Sache zu bleiben.

»Ich wollte gerne Modedesignerin werden«, erzählte sie mir. »Es gefiel mir, Kleider zu entwerfen und den Fertigungsprozess zu begleiten, doch dann verlor ich das Interesse daran. Also eröffnete ich einen kleinen Laden, der mir großen Spaß machte. Allerdings nicht lange, denn allmählich fand ich, dass es jeden Tag das Gleiche war. Daher half ich meinem Bruder, eine kleine Werkstatt für Oldtimer zu eröffnen. Dabei stellte ich fest, dass auch dies mich sehr interessierte. Nach einer Weile erkannte ich, dass es immer der geschäftliche Aspekt war, der mich reizte. Jetzt helfe ich kleinen Unternehmen, egal, aus welcher Branche, von Puppenkrankenhäusern bis zu Talentagenturen. Am besten gefällt mir dabei, dass die Arbeit nie zur Routine wird.«

Ein weiterer Scanner mit einem Schirm-Beruf ist Tracy Kidder, einer meiner Lieblingsautoren.

Er ist ein wunderbares Beispiel für einen Sequenz-Scanner, also erzähle ich in meinen Workshops und bei meinen Telefonseminaren immer von ihm. Kidder ist am glücklichsten, wenn er sich für ein paar Jahre in ein Thema vertiefen kann. Sobald er es zu seiner Zufriedenheit verstanden hat, schreibt er ein Buch darüber. Jedes seiner Bücher betritt eine völlig andere Welt. Sein erstes Buch, ›Die Seele einer neuen Maschine‹, beschreibt die Entwicklung des ersten Heimcomputers. Für sein zweites Buch, ›House‹, in dem es um die Planung und den Bau eines Privathauses geht, begleitete er fast vier Jahre lang täglich eine Familie, ihren Architekten sowie die Handwerker und hielt auf diese Weise eine Welt fest, über die niemand zuvor so detailliert berichtet hatte.

Kidder hat noch viele weitere Bücher verfasst, und jedes einzelne hat ihn in eine völlig andere Umgebung geführt. Trotzdem hat er nur einen Beruf. Jede Welt, die er besucht, ist neu, aber beruflich muss er nie von vorne anfangen. Ähnliches gilt auch für einen Journalisten, der sich beruflich mit den unterschiedlichsten Themen befassen kann.

Schreiben, aber auch eine Beratertätigkeit sind ideale Schirm-Berufe. Und Schirm-Berufe sind perfekt für Serienspezialisten geeignet.

▪ Fähigkeiten, die sich für Schirm-Berufe eignen

Legen Sie Ihr Projektbuch und einen Stift bereit, denn die folgende Liste enthält möglicherweise eine Anregung für einen geeigneten Schirm-Beruf für Sie. (Fragen Sie auch Ihre Freunde und Familie, ob ihnen etwas einfällt, das Sie der Liste hinzufügen könnten.) Lesen Sie als Anregung die folgenden Beispiele:

Autor   Sie können jahrelang zu einem Thema recherchieren und es ausgiebig erforschen. Dann schreiben Sie ein Buch darüber und wechseln zum nächsten Thema.

Dozent an einer Bildungseinrichtung   Wählen Sie ein Fach, das mehrere Bereiche abdeckt, für die Sie sich interessieren – zum Beispiel Soziologie, Wirtschaftswissenschaften, Vergleichende Literaturwissenschaft. Sie können sich sowohl in der Forschung als auch in der Lehre betätigen oder ein Buch darüber schreiben.

Referent   Viele Organisationen brauchen Referenten zu unterschiedlichen Themen. Daher können Sie viele verschiedene Hüte aufsetzen und in allen Bereichen tätig sein, die Sie interessieren. Sie können Ihre Vorträge sogar auf CD oder DVD aufzeichnen und die Aufnahmen dazu nutzen, Bücher, Broschüren, Berichte, Teleseminare oder Newsletter zu erstellen, die Sie dann im Internet verkaufen.

Informationsbroker   Dies ist eine schicke Bezeichnung für jemanden, der Informationen im Auftrag eines anderen sammelt. Wenn Sie freiberuflich arbeiten und wenn Organisationen, Autoren, kleinere Unternehmen, Film- oder Fernsehproduktionsfirmen zu Ihren Kunden zählen, können Sie gutes Geld verdienen und haben gleichzeitig einen sehr abwechslungsreichen Job. Die Scanner-Definition von Abwechslung lautet: Spaß.

Journalist Journalisten sind natürlich auch Autoren, aber sie wechseln schneller von einem Projekt zum nächsten als Tracy Kidder. Wenn Sie ein Serienspezialist sind, der sich nicht länger als ein paar Wochen oder Monate mit einem Thema beschäftigen will (oder in manchen Fällen nur einige Tage), ist dieser Schirm-Beruf vielleicht genau das Richtige für Sie.

Rechercheur Dies ist eine Variante des Informationsbrokers. Allerdings kann man auch bei einem Unternehmen als Rechercheur angestellt sein, anstatt freiberuflich für verschiedene Auftraggeber zu arbeiten.

Geschäftsinhaber Zum Beispiel als Gründer einer Einrichtung zur Erwachsenenbildung, in der Kurse in allen möglichen Fächern und zu allen möglichen Themen angeboten werden. Oder als Inhaber einer Firma, die Dokumentarfilme prüft und Fernsehsender dabei berät, welche Filme für ihr Programm geeignet sind.

Unternehmensberater Das bedeutet, Sie lassen alles, was Sie an Ihrem jetzigen Beruf langweilt, hinter sich und helfen Unternehmen in den Bereichen, die Sie am interessantesten finden, so wie Gloria es gemacht hat.

Dokumentarfilmer Sie können diese Tätigkeit als Hobby beginnen, aber wenn Sie richtig gut sind, lässt sich Ihr Hobby zu einem Beruf machen, der sich immer wieder verändert und stets Neues für Sie bereithält.

■ Wie machen Sie aus Ihrer Tätigkeit einen Schirm-Beruf?

Ich bin einmal einer Frau begegnet, die einen Universitätsabschluss in Betriebswirtschaft und einen gut bezahlten Job hatte. Doch ihre Arbeit in einem großen Wirtschaftsunternehmen langweilte sie fürchterlich. Daher beschloss sie zu kündigen und so lange die Welt zu bereisen, bis ihre Ersparnisse aufgebraucht waren. Für die Zeit danach hatte sie noch keinen Plan.

Kurz nach ihrer Kündigung erzählte ihr ein Freund, dass eine Produktionsfirma für Dokumentarfilme eine Mitarbeiterin für die Kostenkontrolle suche. Der Job beinhaltete eine intensive Reisetätigkeit. Das war vor sechs Jahren. Hier ihr Bericht:

Es ist beeindruckend, wie die Produktion von Dokumentarfilmen vor sich geht. Ich hätte nie gedacht, dass ich so lange bei einem Job bleiben würde. Doch bei jedem Projekt ist es so, als würde man einen Universitätsabschluss in jeweils einem anderen Fach erwerben. Ich hatte mittlerweile intensiv mit Naturwissenschaften, Sport, Politik, verschiedenen Kulturen und Naturthemen zu tun, und ich bin den bemerkenswertesten Menschen begegnet, die man sich nur vorstellen kann. Ich lese jetzt viele Geschichtsbücher und bin außerdem Amateurfotografin geworden. Fast ein ganzes Jahr habe ich in Afrika und Ägypten verbracht, und das war einfach unglaublich.

Wenn Sie selbst keinen Hang zum Schreiben verspüren, aber gerne Bücher über Ihre Spezialgebiete veröffentlichen würden, könnten Sie jemanden beauftragen, die Bücher für Sie zu schreiben. Es gibt viele freie Autoren – manche nennen sich Ghostwriter –, die auf der Suche nach solchen Aufträgen sind. Sie finden ihre Anzeigen in Fachzeitschriften für Journalisten und Schriftsteller. Wenn Sie gerne schreiben, können Sie natürlich auch selbst als Ghostwriter arbeiten.

▪ Der unendliche Lebenslauf

Viele Scanner sind der Meinung, dass ihr Lebenslauf einen schlechten Eindruck auf potenzielle Arbeitgeber machen könnte, weil er zu viele verschiedene Tätigkeiten enthält. Wenn Sie jedoch für sich selbst einen unendlichen Lebenslauf zusammenstellen, der all Ihre zusätzlich erworbenen Fähigkeiten und Kenntnisse dokumentiert (und nicht nur Ihre verschiedenen beruflichen Tätigkeiten), haben Sie ein wertvolles Instrument an der Hand.

Sie sollen sich mit diesem ausführlichen Lebenslauf nicht offiziell bewerben, aber er bietet Ihnen einen guten Überblick über Ihre Fähigkeiten und Erfahrungen, sodass Sie jederzeit etwas daraus auswählen können.

In erster Linie sollen Sie diese Liste aber erstellen, weil sie Ihnen *all die Fähigkeiten* vor Augen führt, die in einen Schirm-Beruf einfließen könnten, denn dies ist nicht immer sofort offensichtlich.

Möglicherweise stellen Sie fest, dass Sie gut mit Menschen umgehen können, selbst wenn Sie deren Sprache nicht sprechen. Oder Sie bemerken, dass andere Ihre Kochkünste viel mehr bewundern, als Sie erwartet hatten. Oder dass Sie besonders gut Auto fahren können. Was immer Sie auch herausfinden, schreiben Sie es auf Ihre Liste. Gehen Sie anschließend Ihre Spezialgebiete im Einzelnen durch, und achten Sie dabei darauf, ob Sie nicht Nischen für sich entdecken oder Tätigkeiten kreieren können, an die bisher noch niemand gedacht hat.

Als Serienspezialist mehren Sie Jahr um Jahr Ihr Wissen auf unterschiedlichen Gebieten und können die erworbenen Kenntnisse und Erfahrungen nutzen, um verschiedene Beratungsdienste anzubieten – einen für das Radio, einen anderen für öffentliche Kunstinstallationen, einen für Kinderärzte und einen anderen für Tierärzte.

Ich sage Ihnen eine grandiose Zukunft voraus.

Werkzeugkiste für Serienspezialisten

Lebensdesign-Modell für Serienspezialisten
Das Walter-Mitty-Modell

Jobs für Serienspezialisten
Schirm-Berufe wie zum Beispiel
- Autor
- Universitätsdozent
- Historiker
- Referent
- Informationsbroker
- Journalist
- Rechercheur
- Geschäftsinhaber
- Unternehmensberater
- Dokumentarfilmer

Spezialausrüstung für Serienspezialisten
Das Scanner-Projektbuch
Der unendliche Lebenslauf

Im nächsten Kapitel werden wir einem Scanner mit einer ganz anderen Ausrichtung begegnen. Er sucht sich seine Projekte nicht aus, um verschiedene Bereiche kennenzulernen, sondern um sie zu meistern.

Kapitel 15

Sind Sie ein Serienmeister?

Letzten Monat habe ich mein drittes Springturnier gewonnen, und jetzt bin ich bereit für etwas Neues. Meine Reitlehrerin ist enttäuscht von mir, und meine Familie denkt, ich habe nicht mehr alle Tassen im Schrank.

Wenn ich etwas richtig gut beherrsche, bin ich überglücklich. Doch dann kommt der Moment, an dem ich etwas Neues ausprobieren möchte. Das Problem ist, dass ich oft nicht weiß, was das sein könnte. Dann fühle ich mich unsäglich verloren.

Ich habe viele verschiedene Dinge erfolgreich ausprobiert, vom Taiko-Trommeln bis zum Handel mit Aktien. Wenn ich eine Sache so gut beherrsche, dass ich meinen eigenen Ansprüchen gerecht werde, suche ich mir etwas anderes. Eigentlich sollte die Welt so etwas anerkennen, doch diese persönlichen Erfolge zählen in den Augen anderer überhaupt nicht. Ich werde nie einen geeigneten Beruf für mich finden.

Sind Sie ein Serienmeister?

– Stellen Sie sich gerne den Herausforderungen des Lernens? Macht es Ihnen Freude, dabei über Ihre eigenen Grenzen hinauszugehen?
– Ist es für Sie ein erhebendes Gefühl, in einem Bereich von null auf hundert zu gelangen und zu wissen, dass Sie dies rein aus eigener Anstrengung heraus gemeistert haben?
– Haben Sie immer weniger Zeit, weil Sie mühsam erworbene Fähigkeiten und Fertigkeiten nicht aufgeben wollen, sich gleichzeitig aber ständig neue aneignen?

- Hatten Sie schon einmal den Wunsch, sich selbst zu klonen, um in der Lage zu sein, immer wieder neue Dinge zu lernen?
- Erfüllt es Sie mit Befriedigung, anderen Menschen dabei zu helfen, ihre Leistungen zu verbessern und ihre persönlichen Grenzen zu überwinden?
- Genießen Sie es, im Rampenlicht zu stehen, Vorträge zu halten, Anerkennung und Applaus zu bekommen?

Wenn Sie die meisten Fragen mit Ja beantwortet haben, sind Sie ein Serienmeister.

Es ist etwas seltsam, die Wörter »Serie« und »Meister« miteinander zu verbinden, da sie sich in dieser Kombination – noch mehr als im Begriff »Serienspezialist« – zu widersprechen scheinen. Aber die Bezeichnung »Serienmeister« trifft genau auf Sie zu.

Im Unterschied zu anderen Scannern ist es Ihnen ein Bedürfnis, so lange bei einer Sache zu bleiben, bis Sie diese vollends beherrschen. Doch so wie alle Scanner interessieren Sie sich für etwas Neues, sobald Sie bekommen haben, was Sie wollten.

Auch bei Serienmeistern kommen und gehen Interessen, aber die Lust, in einem Bereich perfekt zu sein, bleibt immer bestehen – ob in einer Sportart, einem Instrument oder in einer Sprache. Darüber hinaus lieben Sie es, sich in eine fremde Kultur so einzufügen, dass man Sie fast für einen Einheimischen halten könnte. Es reizt Sie, bei null anzufangen und so lange an etwas zu arbeiten, bis Sie Ihre persönliche Bestleistung erreicht haben.

Aber trotz allem sind Sie ein Scanner, daran besteht kein Zweifel. Denn sobald Sie Ihre persönliche Höchstleistung auf einem Gebiet erbracht haben, sehen Sie sich nach einem anderen um.

Sie lieben den Sieg, aber den Weg dorthin lieben Sie noch mehr. Sie stecken sich hohe Ziele, und es ist Ihnen eine wahre Freude, sich dafür anzustrengen.

■ Tanyas Geschichte

Tanya leitet ihre eigene Kampfsportschule. Sie übernahm sie, als ihr Lehrer, ein weithin anerkannter Meister, sich zurückzog und nach Japan zurückkehrte. Für Tanya war es eine große Ehre, von ihrem Lehrer als Nachfolgerin ausgewählt worden zu sein, trotzdem hatte sie gemischte Gefühle:»Wenn mein Lehrer wüsste, dass ich es auch in anderen Disziplinen zur Meisterschaft bringen möchte, anstatt jeden Tag nur meine Karate-Techniken zu perfektionieren, wäre er tief enttäuscht von mir. Manchmal träume ich sogar davon.«

Solche Gefühle kennt sie seit ihrer Kindheit.»Ich liebe es, eine Herausforderung, die mich reizt, anzunehmen und mich der Aufgabe dann mit ganzem Herzen zu stellen«, erklärte sie mir.»Ich will etwas perfekt beherrschen, mich so lange damit beschäftigen, bis ich mich nicht mehr steigern kann. Als ich letztes Jahr meinen schwarzen Gürtel im Hapkido bekam, war ich überglücklich. Der Kampfsport ist mir immer noch wichtig, und ich möchte ihn auch nicht aufgeben, aber ich habe hier meine persönliche Grenze erreicht. Ich habe ein untrügliches Gefühl, das mir sagt: ›Ich bin angekommen, ich habe es geschafft.‹«

■ Was motiviert einen Serienmeister?

Jerry, von Beruf Grafiker, schickte mir das folgende Zitat von Anaïs Nin. Es bringt die Gefühle der meisten Serienmeister ziemlich gut auf den Punkt:»Es erfordert Mut, sich selbst an Orte zu treiben, an denen man noch nie zuvor war …, die eigenen Grenzen auszutesten …, Barrieren zu durchbrechen.«

»Dieser Satz treibt mich morgens aus dem Bett«, sagte Jerry. »Früher dachte ich, allen Leuten ginge es so.« Was Jerry anstachelt, ist der Wunsch, herausragend zu sein.

Jerry: *Als ich jünger war, sah ich mich ständig in einem Wett-
kampf mit anderen – nicht nur beim Sport. Heute lote ich dagegen meine eigenen Grenzen aus und versuche mich selbst zu
übertreffen. An meine Grenzen zu gehen erfüllt mich mit großer
Befriedigung.*
*In letzter Zeit habe ich mich auf Bereiche gestürzt, die nichts
mit Sport zu tun haben. Letztes Jahr etwa wollte ich unbedingt
Klarinette spielen lernen. Das war am Anfang ganz schön heftig.
Es fühlte sich an wie zu der Zeit, als ich mit dem Kampfsport begann. Ich war ziemlich unbeholfen, aber auch entschlossen, nicht
aufzugeben. Und bald erkannte ich die ersten Anzeichen, dass
es für mich machbar war. Ich blieb so lange dabei, bis ich das
Niveau erreicht hatte, das ich erreichen konnte, und habe jede
Minute, in der ich übte, genossen. Doch nachdem ich am Ziel
war, wurde das Klarinettespielen uninteressant für mich.*

Jessica: *Ich wollte Tschechisch lernen, da einer meiner Profes-
soren, den ich sehr bewunderte, mir dazu geraten hatte. Bei der
Anmeldung stellte ich dann fest, dass es ein Kurs für fortgeschrit-
tene Slawistikstudenten war. Wie die meisten Amerikaner hatte
ich kaum Ahnung davon, was eigentlich Grammatik ist, doch
plötzlich musste ich innerhalb von einer Woche die Substantiv-
und Adjektivendungen von sieben verschiedenen Fällen auswendig lernen. Ich fühlte mich völlig überfordert. Aber ich entschloss
mich, die Sache durchzuziehen, und beherrschte die Sprache am
Ende recht fließend.*
*Als ich dann nach Prag fuhr, besichtigte ich auch eine kleine
Brauerei und bekam plötzlich Lust, die Kunst des Bierbrauens
zu erlernen. Der gleiche Ehrgeiz war wieder in mir geweckt ...
Mittlerweile werde ich in einer Enzyklopädie als Expertin für
tschechisches Bier erwähnt.*

Wenn der Weg zur Meisterschaft und die Meisterschaft selbst
Ihre Ziele sind, müssen Sie sehr wahrscheinlich mit Kom-

mentaren von Mitmenschen rechnen, die eher zweckorientiert denken:

»Was willst du denn mit Tschechisch anfangen?«

»Du hast einen Preis fürs Bierbrauen bekommen? Das ist ja großartig. Nun solltest du zusehen, dass du einen Kredit bekommst und deine eigene Brauerei gründest.«

Doch der Serienmeister hat seine persönliche Belohnung schon erhalten und sucht bereits nach neuen Herausforderungen.

▪ Das Repertoire-Lebensdesign-Modell

Serienmeister sollten nie denken, die Mühe und die Energie, die sie in etwas gesteckt haben, seien umsonst gewesen – selbst wenn sie die dadurch erworbenen Fähigkeiten nicht regelmäßig anwenden. Denn wie viele Scanner sind auch sie Sammler: Sie sammeln Wissen über sich selbst und über Lernprozesse. Aber Serienmeister eignen sich auch viele praktische Fertigkeiten an: Sie sprechen Fremdsprachen, beherrschen Kampfsportarten oder gehen zum Extrembergsteigen. Und jede dieser Fertigkeiten erhöht auch ihre berufliche Qualifikation. Es ist wie bei einem Musiker, der sich immer mehr qualifiziert, indem er Stück für Stück sein Repertoire erweitert.

Wie können Sie Ihr eigenes Repertoire nun sinnvoll beruflich nutzen? Wollen Sie wirklich Klarinette oder Klöppeln unterrichten? Vermutlich nicht, auch wenn es in diesen Bereichen keine Frage gäbe, die Sie nicht beantworten könnten. Aber Sie wollen nicht ständig das Gleiche lehren, ebensowenig wie Sie immer das Gleiche lernen wollen. Ich werde Ihnen gleich zeigen, wie Sie all Ihr Wissen und jede Ihrer Fähigkeiten in Ihrem Repertoire nutzen können, um einen erfüllenden Beruf zu finden – einen Beruf, bei dem Sie Ihre Liebe zur Meisterschaft um der Meisterschaft willen ausleben können.

▪ Jeder Scanner sollte versuchen, ein Meister auf einem Gebiet zu werden

Wir können alle etwas von den Serienmeistern lernen, egal, ob wir Herausforderungen lieben oder nicht. Wie jeder Serienmeister weiß, kann das Üben selbst – etwa mathematische Rätsel zu knacken, Musik zu hören, zu Swing-Musik zu tanzen oder zu jonglieren – für unsere Gesundheit ebenso förderlich sein wie körperliches Training. Und auch wenn das Üben um des Übens willen nicht seinem Wesen entspricht, sollte jeder Scanner versuchen, auf *einem* Gebiet Meister zu sein. Denn es hat einen positiven Effekt, wenn man zum Beispiel perfekt Jojo oder Mundharmonika spielen kann. Man bekommt nämlich einen Eindruck davon, wie es ist, hartnäckig an einer Sache dranzubleiben, und diese Fähigkeit zur Ausdauer kann einem später einmal sehr nützlich sein.

Wenn Sie allerdings ein Serienmeister *sind*, dann haben Sie ein Problem, mit dem andere Scanner nicht zu kämpfen haben.

Sobald Sie ein Niveau erreicht haben, das Ihren eigenen Ansprüchen genügt, und Sie bereit für etwas Neues sind, treten Sie häufig auf der Stelle, weil Sie nicht wissen, was als Nächstes drankommt. Die meisten Scanner sehen ständig neue Projekte, die ihnen aus allen möglichen Richtungen zuwinken – bei Serienmeistern ist das nicht der Fall. Ihnen fällt es schwer, eine neue Herausforderung zu finden. Und das Gefühl, mit leeren Händen dazustehen, ist für sie extrem belastend.

▪ Darauf warten, sich wieder zu verlieben

Taylor: *Ich empfinde ein tiefes Gefühl der Leere, wenn ich ein Projekt beendet habe und noch nicht weiß, wie das nächste aussehen könnte. Das weiß ich erst, wenn ich zufällig direkt darauf stoße.*

Serienmeister verzweifeln häufig, wenn zwischen ihren Projekten ein Leerlauf entsteht, weil sie keinerlei Gemeinsamkeiten bei ihren Lieblingsbeschäftigungen feststellen. Daher wissen sie nicht, wo sie suchen sollen. Sie müssen oft sogar über etwas stolpern, um zu erkennen, dass sie sich dafür interessieren. Ich habe mich oft gefragt, warum diese zielstrebigen und entschlossenen Menschen nicht aktiver nach einem neuen Interessengebiet suchen. Weil sie, so scheint es, den Grund für ihr Hingezogensein nicht durchschauen.

Wenn Sie noch nie versucht haben, zu analysieren, was Sie an verschiedenen Aufgaben reizt, können Ihnen die folgenden Fragen möglicherweise weiterhelfen.

– Beschreiben Sie die Momente, in denen Sie erkannten, dass Sie sich zu Ihren bisherigen Projekten hingezogen fühlten.
– Haben diese Momente irgendetwas gemeinsam?
– Gab es irgendetwas, das Ihnen als das Wesentliche bei allen Projekten erschien?
– Können Sie Bereiche aufzählen, für die Sie sich definitiv *nicht* interessieren?
– Haben diese Bereiche bestimmte Gemeinsamkeiten?

Versuchen Sie die Fragen zu beantworten, und denken Sie dann sorgfältig über Ihre Antworten nach. Möglicherweise zeigen sie Ihnen eine Richtung, in der Ihre nächste Herausforderung liegen könnte. Allerdings ist diese gezielte Suche nicht immer hilfreich. Häufig berichten Serienmeister, dass sie dabei Fehler gemacht haben.

»Ich ging all die Dinge durch, die mir bisher Spaß gemacht hatten, und kam zu dem Schluss, dass ich gerne Standardtänze lernen wollte«, sagte Gayle, »aber der Tanzkurs hat mir überhaupt keinen Spaß gemacht. Es war so, als hätte meine Mutter eine Verabredung mit einem Mann für mich arrangiert. Es kam keinerlei Begeisterung bei mir auf.«

Gayle brachte damit genau auf den Punkt, womit sich die Projektsuche der Serienmeister am ehesten vergleichen lässt: mit der Suche nach einem Menschen, in den man sich verlieben kann. Jeder kennt das Gefühl des Verliebtseins, aber wer kann schon vorhersagen, wann man sich verlieben wird. Entweder es funkt oder es funkt nicht. Und bisher hat noch niemand herausgefunden, warum.

Daher ist es so gut wie unmöglich, für die nächste Herausforderung im Voraus zu planen. Wie die meisten Serienspezialisten müssen auch Sie möglicherweise eine Weile darauf warten. Der einzige Rat, den ich Ihnen geben kann, ist der gleiche, den ich jemandem geben würde, der sich verlieben möchte: Werden Sie aktiv, gehen Sie unter Menschen, suchen Sie viele verschiedene Orte auf, und maximieren Sie so Ihre Chancen, die Person beziehungsweise die Aufgabe zu finden, nach der Sie suchen. Ich wünschte, ich könnte Ihnen mit konkreteren Tipps weiterhelfen.

Aber zumindest habe ich eine tolle Idee für die Zeit, in der Sie warten.

■ Beginnen Sie, an Ihrer grandiosen Karriere zu arbeiten

Welche großartige Karriere?

> Michele: *Obwohl wir so hart arbeiten, scheinen wir Serienmeister am schwersten vermittelbar zu sein. Wer sollte jemanden wie uns schon anstellen? Sobald wir etwas wirklich gut beherrschen, sind wir bereits wieder auf dem Absprung.*

Tanya kann sich wie so viele Serienspezialisten nicht vorstellen, was sie beruflich machen soll, wenn sie einmal nicht mehr Leiterin ihrer Kampfsportschule sein will. »Man muss sich im Kampfsport auf einen Bereich spezialisieren, sich darin perfektionieren und immer dabeibleiben, sonst ist die Schule nicht attraktiv für Schüler. Und das bedeutet, dass man – sobald man den Wunsch hat auszusteigen – seinen Lebensunterhalt nicht mehr bestreiten und gleich wieder im Schreibbüro anfangen kann.«

Dennoch gibt es eine ganze Reihe von erfüllenden und lukrativen Berufen für diesen Scanner-Typus. Einer meiner Klienten, ein hundertprozentiger Serienmeister, arbeitet als Agent für Lehrer in verschiedenen Kampfsportarten, in denen er es selbst zur Meisterschaft gebracht hat (Yoga, Tai-Chi und Meditation). Nun vermittelt er seine ehemaligen Lehrer an die besten Freizeit- und Sportzentren im ganzen Land.

Eine andere Serienmeisterin arbeitet als Karriere- und Lebensberaterin für ehemalige Profi-Athleten. Und obwohl sie selbst nie eine Athletin war, ist sie sehr erfolgreich, weil sie ihre Klienten so gut versteht.

Das größte Kapital von Serienmeistern ist ihre ausgedehnte Erfahrung mit Spitzenleistungen. Serienmeister sind die geborenen Führungspersönlichkeiten. Sie können andere Menschen dazu motivieren, erfolgreich zu sein. Und sie sind ausgewiesene Experten darin, jemandem zu helfen, seine persönlichen Grenzen zu überwinden, und zwar weit über das Maß hinaus, das er selbst je für möglich gehalten hätte. So wie ein Automechaniker einen Motor kennt, so kennen Serienmeister die Abläufe und Prozesse beim Streben nach Spitzenleistungen in- und auswendig.

Es könnte daher sein, dass Sie ein erstklassiger Trainer für (Spitzen-)Sportler oder ein ausgezeichneter Schullehrer sind, aber feststellen, dass diese Tätigkeiten Ihnen zu viel Zeit rauben. Einerseits ist es für Sie wichtig, Ihren Lebensunterhalt zu verdienen, etwas zu bewirken und anerkannt zu sein, und andererseits müssen Sie sich Ihrer psychischen Gesundheit und Ihrem persönlichen Glück zuliebe neue Herausforderungen suchen.

Daher ist die beste, lukrativste und am wenigsten zeitintensive Tätigkeit für einen Serienmeister die Arbeit als Motivationstrainer. Dafür können Sie sich Ihre große Leidenschaft für persönliche Bestleistungen zunutze machen, haben aber gleichzeitig noch genug Zeit für neue Herausforderungen.

Als Serienmeister werden Sie ein großartiger Redner sein, selbst wenn Sie nicht extrovertiert sind. Das liegt nicht zuletzt daran, dass Sie diese Aufgabe genauso wie jede andere perfekt beherrschen wollen. Doch vor allem wissen Sie, wovon Sie sprechen, und außerdem liegt Ihnen sehr daran, dass andere Menschen hören, was Sie zu sagen haben.

Sie wissen besser als jeder andere, dass es spannender, kreativer und sogar leichter ist, Aufgaben mit vollem Einsatz anzugehen, als sie nur mit halber Kraft zu erledigen. Und Sie wissen, dass es das Leben vieler Menschen verändern könnte, wenn Sie ihnen das vermitteln. Das verleiht Ihnen die Energie, Präsenz und Klarheit eines ausgezeichneten Motivationstrainers.

Nach und nach kann diese Tätigkeit finanziell sehr einträglich sein, denn Sie könnten beispielsweise Vorträge und Seminare für Organisationen, Wirtschaftsunternehmen, bei Konferenzen, Kongressen und sogar bei Fitness- oder Modeveranstaltungen halten. Dabei vermitteln Sie den Menschen, dass man nichts Besseres tun kann, als alle paar Jahre eine neue Herausforderung anzunehmen, da es den Geist schärft, das Selbstwertgefühl fördert und das Kampfgewicht stabil hält (das ist nur so ein Gedanke von mir, aber ich wette, es stimmt!).

Werkzeugkiste für Serienmeister

Das Lebensdesign-Modell für Serienmeister
Das Repertoire-Modell

Jobs für Serienmeister
Talentvermittler
Karriere-/Lebensberater
Lehrer
Motivationstrainer

Spezialausrüstung für Serienmeister
Das Scanner-Projektbuch

Nun ist es an der Zeit, dem allseits bekannten Universalisten zu begegnen. Hierbei handelt es sich um einen Scanner, der eine ganz andere Einstellung hat als der Serienmeister. Also können Sie etwas Wichtiges von ihm lernen.

Kapitel 16

Sind Sie ein Universalist?

Ich kann vieles gut, bin aber auf keinem Gebiet herausragend.
Ich glaube nicht, dass ich je meine wahre Passion finde.

Ich hoffe immer, dass mein nächster Versuch ein Treffer ist, dass
ich meine wahre Berufung finde, den Bereich, in dem ich mich
hervortun und mir eine glänzende Karriere aufbauen kann.

Sind Sie ein Universalist?

– Haben Sie mehr Zeugnisse und Abschlüsse als die meisten
  Menschen – und alle in unterschiedlichen Bereichen?
– Sind Sie in fast allen Dingen, die Sie ausprobieren, gut?
– Dachten Sie schon einmal, Ihr Problem wäre gelöst, wenn
  Sie auf nur einem Gebiet ausgezeichnet wären?
– Versuchen Ihre Chefs in der Regel, Sie zum Bleiben zu be-
  wegen?
– Stellen Sie fest, dass andere eine Leidenschaft für Dinge ent-
  wickeln, die Ihnen bestenfalls gefallen?
– Würden Sie lieber lernen, wie man einen Garten anlegt, oder
  zusammen mit Freunden ein Haus anstreichen oder einfach
  nur einen schönen Tag mit Ihrer Familie verleben, als täglich
  Ihren Job zu machen?

Wenn Sie die meisten dieser Fragen mit Ja beantwortet haben,
sind Sie ein Universalist. Wahrscheinlich hat Ihnen das bereits
einige Probleme bereitet, denn Sie gelten als Hans-Dampf-
in-allen-Gassen – und sehen sich auch selbst so: als einen Menschen, der vieles kann und tut, aber nirgendwo besonders
glänzt. Sie wissen nur, dass Sie aus reinem Spaß an der Freude

lernen. Und da Ihnen das Lernen in der Regel sehr leicht fällt, halten Sie Ihre neu erworbenen Kenntnisse für nicht der Rede wert – schließlich muss man sich alle »wichtigen« Dinge hart erarbeiten, nicht wahr?

Sie sind ein Mensch, dem alle Türen offen zu stehen scheinen, doch das sind Ihnen einfach zu viele Türen.

Sie scheuen sich nicht vor harter Arbeit. Im Gegenteil, Sie sind stolz auf Ihre Leistungen und freuen sich darüber, als kompetent und zuverlässig zu gelten. Sie sind gesellig und freundlich und helfen anderen Menschen gerne. Da Sie gewissenhaft arbeiten und sich nicht so schnell aus der Ruhe bringen lassen, versucht man Sie häufig für eine Aufgabe zu gewinnen und langfristig zu behalten.

Aber Sie sind immer noch auf der Suche nach Ihrer großen Passion und beklagen sich nicht selten darüber, dass Sie zwar die meisten Dinge gut können, aber auf keinem Gebiet herausragend sind. Sie sehnen sich danach, Ihre wahre Leidenschaft endlich zu entdecken, denn dann könnten Sie auch eine klare berufliche Entscheidung treffen.

Möglicherweise haben Sie bisher an den falschen Orten nach einem Beruf gesucht. Universalisten sind nämlich zu großer Leidenschaft fähig, jedoch selten für ein bestimmtes Fach.

■ An den falschen Orten nach der wahren Liebe suchen

Phil versucht es immer wieder. Jedes Mal, wenn er sich für einen Kurs anmeldet oder einen neuen Job anfängt, ist er entschlossen, dabeizubleiben. Er möchte nicht länger auf der Suche sein, sondern sich endlich dauerhaft beruflich niederlassen. Anfangs sieht alles auch immer wunderbar aus. Phil ist überzeugt davon, dass er glücklich sein und mit sympathischen Menschen zusammenarbeiten wird. Aber nach einer Weile erkennt er, dass die Situation seinen Erwartungen nicht ganz entspricht, und in diesem Moment beginnt er bereits seinen Rückzug anzutreten.

Phil hat Wirtschaft studiert, und das durchaus erfolgreich. Doch dann stellte er fest, dass es ihm im Unterschied zu seinen Kommilitonen nicht wichtig war, Karriere zu machen und das große Geld zu verdienen. Also schmiss er sein Studium nach ein paar Semestern hin und wollte Tauchlehrer werden, weil er ein großartiger Schwimmer ist, das Meer liebt und sich für Meerestiere interessiert. Dieses Mal glaubte er, mit seiner Entscheidung richtigzuliegen. Er flog auf die Bahamas und begann mit seiner Tauchlehrerausbildung. Seine Lehrerin erkannte sofort, dass Phil die idealen Voraussetzungen für diesen Beruf mitbrachte, und sagte es ihm auch. Einen Monat lang machte Phil bei der Ausbildung rasche Fortschritte, doch dann schlich sich das altbekannte Gefühl in sein Herz.

»Es gefiel mir nicht so gut, wie ich erwartet hatte«, erzählte er mir, »ich konnte mir nicht vorstellen, mein ganzes Leben damit zu verbringen. Ich war sehr enttäuscht, denn nun wusste ich, dass meine Suche wieder nicht vorbei war.«

Phil hat eine natürliche Begabung für Sprachen und lebte einige Zeit im Ausland. »Ich unterrichtete Englisch in Japan«, sagte er, »und vieles an dieser Tätigkeit gefiel mir sehr gut. Ich machte Exkursionen mit meinen Schülern oder brachte ihnen Bob-Dylan-Songs bei. Der Direktor der Sprachenschule hatte die Idee, eine zusätzliche Schule zu eröffnen, und schlug mir vor, sie zu leiten, aber wieder war da dieses Gefühl, und ich fragte mich: Ist es das? Will ich das wirklich?«

Phil probierte eine Tätigkeit nach der anderen aus. Er arbeitete als Fotograf, Reiseleiter und im Import-Export-Bereich, aber jedes Mal endete es auf die gleiche Weise.

»All meine Freunde haben ihre berufliche Heimat gefunden. Ich bin der Einzige, der immer noch ziellos umhertreibt. Ich weiß einfach nicht, was mit mir los ist.«

Er ist nicht allein mit seinem Problem.

Martha: *Ich bin schon 51 und bisher nie auf die einzig wahre,*
brennende Leidenschaft im Leben gestoßen, die alle anderen
so mühelos finden. Es war frustrierend für mich, wenn meine
Freunde und Kollegen mit Haut und Haar in ihren Aufgaben
aufgingen. Zwanzig Jahre lang machte ich in Familie. Außer-
dem besitze ich einen Universitätsabschluss in Psychologie und
war eine Weile als Sozialarbeiterin tätig. Danach studierte ich
Informatik. Seit fünfzehn Jahren arbeite ich nun schon in der
Computerbranche. Jetzt will ich allerdings bald kündigen und
Mathematiklehrerin werden.
Ich war bei allen diesen Jobs immer gut und habe sie wirklich
gerne gemacht, auch meine Hobbys (Golf, Lesen, Bodybuilding,
Geologie, Reisen) gefallen mir. Aber nichts davon ist eine echte
Passion. Ich langweile mich, wenn ich mich zu lange in etwas
vertiefe oder nichts Neues in Aussicht steht. So zu leben heißt
aber auch, immer wieder ganz von vorne anzufangen, und das
ist ein großer Nachteil.

Wahrscheinlich haben auch Sie das Gefühl, in einer Sackgasse
zu stecken. Wie aber überwinden Sie die unvermeidliche Ent-
zauberung, die Sie nach einer Weile immer ereilt?

Universalisten haben eine Menge Begabungen und sind darüber hinaus absolut zuverlässig. Sie erledigen ihre Aufgaben
hundertprozentig. Mit diesen Qualitäten müssten sie eigentlich
überaus erfolgreich im Geschäftsleben, in der Kunst und auch
überall sonst sein. Aber das ist nur selten der Fall. Woran liegt
das?

Es liegt daran, dass es für Universalisten gar nicht um »Inte-
ressengebiete« und »Berufe« geht. Sie sind eigentlich nicht auf
der Suche nach dem »richtigen Beruf«, auch wenn sie selbst
ernsthaft daran glauben. Universalisten sind in Wirklichkeit
mit einem angenehmen Job zufrieden, wenn er anständig bezahlt wird und die Kollegen in Ordnung sind. Sie können sogar
mühsame Kleinarbeit ertragen, mit der viele andere Menschen

nicht zurechtkommen. Für Universalisten ist nämlich in erster Linie das Umfeld wichtig, darin besonders Menschen, mit denen sie zusammenarbeiten. Sie wollen nicht besser sein als andere und machen sich nichts aus Erfolg. Sie wollen nur glücklich sein. Lionel ist ein gutes Beispiel dafür.

Wenn ich darüber nachdenke, warum ich so viele Dinge ausprobiert habe, lag es nie primär am Ehrgeiz. Als ich mein Informatikdiplom abholte, dachte ich: »Dieser Abschluss wird mir nicht nur einen guten Job bescheren, sondern ich werde auch mit hellen Köpfen zusammenarbeiten. Mal sehen, wie weit ich es bringe, und es mir einfach gut gehen lassen.« Letzten Endes war die Computerbranche nicht das Richtige für mich, daher bin ich immer noch auf der Suche.

■ Wie Phil den richtigen Beruf fand

Eines Tages nahm Phil einen schlecht bezahlten Job als Korrekturleser in einer kleinen Werbeagentur an. Er machte seine Sache so gut, dass ihm bald ein Job als Redakteur angeboten wurde. Eines Tages lud ihn ein Team von Werbetextern spontan zu einem Brainstorming ein, um gemeinsam Werbeslogans für eine Anzeigenkampagne zu erfinden. Und da Phil so gute Ideen hatte, bat man ihn, ab sofort an allen Brainstormings teilzunehmen. Bald darauf bekam er einen Job als Werbetexter.

Während dieser Zeit entwickelte er ein System, mit dem überflüssige Arbeitsgänge beim Korrekturlesen vermieden werden können. Außerdem eignete er sich eines der Computerprogramme an und schrieb parallel dazu ein Anwenderhandbuch.

Da er mehrere Sprachen beherrschte, wurden ausländische Kunden oft zu ihm durchgestellt. Er entwickelte einen so guten

Draht zu ihnen, dass er bald mit der Betreuung dieser Kunden beauftragt wurde, wenn diese zu einem Termin in die Stadt kamen. Da Phil sehr gesellig war, gerne in Nachtclubs ging und Musik liebte, war er bei den ausländischen Gästen überaus beliebt. Er kannte die besten Restaurants und die interessantesten Sehenswürdigkeiten. (Er machte für die Tochter eines Kunden sogar ein Schuhmuseum ausfindig!)

Im ersten Jahr bekam er drei Gehaltserhöhungen.

»Würden Sie gerne den Managerposten unserer Werbeagentur übernehmen?«, fragte sein Chef ihn eines Tages.

»Nein danke«, antwortete Phil zu dessen großer Überraschung.

»Warum denn nicht?«

»Alles gefällt mir so, wie es ist«, antwortete Phil. »Ich mag diese Firma. Mein Job ist interessant, weil er mir ermöglicht, viele verschiedene Dinge zu tun. Ich kann mich überhaupt nicht beschweren.«

Bei unserer Unterhaltung sagte er mir Folgendes: »Es gefällt mir, einzuspringen und anderen Leuten unter die Arme zu greifen. Ich habe in meinem Leben schon so viele unterschiedliche Dinge gemacht, dass ich oft weiß, wie man die unmöglichsten Probleme löst. Ich denke, das ist meine wertvollste Fähigkeit.«

Damit hatte er absolut recht. Wenn es eine Jobbeschreibung »Wertvollster Mitarbeiter im Team« gäbe, würde er alle Voraussetzungen dafür erfüllen. Universalisten haben fast ohne Ausnahme eine Begabung, die in den Anforderungsprofilen von Stellenausschreibungen nicht zu finden ist: in einer Teamsituation jeden Ball zu fangen; die anderen Mitarbeiter aus einer schwierigen Situation herauszuboxen; das Spiel zu retten.

Wenn Sie ein Universalist sind, sollten Sie sich stets darüber im Klaren sein, dass in Ihrem Lebenslauf nichts fehlt. Sie haben bisher lediglich am falschen Ort gesucht beziehungsweise Ihre Fähigkeiten nach den falschen Kriterien beurteilt. Ihnen geht es nicht um einen beeindruckenden Titel, ein hohes Gehalt oder einen Firmenwagen. Ihnen sind – und darin unterscheiden Sie sich von allen anderen Scanner-Typen – vor allem persönliche Zufriedenheit und Glück wichtig. Mit dieser Perspektive wird sich der Erfolg schneller einstellen, als Sie denken.

▪ Was ist mit der Leidenschaft, die Sie gesucht haben?

Sind Universalisten dazu verurteilt, Ihr Leben ohne eine Passion zu fristen? Mitnichten! Möglicherweise sind Sie kurz davor, Ihre Leidenschaft zu entdecken. Hören Sie aber damit auf, sie in einem bestimmten Job zu suchen. Auch wenn es Ihnen großen Spaß macht, sich für einen bestimmten Beruf zu qualifizieren, wartet Ihre Passion wahrscheinlich woanders auf Sie.

Phil fand seine Leidenschaft dort, wo er überhaupt nicht danach gesucht hatte. Als seine Frau ein Baby bekam, erkannte er, dass er der geborene Vater war. Er suchte im Internet nach Aufträgen für freie Redaktionen und Korrekturlesearbeiten und arbeitete nur noch von zu Hause aus. »Ich wollte hier sein, um mit meinem kleinen Sohn zu spielen und ihn aufwachsen zu sehen«, sagte er.

Phil ist außerdem ein begeisterter Hobbykoch und lädt gerne Freunde zum Essen ein. Als das Baby auf der Welt war, nahm Phil nach Langem seine Gitarre wieder zur Hand und begann für seinen kleinen Sohn zu spielen. Und als Jake, einer von Phils Freunden, Phil Gitarre spielen hörte, überredete er ihn, in seiner Band mitzuspielen. Jetzt machen die beiden zusammen Musik, und Phil schreibt die Songs für die Band.

»Es hat sich alles völlig unerwartet ergeben«, berichtete er. »Ich konnte jahrelang nichts finden, was ich wirklich wollte. Und plötzlich habe ich zwei Passionen in einem Jahr entdeckt: Jetzt bin ich ein glücklicher, singender Vater. Meine Frau ist ganz hingerissen.«

Wie sieht also die berufliche Lösung für Universalisten aus? Da sie eine moderne Variante des Universalgenies aus der Renaissance sind, passt ihr Profil nicht zu einem genau definierten Beruf. Es macht ihnen immer Spaß, sich neue Fähigkeiten und Fertigkeiten anzueignen und in Teamprozesse eingebunden zu sein. Wo sollten diese Scanner sich also nach Arbeit umsehen? Die Antwort lautet: wo immer sie möchten.

■ Ihre beruflichen Möglichkeiten sind unbegrenzt

Es ist egal, welchen Job Sie annehmen oder welche Position Sie haben. Wie Phil wird Ihnen wahrscheinlich sehr bald eine andere Stelle angeboten – nämlich dann, wenn Ihre Vorgesetzten sehen, was Sie alles können. Falls Sie die erforderlichen Kenntnisse nicht mitbringen, werden Sie sich diese rasch aneignen, denn das können Sie gut. Es gehört zu den Metafähigkeiten, die Sie während Ihres Unterwegsseins erworben haben. Und solange das Arbeitsklima stimmt, werden Sie zufrieden sein. Falls nicht, werden Sie sich wahrscheinlich bald nach einem anderen Job umsehen und keinerlei Probleme haben, einen zu finden. Jedes Unternehmen braucht Leute wie Sie, und Ihnen macht es Spaß, ein kompetenter Ansprechpartner zu sein, der anderen hilft.

Daneben können Sie weiterhin neue Bereiche erkunden. Legen Sie sich allerdings nicht voreilig verbindlich auf etwas fest. Wenn Sie zum Beispiel einen interessanten Kurs oder Job entdecken, schnuppern Sie zunächst nur hinein, denn dadurch sparen Sie Zeit und Geld. Falls Sie nicht längerfristig dabeibleiben, bietet sich immerhin eine Gelegenheit, sich neue Kenntnisse und Fähigkeiten anzueignen oder Bekanntschaften zu schließen.

Der beste Weg, eine berufliche Tätigkeit auszuprobieren, ist die Projektarbeit. Sie lässt Ihnen genug freie Zeit, um Ihren

Lieblingsbeschäftigungen nachzugehen, und ermöglicht es, viele unterschiedliche Dinge auszuprobieren.

▪ Was ist nun mit Ihrer Passion?

Setzen Sie Ihre Suche fort! Sie werden früher oder später auf Ihre wahre Leidenschaft stoßen. Aber sie wird wahrscheinlich nichts mit einem Beruf, einer Qualifikation oder gar mit Status oder Geld zu tun haben. Viel eher wird sie verbunden sein mit guten Freunden, einem schönen Zuhause, einem harmonischen Familienleben und einem intensiven Interesse wie Gärtnern, Segeln, ein eigenes kleines Geschäft oder eine Band, wie bei Phil.

Denken Sie nach: Wie schaut ein schönes Leben für Sie aus? Vergessen Sie die Statussymbole und Titel, die Ihren Freunden wichtig waren, und finden Sie heraus, was *Sie* wirklich brauchen, um glücklich zu sein. Denken Sie an die guten Zeiten in Ihrem Leben, und versuchen Sie herauszufiltern, was Ihnen dabei am wichtigsten war. Diese Glückselemente zählen mehr als alles andere, vor allem für einen Scanner wie Sie, der nichts lieber möchte, als einen glücklichen Tag nach dem anderen zu verleben. Wenn Sie die Erinnerung an diese Elemente immer wachhalten, werden Sie wissen, wonach Sie suchen und was Sie allmählich in Ihr jetziges Leben integrieren müssen.

▪ Das Modell »Wertvollster Mitarbeiter im Team«

Das beste Lebensdesign-Modell für Universalisten ist das Modell »Wertvollster Mitarbeiter im Team«.

Es eignet sich karrieretechnisch hervorragend für Sie, weil Sie damit nach Belieben Interessen und Jobs wechseln können, ohne den üblichen Stress, den »richtigen« Beruf finden zu müssen. Wenn Sie Ihr Leben nach diesem Modell ausrichten, werden Sie nie wieder das Gefühl haben, berufliche Fehlentscheidungen getroffen zu haben, und auch kein schlechtes Gewissen, weil Sie sich aus einem Job zurückziehen. Denn jede neue Erfahrung erweitert Ihre Kenntnisse und Fähigkeiten und macht Sie für jeden Arbeitgeber sowie Ihre Kollegen nur noch wertvoller.

Doch darüber hinaus sind Universalisten am glücklichsten mit dem folgenden Lebensdesign-Modell.

■ Das Modell »Ein schönes Leben«

Universalisten haben viele Talente, aber ihre größte Begabung liegt darin zu wissen, wie man ein schönes Leben führt. Daher ist das Modell »Ein schönes Leben« am besten für sie geeignet. Die erste Frage, die Universalisten sich stellen müssen, wenn ihnen etwas Reizvolles über den Weg läuft, lautet daher nicht: »Wird es zum Erfolg führen?« Sondern von jetzt an lautet diese Frage: »Wird es mich glücklich machen?« Viel bewusster als alle anderen Scanner möchten Universalisten gute Tage mit netten Menschen verbringen. Und wenn sie sich dabei an dem Modell »Ein schönes Leben« orientieren, werden sie das nie vergessen.

■ Hilfsmittel für Universalisten

Da Sie ein Universalist sind, haben Sie kaum Schwierigkeiten damit, Ordnung zu halten. Auch das Führen eines Kalenders erübrigt sich in der Regel für Sie. Sie produzieren nicht am laufenden Band neue Ideen und setzen das, was Sie interessiert, konkret um: Wenn Sie der Meinung sind, dass es gut wäre, einen Schuppen zu bauen, dann tun Sie das auch. Daher ist das Scanner-Projektbuch bei Weitem nicht so wichtig für Sie wie für einen Scanner, der ohne dieses Hilfsmittel seine besten Ideen vergessen würde.

Aber wie alle anderen Scanner fangen auch Sie viele verschiedene Dinge an – wahrscheinlich haben Sie eine Reihe von Andenken an den einen oder anderen Job. Sie sollten diese so aufbewahren, dass Ihr Blick immer wieder darauf fällt, als wache Erinnerung an all Ihre bisherigen Reisen durch das Leben. Je nachdem, worum es sich handelt, sollten Sie das Scanner-Finish durchführen sowie Ihre eigene Variante des Lebenswerk-Regals (s. S. 132) einrichten.

Denkbar wäre zum Beispiel eine große Collage mit allen Ihren Zeugnissen, um sichtbar zu machen, was Sie bereits alles gelernt haben. Ergänzen Sie die Collage mit Fotos von Dingen, die Sie hergestellt haben, oder von Orten, an denen Sie gewesen sind. Das erinnert Sie daran, dass Sie – abgesehen von Ihrer Hilfsbereitschaft und Ihrer Vielseitigkeit – ein äußerst bewanderter und gebildeter Mensch sind.

Lassen Sie außerdem viel Platz für zukünftige Zerstreuungen. Die Zeit Ihrer Entdeckungen ist keineswegs vorbei. Ihr wissbegieriger Geist braucht immer neue Nahrung.

Werkzeugkiste für Universalisten

Lebensdesign-Modelle für Universalisten
Das Modell »Wertvollster Mitarbeiter im Team«
Das Modell »Ein schönes Leben«

Jobs für Universalisten
Projektarbeit
Verschiedene Einkommensquellen
Telearbeit
Redakteur
Übersetzer (von geschriebenen Texten)
Troubleshooter
Zufriedenstellende Jobs

Spezialausrüstung für Universalisten
Jobs testen
Das Scanner-Finish
Das Lebenswerk-Regal

Kapitel 17
Sind Sie ein Wanderer?

Jede Woche inspiriert mich etwas Neues. Ein Projekt, irgend-
etwas, um mich selbst neu zu erfinden!!! Ein, zwei Wochen
verausgabe ich mich dabei total, dann verliere ich das Interesse
daran und stoße auf etwas anderes, wirklich Cooles, auf das ich
ganz versessen bin. Ich wandere scheinbar nach dem Zufalls-
prinzip von einem Gebiet zum nächsten. Was werde ich je mit
meinem Leben anfangen?

Sind Sie ein Wanderer?

- Haben Sie sich schon immer ohne ersichtlichen Grund für
  scheinbar Unzusammenhängendes interessiert?
- Sind Sie von Dingen fasziniert, die Ihre Mitmenschen lang-
  weilig finden?
- Probieren Sie gerne unterschiedliche Jobs und verschiedene
  Lebensweisen aus?
- Lieben Sie das Abenteuer und neue Erfahrungen: Menschen,
  Orte, Empfindungen?
- Fehlt Ihnen eine klare Richtung in Ihrem Leben? Haben Sie
  immer nur den nächsten Schritt vor Augen?
- Hätten Sie gerne eine Landkarte für Ihr Leben, mit einem
  klar definierten Ziel?

Wanderer lieben es, willkürlich vorzugehen, und probieren
alles aus, was ihnen an Attraktivem über den Weg läuft. Anders
als Universalisten haben sie keinen Plan und wollen auch keinen. Wenn sie sich mit etwas beschäftigen, dient das keinem
bestimmten Zweck. Es muss nur faszinierend sein.
    Wanderer sind unvoreingenommen und lassen sich nicht

vom schönen Schein blenden. Im Gegensatz zum Gros ihrer Mitmenschen machen sie sich keine Gedanken darüber, wie sie ihre Interessen in einen Beruf ummünzen können. Sie haben sich noch nie die Fragen gestellt wie: Wie nennt man jemanden, der Tiere mag, oder jemanden, der Dinge gut erklärt, oder jemanden, der gut organisieren kann? Ist das eine ein Beruf? Ist das andere ein Hobby? Wie nennt man jemanden, der einfach gerne mit anderen Menschen spricht? Ist er ein Therapeut? Spielen solche Fähigkeiten bei der Jobsuche auch nur im Entferntesten eine Rolle?

Wenn Sie ein Wanderer sind, fragen Sie sich so etwas nie. Sie schätzen Erfahrungen um ihrer selbst willen. Daher sehen Sie etwas in Dingen, in denen andere Menschen überhaupt nichts sehen.

Doch Wanderer brauchen ein Thema, das all ihren scheinbar zufälligen Interessen zugrunde liegt, da sie sonst eines Tages tatsächlich ein Problem haben.

■ **Garys Geschichte**

Ich interessierte mich für so viele Dinge, dass es schon fast absurd war. Hier ein bisschen Anthropologie, da Lkw-Fahren und dort ein wenig Kunstgeschichte, und alles war gleichermaßen faszinierend. Es machte mir Spaß, in der mobilen Würstchenbude meines Vaters zu arbeiten (es freute ihn zwar, aber er hielt mich gleichzeitig für etwas verrückt), am liebsten auf Fabrikparkplätzen, weil es mich nämlich brennend interessierte, wie die Fabriken von innen aussahen. Als ich zur Berufsberatung ging, sagte man mir, ich solle Soziologie studieren, doch diese Vorstellung hatte etwas sehr Einengendes für mich. Außerdem riet man mir, einen Doktortitel im Bereich Arbeitspsychologie zu erwerben. Allein schon der Titel deprimierte mich.
Einen Sommer lang arbeitete ich als Caddie auf dem Golfplatz

einer Ferienanlage. Zu der Zeit fand dort eine wissenschaftliche Konferenz von Mathematikern statt. Ich führte einige hochinteressante Gespräche mit ihnen – eigentlich ohne besonderen Grund. Ich wollte einfach wissen, was ihnen an der Mathematik so gut gefiel. (Sie sagten mir, dass sie das noch niemand gefragt hätte.) Ich konnte ihren mathematischen Ausführungen nicht sehr weit folgen, aber ich erkannte, wie fasziniert sie von dem waren, was sie taten.

Immer schon habe ich Leute zu ihrem Beruf befragt, einfach weil ich so neugierig bin. Aber ich konnte nie erklären, was ich selbst machte. Ich wollte immer wissen, warum Menschen Dinge gefielen, für die ich mich absolut nicht begeistern konnte. Ich wollte kein Biologe oder Komponist oder Angestellter in einem großen Unternehmen werden. Mich interessierte lediglich, was für ein Gefühl es ist, wenn man so einen Beruf ausübt. Sobald ich ein wenig Einblick hatte, war die Sache für mich gelaufen, und es war auch nie etwas dabei, was mich genug interessierte, um es zu meinem Beruf zu machen.

Als ich 37 Jahre alt war, wurde mir die Frage, was ich beruflich mache, langsam unangenehm.

Wenn Sie so sind wie Gary, kann Ihr zielloses Umherirren für andere (und sogar für Sie selbst) irritierend oder gar unbegreiflich sein. Aber Ihr »Wahnsinn« hat eine gewisse Methode, und wenn Sie wissen, worauf Sie achten müssen, wird sich allmählich ein Thema herauskristallisieren.

▪ Wie finden Sie Ihren Weg?

Haben Sie je versucht herauszufinden, was Ihre so unterschiedlichen Interessen verbindet? Oder glauben Sie, sie haben nichts miteinander zu tun? Dann sollten Sie genauer hinsehen. Wanderer, die auf der Suche nach einem Beruf sind – oder versuchen, das Fehlen eines solchen beunruhigten Familienangehörigen gegenüber zu rechtfertigen –, sollten sich bewusst auf die Suche danach machen, was der wahre Anreiz für ihre diversen Aktivitäten ist. Die entscheidende Frage lautet daher: *Wenn dieses Projekt seinen Reiz für mich verliert, was würde dann fehlen?*

Gehen Sie Ihr Scanner-Projektbuch durch, und stellen Sie sich diese Frage bei all den Dingen, die Ihnen einen Eintrag wert waren. Was war das wesentliche Element? Wann wäre das Prickeln nicht mehr da gewesen? Es ist nicht leicht, die Antwort zu finden, aber ich verspreche Ihnen, sie ist da irgendwo verpackt. Sobald Sie sie gefunden haben, können Sie es genießen, ein Wanderer zu sein. Sie werden – häufig mit geradezu erschreckender Klarheit – erkennen, was Sie genau mit Ihrem Leben anfangen möchten.

Hier einige Beispiele von Scannern, die das wesentliche Element bei ihren Tätigkeiten entdeckt haben.

Maureen: *Meine Lieblingsdinge haben immer etwas Paradoxes oder Unvorhersehbares an sich, oder es geht um ein Individuum in einer ihm unbekannten Umgebung, mit zahllosen Herausforderungen konfrontiert. Außerdem muss etwas den Geschmack von Abenteuer oder offenem Ende haben. Sobald etwas zur Routine oder zu einer bekannten Größe wird, werden mir die Grenzen dieses Interessengebiets bewusst, und das war's dann. Ich habe mich zum Beispiel für Anthropologie interessiert als eine Methode, die Welt zu erklären. An einem bestimmten Punkt fand ich, dass ich an die Grenzen dieses Gebiets gestoßen war, und ging zu etwas anderem über.*

Erkennen Sie Maureens Thema? Sie interessiert sich für Welterklärungsmodelle. Denkbar für sie wäre, dass sie ihr Wissen über Anthropologie anderen leichter zugänglich macht und sich dann mit einem anderen Fach beschäftigt, zum Beispiel mit Literatur, Astronomie, Religionswissenschaften oder Geologie.

Dieser Weg wäre für Außenstehende zwar nicht nachvollziehbar, aber für Maureen überaus stimmig.

Meg: *Ich liebe Orte, die kartografisch noch nicht erfasst sind. Sobald ich sie mir erschlossen habe, interessieren sie mich nicht mehr.*

Ist Meg möglicherweise eine Kartografin – oder jemand, der im Auftrag eines Kartografen arbeitet? Welche unbekannten, noch nicht vermessenen Gebiete faszinieren sie, und wofür könnte sie ihre Notizen, Erfahrungen und Erkenntnisse nutzen? Gary, von dem bereits die Rede war, hat mehr Jobs ausprobiert als jeder seiner Bekannten. Und obwohl sie alle auf die eine oder andere Weise interessant für ihn waren, hatte keiner zu einer langfristigen beruflichen Tätigkeit geführt. Schließlich zwang Gary sich dazu, Sozialarbeiter zu werden, weil er gerne anderen Menschen half. Doch die Arbeit erfüllte ihn nie so, wie er es sich erhofft hatte.

Eines Tages nahm er an einem Berufsberatungsseminar teil. Überrascht stellte er fest, dass er fast allen Anwesenden dabei helfen konnte, die für *sie* geeignetsten beruflichen Tätigkeiten zu ermitteln. Gary wusste mehr über Berufe als alle anderen. Schließlich hatte er viel Zeit damit verbracht, sich darüber zu informieren. »Mir war nie bewusst, dass ich mich für *Berufe* interessierte. Nicht nur für *einen*. Es lag absolut auf der Hand, aber ich habe es nicht erkannt.« Gary wurde ein Berufs- und Lebensberater und ist überglücklich damit.

■ Ein gemeinsames Thema Ihrer unterschiedlichen Interessen

Wenn Sie ein Wanderer sind, liegt all den Dingen, die Sie tun, wahrscheinlich ein gemeinsames Thema zugrunde. Sobald Sie es erkennen, fällt es Ihnen leichter, eine berufliche Tätigkeit oder auch Ihre Berufung zu identifizieren.

Das gemeinsame Thema ist allerdings nicht immer offensichtlich. Wenn Sie bereits eine Liste all der Dinge zusammengestellt haben, die Sie einmal interessiert haben, damit aber nicht weitergekommen sind, dann versuchen Sie zur Abwechslung doch einmal, eine Liste all der Dinge zu erstellen, die Sie *nicht* tun wollen.

1. Stellen Sie eine ausführliche Liste all der Berufe oder Tätigkeiten zusammen, die Sie *nicht* interessieren. Beginnen Sie mit den Dingen, die Sie selbst verworfen haben, und fügen Sie dann alle fruchtlosen Vorschläge Ihrer Familie, Freunde und Bekannten hinzu. Blättern Sie eine Zeitung nach weiteren Anregungen durch. Wenn Sie ganz fleißig sein wollen, können Sie auch Jobseiten im Internet durchstöbern. Achten Sie darauf, dass Sie Tätigkeiten, die Sie reizen könnten, *nicht* in die Liste aufnehmen.

2. Gehen Sie die Liste nun durch und schreiben Sie neben jeden Eintrag, warum Sie die jeweilige Tätigkeit nicht machen möchten. Überlegen Sie, was Ihnen dabei fehlt. Statt negativen Verallgemeinerungen (wie »zu einengend« oder »gefällt mir nicht«) sollten Sie Aussagen formulieren, die beinhalten, was die Tätigkeit Ihnen nicht bieten kann, was Sie vermissen. Sie könnten zum Beispiel schreiben »zu wenig Freiraum« oder »keine interessanten Inhalte«.

3. Wenn Sie damit fertig sind, lesen Sie Ihre Kommentare durch und versuchen, darin eine Gemeinsamkeit zu erkennen. Natürlich können sich auch mehrere gemeinsame Themen herauskristallisieren.

Finden Sie unter Berücksichtigung Ihrer bisherigen Wanderungen heraus, was Ihnen Energie gibt. Sie werden dabei auf all die Belohnungen stoßen, über die wir in früheren Kapiteln gesprochen haben: die magnetischen Kräfte, die Sie anziehen und Ihren Geist wach und gesund erhalten.

Jane: *Ich stehe gerne kurz vor einer Entdeckung, ohne die geringste Ahnung zu haben, was mich erwartet. Sobald ich die Antwort kenne, ist der spannende Teil für mich vorbei.*

Fernando: *In meiner Liste fehlten komplexe Anforderungen, die viel Wissen voraussetzen oder originelles und kreatives Denken.*

Wirklich wertvolle Erkenntnisse. Aber wie können sie einem Wanderer dabei helfen zu entscheiden, was er mit seinem Leben anfangen soll?

▪ Welche berufliche Tätigkeit eignet sich für einen Wanderer?

Sehen wir uns die Antworten von Jane und Fernando etwas genauer an. Vielleicht lässt sich daraus eine berufliche Tätigkeit ableiten, die auch für Sie infrage kommt.

Jane erkannte, dass sie eine geborene Kundschafterin war. Sie fand heraus, dass Marktforschungsinstitute häufig sogenannte Scouts in alle Teile der Welt schicken, um potenzielle Kunden für bestimmte Produkte zu ermitteln, und ferner, dass man als Journalist Wissenschaftler auf ihren Forschungsreisen begleiten kann, zum Beispiel Anthropologen, die wenig bekannte Kulturen erforschen. Als Journalist ist man daher ein Kundschafter.

Fernando ist Lehrer für völlig verschiedene Fächer. Er erkannte, dass er es liebte, etwas Neues zu entdecken, und verstand schließlich, warum er nie lange bei einem Fach geblieben war: Sobald er neue Erkenntnisse in Mathematik, Theaterwissenschaften oder Geschichte gewonnen hatte, erlosch sein

Interesse. Das war die Schlüsselinformation, nach der er gesucht hatte.

Anstatt jedoch immer weiterzuwandern und ständig neue Fächer zu unterrichten, veränderte Fernando seinen Unterrichtsstil. »Der Punkt ist, Entdeckungen zu machen«, erklärte er. »In jeder Klasse bilde ich nun kleine Teams und stelle jedem von ihnen eine komplexe Aufgabe. Dann müssen die einzelnen Teams sich ihr Thema erarbeiten. Im Idealfall haben sie dabei ein Aha-Erlebnis. Sobald sie ihre Aufgabe gelöst haben, präsentieren sie dem Rest der Klasse ihre Ergebnisse. Die Aufgabenstellung macht mir großen Spaß. Gruppenarbeit vermittelt den Schülern wichtige Fähigkeiten, und mir wird der Unterricht auf diese Weise nie langweilig.«

Falls Sie bereits einen Job haben, der Ihnen Sicherheit bietet, und Sie zögern, ihn aufzugeben, oder wenn Sie sich nach einem sicheren Beruf sehnen, aber befürchten, er könnte Sie in eine Sackgasse führen, schauen Sie noch einmal genau hin. Ohne sich dessen bewusst zu sein, haben Sie sich vielleicht schon für eine Variante der Schirm-Berufe entschieden, die ich als »Freifahrtschein-Berufe« bezeichne und die genau das Richtige für einen Wanderer sein könnten.

»Freifahrtschein-Berufe« sind Berufe wie Buchhalter, Rechtsanwalt, Informatiker oder Krankenschwester, eigentlich konventionelle Berufe, die jedoch vielfältige Möglichkeiten bieten. So kann eine Rechtsanwältin alle möglichen Klienten vertreten, zum Beispiel Astronauten, selbstständige Kleinunternehmer, Autoren, Schauspieler, Tiefseetaucher und Erfinder. Und auch das Bild des armen Buchhalters, der bis tief in die Nacht nichts anderes tut, als Budgets und Gehaltslisten zu prüfen, trifft häufig nicht mehr zu. Auch diese Leute können für hochinteressante Firmen arbeiten und im Ausland tätig sein.

▪ Wenn die Neugierde das einzige Thema ist

Letztlich verfolgen echte Wanderer ihre Interessen ohne ein konkretes Ziel. Das Einzige, was sie antreibt, sind ihre Abenteuerlust und ihre Liebe zum Unbekannten. Was wird aus diesen Menschen? Ihre Familien denken, dass sie nie irgendwo ankommen und nichts erreichen werden. Stimmt das?

▪ Das »Ich könnte es eines Tages brauchen«-Modell

Wanderer sind offen für neue Erfahrungen, und wenn diese sich im Nachhinein als wichtig erweisen, haben sie das Gefühl, dass ihre Wanderungen gerechtfertigt waren. Gerne sagen sie Dinge wie: »Man weiß nie, wofür dieses neue Abenteuer gut ist. Eines Tages könnte es mir vielleicht sehr nützlich sein.«

Einige berühmte und erfolgreiche Menschen haben als Wanderer begonnen, so wie Steve Jobs, einer der Gründer von Apple. In einer Rede anlässlich der Abschlussfeier einer Universität erklärte er, dass er bei seinen »Reisen« Erfahrungen sammelte, die ihm in seinem späteren Leben sehr nützlich waren.

Ich hatte keine Ahnung, was ich mit meinem Leben anfangen wollte oder wie die Universität mir dabei helfen sollte, es herauszufinden ... Deshalb entschloss ich mich, mein Studium abzubrechen, und vertraute darauf, dass sich alles schon finden würde ... Da ich nun keine Pflichtveranstaltungen mehr besuchen musste, die mich nicht interessierten, konnte ich an Veranstaltungen teilnehmen, die mir interessant erschienen ... Und viele Kurse, auf die ich, meiner Neugier und Intuition folgend, stieß, haben sich später als unbezahlbar erwiesen. Ich möchte Ihnen ein Beispiel dafür geben:
Ich studierte am Reed College. Dort wurden damals wahrscheinlich die besten Kalligrafiekurse im ganzen Land angeboten. Auf

dem gesamten Campus wurden jedes Plakat und jede Aufschrift auf jeder Schublade wunderschön von Hand kalligrafiert. Da ich mein Studium abgebrochen und daher Zeit hatte, beschloss ich, einen Kalligrafiekurs zu belegen … Ich erfuhr, wie eine Serifenschrift beziehungsweise eine serifenlose Schrift aussieht, wie man die Abstände zwischen verschiedenen Buchstabenkombinationen variieren kann und was eine gute Typografie ausmacht. Dies alles war von einer so wunderschönen, historisch interessanten und künstlerisch subtilen Art, wie sie sich wissenschaftlich gar nicht fassen lässt. Ich war davon fasziniert.

Ich konnte nicht im Entferntesten hoffen, dass ich irgendetwas davon einmal praktisch in meinem Leben nutzen würde. Doch als wir zehn Jahre später den ersten Macintosh-Computer entwickelten, erinnerte ich mich wieder daran, und wir statteten den Mac entsprechend aus. Er war der erste Computer mit einer wunderschönen Typografie. Wäre ich nie in diesem Kurs an der Universität gelandet, hätte der Mac keine unterschiedlichen Schriftarten oder proportionalen Abstände. Und da Windows den Mac einfach kopierte, wäre wahrscheinlich bis heute kein PC damit ausgestattet … Wenn man alle diese Punkte verbindet, ergeben sie im Rückblick, zehn Jahre später, auf einmal einen Sinn.

Bis Sie Ihre Heimat gefunden haben, sollten Sie Ihre Wanderungen fortsetzen und Ihrem Instinkt vertrauen. Wenn ein Thema Sie interessiert, verfolgen Sie es! Gehen Sie stets davon aus, dass es gute Gründe für alles gibt, was Sie reizt, und der Sinn des Ganzen sich Ihnen früher oder später erschließen wird.

Ihr Geist funktioniert am besten, wenn Sie sich auf Wanderschaft befinden. Sie haben ein gutes Gespür dafür, welche Richtung Sie an einer Weggabelung einschlagen müssen. Sie sind ein bisschen wie der griechische Held Odysseus.

▪ Das Odysseus-Modell

Odysseus war nicht auf Entdeckungsreise oder Wanderschaft. Er versuchte lediglich nach Hause zu kommen. In gewisser Weise ist es bei Ihnen auch so. Odysseus wusste, wo seine Heimat war. Sie dagegen sind noch auf der Suche nach Ihrer, aber Sie haben eine ähnliche Art zu reisen: Sie machen an verschiedenen Orten für eine Weile halt und setzen Ihren Weg dann weiter fort. Dieses Modell erlaubt Ihnen, nach Belieben weiterzuwandern, erinnert Sie aber auch daran, aufmerksam auf alle Signale zu achten, die Ihnen helfen, Ihre Heimat zu finden. Bis dahin befinden Sie sich in einem Urlaub, der Ihre Seele erfüllt.

Bis Sie herausgefunden haben, wohin Sie gehören, benötigen Sie möglicherweise Einkommensquellen, die es Ihnen ermöglichen, Ihre Wanderschaft fortzusetzen.

▪ Jobs für Wanderer

Verschiedene Einkommensquellen Verschiedene Teilzeitjobs können Wanderern Spaß machen, wenn sie ausgefallen sind. Jane hat sich auf ihren Wanderungen so viele Fähigkeiten angeeignet, dass sie nun einen Tag pro Woche als Näherin für eine exklusive Kleiderboutique arbeitet. In den Sommermonaten pflegt und gestaltet sie drei Tage in der Woche Gärten. Und an den Wochenenden fährt sie in ihrem weißen Bus durch kleine Orte in ihrer Umgebung. Den Bus hat sie mit folgender Aufschrift versehen: »Kinderfriseur. Lassen Sie Ihrem Kind die Haare schneiden – gleich hier und jetzt.«

Expertenwissen anbieten Entgegen weit verbreiteten Vorurteilen scheinen Wanderer immer einen Job zu bekommen, weil sie so viele Fähigkeiten und Kenntnisse anzubieten haben. Ihre Wanderungen haben ihnen mehr wertvolle Dinge beschert, als ihnen bewusst ist. Machen Sie die folgenden beiden Übungen, um diesbezüglich ein paar Ideen zu sammeln.

Überlebenstechniken Stellen Sie sich vor, Sie sind mit einer kleinen Gruppe von Menschen irgendwo fernab jeder Zivilisation gestrandet und müssen möglicherweise einige Jahre dort ausharren. Jede Person muss eine Reihe von Fähigkeiten vorweisen, die der Gruppe helfen zu überleben.

Schreiben Sie alles auf, was Sie in dieser Situation beitragen könnten.

Geben Sie Ihr Wissen weiter Sie sind ein Lehrer und allein unterwegs auf einer Bildungsreise per Schiff. Sie stellen fest, dass Sie weder Geld noch Kreditkarten dabeihaben und die Reise als blinder Passagier fortsetzen müssten, es sei denn, Ihnen fällt etwas ein, das Sie Ihren Mitreisenden beibringen können.

Stellen Sie eine Liste all der Dinge zusammen, die Sie in dieser Situation andere Menschen lehren können.

Überlegen Sie bei dieser Gelegenheit auch, ob Ihnen die Tätigkeit als Lehrer möglicherweise mehr Spaß macht, als Sie bisher dachten, solange das Ganze in einem lockeren Rahmen stattfindet. Denn dies kann der perfekte Beruf für Wanderer sein. Wenn Sie mit Begeisterung anderen Leuten Dinge erzählen, die diese nicht wissen, sind Sie ein Lehrer.

Nun, was haben Sie bei diesen Übungen festgestellt? Welche Fähigkeiten sind Wegweiser zu Ihrer Berufung? Sind Sie ein Werkzeugmacher, ein Erfinder, ein Troubleshooter, ein Naturwissenschaftler oder ein Lehrer? Können Sie anderen dabei helfen, ihre Geschichten zu erzählen, ihre Talente zu entdecken oder ein kleines Unternehmen aufzubauen?

Wiederholen Sie die Übungen ein paar Mal, und achten Sie darauf, ob sich der richtige Beruf allmählich abzeichnet.

■ Halten Sie Ihre Wanderungen fest

Halten Sie all Ihre Erkundungsreisen in Ihrem Scanner-Projekt-buch fest, oder schreiben Sie täglich Briefe von Ihrer Wander-schaft an Ihre Familie oder Freunde, und berichten Sie, was Sie tun. Machen Sie auch immer eine Kopie davon für sich selbst. Das wird Ihnen nicht nur helfen, das gemeinsame Thema all Ihrer Lieblingsbeschäftigungen ausfindig zu machen, sondern es könnte auch ein Buch daraus entstehen. Die Geschichten eines Wanderers sind immer spannend zu lesen, und Sie müssen dafür lediglich alles aufschreiben, was Sie erleben. Ihre Geschichten sind vielleicht viel nützlicher für andere, als Sie sich vorstellen.

Sie sind kein Mensch, der keine Richtung hat. Sie sind ein Forschungsreisender. Und zum Forschen gehört nun mal, etwas über all die Dinge zu erfahren, die einen interessieren. Wenn Sie Ihre natürliche Neugier akzeptieren, werden Sie lernen, Ihrem Enthusiasmus zu vertrauen. Er weiß etwas über Sie. Der Spur Ihres Enthusiasmus können Sie getrost folgen. Sie führt Sie exakt zu dem Ort, an dem Sie die tiefste Erfüllung in Ihrem Leben finden.

Ihre Wanderschaft mag die Menschen um Sie herum beunru-higen, da sie glauben, Sie werden nie irgendwo ankommen. Aber wie viele Entdecker festgestellt haben, kann das Wandern der beste Weg sein, um etwas wirklich Grandioses zu finden, etwas, das man ursprünglich gar nicht gesucht hat.

■ Ein abschließender Gedanke:
Das Pferd kennt den Weg nach Hause

In der Zeit, bevor es Automobile gab, schliefen die Menschen in ihren Pferdekutschen häufig ein, wenn sie müde waren. Sie hatten keine Sorge, nicht zu Hause anzukommen. Das Pferd kannte den Heimweg.

Ihr Herz kennt den Weg zu Ihren Begabungen. Vertrauen Sie ihm, dann wird es Sie dorthin führen.

Werkzeugkiste für Wanderer

Lebensdesign-Modelle für Wanderer
Das Odysseus-Modell
Das »Ich könnte es eines Tages brauchen«-Modell

Jobs für Wanderer
Verschiedene Einkommensquellen
Expertenwissen anbieten

Spezialausrüstung für Wanderer
Das Scanner-Projektbuch
Die »Alles, was ich nicht will«-Liste
Briefe von der Wanderschaft

Nun wollen wir uns dem nächsten Scanner zuwenden, dem Ausprobierer. Wenn Sie ein Wanderer sind, werden Sie die Neugier der Ausprobierer verstehen – allerdings hat deren Lebensmodell eine ganz andere Ausrichtung.

Kapitel 18

Sind Sie ein Ausprobierer?

Ich habe nette Freunde, eine nette Familie, ein nettes Leben und einen angenehmen Job. Aber ich habe auch immer wieder dieses nagende Gefühl, dass etwas fehlt. Wenn ich mich umschaue, was das sein könnte, sehen viele Dinge ganz gut aus, aber nichts wirkt so richtig aufregend. Ich wünschte, ich wüsste, wonach ich suche.

Mein Job ist schon in Ordnung, aber er erfüllt mich nicht. Ich wünschte, ich könnte mich in meinem Leben mit interessanteren Dingen umgeben. Aber ich will nicht noch einmal die Schulbank drücken. Außerdem würde es das Problem ohnehin nicht lösen.

Sind Sie ein Ausprobierer?

– Möchten Sie am liebsten fast alles ausprobieren?
– Würden Sie, wenn es nach Ihnen ginge, nichts zwei Mal machen?
– Klingt die Vorstellung, ein Experte auf einem bestimmten Gebiet zu sein, nach Enge und Langeweile?
– Lernen Sie etwas Neues lieber anhand praktischer Erfahrungen als etwas darüber zu lesen oder zu hören?
– Sind Sie startklar für Neues, sobald Sie wissen, dass das Alte abgeschlossen ist?
– Sind Ihre Freunde oder Ihre Familie der Meinung, Sie hätten zu wenig Ehrgeiz?
– Wünschten Sie, 200 Jahre oder noch länger zu leben, um alles lernen zu können, was Sie interessiert?

Wenn einige dieser Fragen Ihnen nicht nur ein beherztes Ja entlockt, sondern Sie beim Lesen wirklich glücklich gestimmt haben (es ist wunderbar, endlich verstanden zu werden, nicht wahr?), sind Sie wahrscheinlich ein Ausprobierer. Mehr noch als andere Scanner freuen sich Ausprobierer zu hören, dass es o. k. ist, wenn man alles ausprobieren möchte.

Ich dachte immer, ich sei ein wenig sonderbar! Ja, das »Wissenwollen« ist es. Ich schaue etwas nach, vertiefe mich hinein, tauche eine Zeit lang ab, langweile mich und will dann etwas anderes machen. Als ich jünger war, sagte mein Vater zu mir, ich solle Berufsstudent werden.

Wenn ich etwas ausprobiert habe, möchte ich es nie ein zweites Mal machen. Manchmal werde ich gefragt, ob ich mit einer meiner Tätigkeiten eines Tages meinen Lebensunterhalt verdienen werde, aber das hätte überhaupt keinen Sinn. Was ist bloß los mit mir? Ich werde nie einen präsentablen Lebenslauf haben.

Diese Äußerungen stammen von Ausprobierern. Ein Ausprobierer ist jemand, der nach einer Bereicherung, einer Fülle in seinem Leben sucht, aber das Gefühl hat, dass es kaum möglich ist, sie zu finden.

■ Ausprobierer wissen, dass etwas fehlt

In einem normalen Job beziehungsweise in einem durchschnittlichen Leben gibt es für Sie nicht genug Abwechslung. Sie brauchen mehr Aufregung, allerdings nicht die Aufregung, für die man mit einem Fallschirm aus einem Flugzeug springen müsste. Doch eigentlich fällt es Ihnen schwer zu sagen, was Ihnen genau fehlt.

Sie wissen, dass Sie sich mehr Kreativität in Ihrem Leben wünschen – nicht in einem speziellen Bereich, sondern in so vielen wie möglich –, aber Sie wissen nicht, wie Sie dieses Ziel erreichen sollen. Ob Sie nun studiert haben oder nicht, Sie wissen, dass ein Studium keine Lösung für Sie wäre. Was Sie aber genau suchen und wo Sie es finden, ist Ihnen überhaupt nicht klar.

Als ich zum ersten Mal mit Sharleen telefonierte, war sie frustriert, weil sie all die Dinge, die sie interessierten, nie würde ausprobieren können. Ich bat sie, mir ein paar Beispiele zu nennen.

»Ich würde zum Beispiel gerne einen Navajo-Teppich weben; ich möchte die Symbole verstehen, wissen, wie die Wolle hergestellt und womit sie gefärbt wird.«

»O.k.«, sagte ich, »und weiter?«

»Nun, ich würde den Teppich gerne in meiner Wohnung aufhängen. Ihn betrachten. Ich würde diesen Teppich wirklich verstehen.«

»Ja, das würden Sie«, stimmte ich zu. »Viel mehr, als wenn Sie einen im Geschäft kaufen. Und was möchten Sie danach tun?«

»Danach möchte ich etwas ganz anderes machen.«

Bevor sie sich an mich wandte, hatte Sharleen fast schon aufgegeben. Ihr Job war ihr zwar nicht zuwider, aber am Ende eines Arbeitstages blieb ein Gefühl der Leere in ihr zurück. Sie wollte einen Kurs an einer Abendschule belegen, fand aber nichts, was sie wirklich interessierte. Am Ende unseres kurzen Telefongesprächs bat ich sie, mir eine E-Mail mit all den Dingen zu schreiben, die sie tun wollte. Hier ihre Antwort:

Ich habe lange über Ihren Vorschlag nachgedacht, und obwohl ich die Liste im Kopf habe, habe ich doch gezögert, sie Ihnen zu schicken. Denn sie ist voller Dinge, die nichts miteinander zu tun haben. Außerdem handelt es sich um eigenartige Dinge. Viele glauben, ich spinne, und ich befürchte, Sie werden das auch denken. Aber bitte, hier ist die Liste.

Ich möchte ein Haus bauen – ein kleines Strand- oder Landhaus, nur mit ein paar Zimmern. Ich möchte aber keine Bauschreinerin werden; ich möchte es nur einmal ausprobieren. Es würde mir Spaß machen, ein paar Wochen in dem Haus zu wohnen, nur um zu überprüfen, ob ich es gut hinbekommen habe.

Und dann wollte ich schon immer mal ein Kinderbuch schreiben und illustrieren. Doch es heißt immer gleich, dass es sehr schwer ist, einen Verlag zu finden, der es veröffentlicht. Aber eine Veröffentlichung ist mir nicht wichtig, es geht mir nur darum, das Buch zu schreiben. Es ist so schwer, das jemandem zu erklären.

Außerdem würde ich gerne Noten lesen können. Dann würde ich tatsächlich ein zehnminütiges klassisches Stück für ein Kammerorchester komponieren. Ich spiele nicht mal ein Musikinstrument, aber jemand hat mir einmal die Sonatenform erklärt – sie ist wie ein Rezept für klassische Musik. Ich würde es liebend gerne ausprobieren, eine Sonate zu komponieren, und es wäre mir egal, wenn sie am Ende schief klingen würde oder für ein echtes Orchester unspielbar wäre. Obwohl ich natürlich schon gerne hören würde, was dabei herausgekommen ist. Eigentlich möchte ich Musik nur begreifen. Ich weiß, dass ich klassische Musik anders hören würde, wenn ich selbst etwas komponiert hätte.

Wo ist die Schule, in der ich all die vielen verschiedenen Dinge lernen kann, die ich wirklich wissen und können möchte?

▪ Gibt es eine Schule für Sharleen?

Sharleens E-Mail erinnerte mich an etwas, das ich fast schon vergessen hatte. Jahre zuvor wäre ich ebenfalls gerne in eine solche Schule gegangen. Für eine Weile besuchte ich Vorlesungen an einer nahe gelegenen Universität, musste aber damit aufhören, als ich aufgrund meiner Arbeit weniger Zeit hatte und öfter unterwegs war.

Dafür verfiel ich auf eine etwas unübliche Idee, meinen Lerneifer dennoch zu stillen.

Eine meiner Klientinnen, eine Opernsängerin, erzählte mir, dass ihr Gesangslehrer sie immer aufforderte, alle ihr unbekannten Wörter aus einer Arie in einem Wörterbuch nachzuschlagen. Sie sollte sogar die Herkunft dieser Wörter ermitteln. Ich fand das eine ganz hervorragende Lehrmethode und wollte gerne mehr darüber erfahren. Also rief ich ein paar Freunde an und fragte sie, ob sie nicht Lust hätten, sich einen Vortrag dieses Gesangslehrers bei mir zu Hause anzuhören. Die Idee gefiel allen ausgezeichnet, also lud ich den Gesangslehrer zu einem Vortrag ein.

Er war ein faszinierender Redner. In seinem Verständnis waren Lieder wie Gedichte, und in Gedichten ging es um die Bedeutung von Wörtern. Viele Interpreten seien auf der falschen Fährte, fand er, wenn sie sich stattdessen auf das Seelenleben der Figuren konzentrierten. An der Universität hatte ich nie einen so interessanten Vortrag gehört, und alle Zuhörer im Raum hingen förmlich an seinen Lippen.

Als der Vortrag zu Ende war, sagte der Gesangslehrer, er sei angenehm überrascht, weil alle so aufmerksam zugehört hätten. »Sind Sie alle Opernliebhaber?«, fragte er.

Die Augen, die ihn so aufmerksam angesehen hatten, blickten plötzlich verlegen drein. Keiner war ein Opernkenner.

»Wie sieht es mit Gedichten aus?«, fragte er vorsichtig weiter. Alle blickten betreten zu Boden.

»Ich denke, wir erweitern gerne unseren Horizont«, sagte ich, und alle blickten auf.

»Wenn man von der Schule oder von der Universität abgeht, hat man selten Gelegenheit, über solch interessante Dinge nachzudenken«, sagte eine Zuhörerin.

»Wiederholen wir es doch!«, schlug ein anderer Teilnehmer vor.

»Ich würde gerne den nächsten Vortrag halten«, sagte

Richard, ein Maler, »ich möchte euch nämlich erklären, warum man Musik sehen und Bilder hören kann.« Alle waren sofort Feuer und Flamme und kündigten sich für die nächste Zusammenkunft an.

Von da an fand zwei Jahre lang jeden Monat ein solches Treffen statt. Ein Lyriker berichtete uns darüber, warum es für einen Dichter wie ihn eine wunderbare Sache war, für ein erfolgreiches Unternehmen zu arbeiten. Eine Frau aus unserer Gruppe nahm uns mit in ein Tanzstudio und brachte uns Foxtrott bei. Und wieder ein anderer hielt einen Vortrag über das Wesen der Kreativität. Diese regelmäßigen Treffen waren einfach fabelhaft. Wir nannten diese Abende »Soireen«.

■ Die Soiree: Ein wichtiges Hilfsmittel für Ausprobierer

Man könnte die Soiree auch als »lebenslanges Lernen im Wohnzimmer« bezeichnen. Unsere Veranstaltungen waren einfach grandios. Wir luden Referenten ein, die mit großer Leidenschaft über ihr Thema sprachen und gerne alle Fragen der Zuhörer beantworteten. Unsere Abende waren um Klassen besser als irgendein »offizieller« Unterricht sowie eine perfekte weiterführende Schule für Ausprobierer.

»Was Sie über Ihre Soireen sagen, klingt fantastisch«, sagte Sharleen. »Genau so etwas meine ich! Ich möchte so viele Dinge lernen, dass ich mich unmöglich für ein Studium an einer Universität einschreiben kann. Allerdings möchte ich mich intensiver mit den Themen befassen, als Sie es in Ihren Soireen getan haben. Ein Abend genügt mir nicht.«

»Sie könnten ein ›Kreatives Quartalsprojekt‹ beginnen und drei Monate lang alles lernen, was Sie möchten«, schlug ich ihr vor. Sharleen murmelte zustimmend, während sie diese Option auf sich wirken ließ.

▪ Das Kreative Quartalsprojekt

Die Idee des Kreativen Quartalsprojekts stammt nicht von mir. Ich habe vor mindestens fünfzehn Jahren etwas darüber gelesen und war so inspiriert davon, dass ich es nie vergessen habe.

Mithilfe dieser einfachen Idee wird aus der großen, unerfüllten Sehnsucht eines Ausprobierers eine der spannendsten Erfahrungen. So auch für Sharleen.

»Dieser zeitliche Rahmen ist perfekt für mich«, sagte sie. »Wenn ich ein Kreatives Quartalsprojekt in Angriff nehme, kann ich an einer Sache dranbleiben und alles in meiner Freizeit erledigen. Es ist großartig, dass ich das, was ich tue, nun konkret benennen kann. Das hilft mir ungemein.«

Und so machten wir uns auf die Suche.

Zunächst fanden wir eine Navajo-Webschule, die nicht weit von Sharleens Wohnort in Arizona entfernt war. Sie konnte dort an Wochenendkursen teilnehmen und innerhalb von ein paar Monaten einen Teppich mittlerer Größe fertigstellen. Genau das war ihr Ziel. Außerdem meldete sie sich für einen Abendkurs in einem Museum an, um etwas über die Symbole zu lernen. Per E-Mail erhielt ich wöchentliche Berichte von ihr, und nach drei Monaten rief sie mich an, um mir zu sagen, dass der Teppich fertig sei. Sharleen erzählte mir, dass es sich zwar um eine laienhafte Arbeit handle, sie aber noch nie so gerne einen Teppich betrachtet habe.

»Das ist großartig. Offenbar haben Sie genau das gefunden, was Sie wollten.«

»Absolut«, antwortete sie.

»Und ...?«, fragte ich abwartend.

Sie wusste, worauf ich hinauswollte, und führte den Satz zu Ende: »... und was machen wir jetzt?«

»Können Sie ein Haus an einem Strand bauen?«, fragte ich vorsichtig.

»Nein«, erwiderte sie. »Aber ich kann *lernen*, wie man ein

Haus an einem Strand baut. Danke, dass Sie mich daran erinnern!«

Kurz darauf begann sie ehrenamtlich für die Hilfsorganisation Habitat for Humanity zu arbeiten, die bedürftigen Menschen hilft, Häuser zu bauen. Zudem besuchte Sharleen eine Informationsveranstaltung über Solarenergie und engagierte auch gleich den Referenten für ein Wochenendseminar über energiesparendes Bauen, bei dem die Teilnehmer selbst Hand anlegen durften.

Das war vor zwei Jahren. Mittlerweile hat Sharleen:

- ein Kinderbuch geschrieben, illustriert, von Hand gesetzt und gebunden;
- sich am Bau von drei Häusern der Hilfsorganisation Habitat for Humanity beteiligt;
- Sonnenkollektoren am Haus einer Freundin installiert;
- einen dreimonatigen Suahelikurs gemacht;
- an zwei dreimonatigen afrikanischen Tanzkursen teilgenommen (möglicherweise wird dieses Projekt sie noch sehr viel länger beschäftigen);
- drei Monate bei einem Stadttheater gelernt, Bühnenbilder zu bauen, und weitere drei, die Lichtanlage zu bedienen und Spezialeffekte zu erzeugen;
- je einen dreimonatigen Näh- und Kostümbildnerkurs gemacht;
- drei Monate lang Reitunterricht genommen.

Das Modell Kreatives Quartalsprojekt hat viele Ausprobierer wie Sharleen befreit. Es ermöglicht auch Ihnen, sich in Ihrer Freizeit Ihren eigenen Projekten zu widmen. Das Modell ist so erfolgreich, weil die Struktur vernünftig und klar ist. Allerdings setzt es auch voraus, dass Sie einen Job haben.

■ Jobs für Ausprobierer

Der zufriedenstellende Job Wie wir bereits gesehen haben, kann ein zufriedenstellender Job zwar relativ anspruchslos, aber durchaus angenehm sein. Er lässt Ihnen genug Freiraum, um sich in Ihrer Freizeit Ihren Interessen zu widmen. Daher ist er perfekt für Ausprobierer geeignet, die sich außerhalb ihrer Arbeit kreativ austoben wollen. Der zufriedenstellende Job nimmt Ihnen außerdem den Druck, etwas mit Ihren Lieblingsbeschäftigungen verdienen zu müssen. Sie können ihnen also nach Belieben nachgehen, ohne sich dafür rechtfertigen zu müssen. Solange Sie einen Job und damit ein regelmäßiges Einkommen haben, werden die meisten Menschen Sie in Ruhe lassen. Manche zufriedenstellenden Jobs können davon abgesehen auch toll sein und richtig Spaß machen. Und darüber hinaus erlauben sie Ihnen all Ihre anderen Leidenschaften.

Zeitarbeit Diese Arbeitsform eignet sich für Menschen, die gerne viele verschiedene Jobs ausprobieren. Manche Zeitarbeiter können viel Geld verdienen – zum Beispiel Manager, die nur für einen bestimmten Zeitraum angeheuert werden, um ein kränkelndes Unternehmen zu sanieren.

Lehrtätigkeit in der Erwachsenenbildung Dieser Job ist wie geschaffen für manche Ausprobierer, da das Themenspektrum schier unendlich ist. Die Angebote reichen von Samba- bis zu Photoshopkursen.

■ Das Smörgasbröd-Modell

Dieses Lebensdesign-Modell ist nach dem traditionellen schwedischen Büfett benannt, bei dem sich die Tische unter Bergen verschiedenster Häppchen biegen, bei dem man nehmen kann, was man möchte und wie viel man möchte, und das in jeder beliebigen Reihenfolge oder Kombination.

Wenn Sie also nur kosten oder einen schnellen Eindruck von etwas bekommen möchten und mittels Ihrer Vorstellungskraft aus einem kleinen Häppchen eine ganze Welt entstehen lassen können, wird dieses Modell zu Ihnen passen. Am besten ist es für Ausprobierer geeignet, die nicht gerne einen straff durchstrukturierten Zeitplan haben, die häufig auf Reisen sind, um andere Kulturen kennenzulernen, oder die an einem Abend einen Kochkurs und am nächsten Schwertkampf-Training machen.

Spezialisten können die Seichtigkeit der Interessen von Ausprobierern nicht nachvollziehen. In den Augen der Ausprobierer dagegen entgeht Spezialisten eine ganze Menge wunderbarer Dinge im Leben. Und Ausprobierern ist eines sehr bewusst: *Die einzige Möglichkeit, alles zu tun, besteht darin, es in kleinem Rahmen zu tun.*

■ Das Modell »Lebenslanges Lernen«

Wenn das, worauf Sie neugierig sind, Thema von Vorlesungen oder Büchern ist, ist dieses Modell wahrscheinlich gut für Sie geeignet.

Manchmal dauert die Erkundung eines Gebiets ein ganzes Semester oder länger. Ein Ausprobierer sagte mir einmal Folgendes: »Ich belege jedes Semester eine Einführungsveranstaltung in einem Fach, das mich interessiert. Diese Kurse sind in der Regel fantastisch, da ich einen Überblick über das ganze Gebiet bekomme. Für Spezialisten ist das wahrscheinlich relativ uninteressant, aber für mich ist es perfekt.«

Manchmal nehmen Ausprobierer einfach eine ganze Ladung Bücher aus der Bibliothek mit nach Hause und lesen jeweils die Einleitung, das letzte Kapitel und das Register. Ich selbst erhalte auf diese Weise einen Einblick in höchst komplexe Bücher, die ich nie ganz durchlesen könnte. Jemand hat mich einmal gefragt, ob ich eine lebenslang Lernende sei, und ich habe geantwortet, dass ich mich eher als eine lebenslange Nichtspezialistin betrachte.

Ihr Lebenswerk-Regal

Ausprobierer lernen gerne etwas Neues, indem sie es eben einfach ausprobieren. Und häufig beenden sie ein Projekt mit einer Art Abschlussarbeit – zum Beispiel einem Töpfergefäß, einem gewebten Teppich oder dem ersten Entwurf für einen Roman. Die meisten Ausprobierer behalten ihre selbst angefertigten Objekte, daher sammelt sich im Lauf der Zeit einiges bei ihnen an.

Wo kann ein Ausprobierer all diese Dinge aufbewahren?

Auf einer Ausstellungsfläche!

Verstauen Sie die Ergebnisse Ihres Ausprobierens nicht in einer Kiste im Keller, wo sie schnell in Vergessenheit geraten. Sie dokumentieren nämlich, wo Sie gewesen sind und was Sie gelernt haben. Wie Bücher sollten diese Objekte in einem Regal oder an einem anderen Ort aufbewahrt werden, der sich für Präsentationszwecke eignet. So können Sie sie häufig sehen und bewundern.

Die meisten Scanner müssen daran erinnert werden, dass sie ihre Zeit damit verbracht haben, neue Dinge zu lernen. Zudem können die Objekte Andenken an glückliche Zeiten sein.

Das Privatmuseum

Einige Scanner haben meine Regalidee auf äußerst kreative Weise weiterentwickelt.

Rudy: *Ich habe mittlerweile ein kleines Museum in einem ehemaligen Lagerraum eingerichtet. Darin sind meine interessantesten Objekte aus den letzten Jahren ausgestellt: zum Beispiel ein Glasobjekt, das ich in einem Kunstkurs bemalt habe, ein Video des Ein-Personen-Stücks, das ich geschrieben und in der Schule meines Heimatortes aufgeführt habe (in dem Museumsraum steht ein Fernseher mit Videogerät, sodass man sich das Stück per Knopfdruck ansehen kann), und zwei von mir gezeichnete Karikaturen, die schön eingerahmt an der Wand hängen.*

Werkzeugkiste für Ausprobierer

Lebensdesign-Modelle für Ausprobierer
Das Smörgasbröd-Modell
Das Modell »Kreatives Quartalsprojekt«
Das Modell »Lebenslanges Lernen«

Jobs für Ausprobierer
Der zufriedenstellende Job
Zeitarbeit
Lehrtätigkeit in der Erwachsenenbildung

Spezialausrüstung für Ausprobierer
Die Soiree
Das Lebenswerk-Regal
Das Privatmuseum

Im nächsten Kapitel kommen wir zu unserem letzten Scanner-Typ: dem Turbo-Wechsler. Es handelt sich dabei um einen Ausprobierer, der seine Interessen noch viel häufiger wechselt.

Kapitel 19

Sind Sie ein Turbo-Wechsler?

Ich fange so oft mit etwas Neuem an, dass mir manchmal ganz schwindlig davon wird ... Und dann habe ich das Gefühl, ein Versager zu sein.

Alles ist interessant. Ich kann vollkommen in einer Sache auf-gehen, nur um mittendrin plötzlich zu überlegen, was ich sonst noch alles tun könnte. Ich lasse meine Projekte so schnell wieder fallen, dass ich immer nur an der Oberfläche kratze.

Sind Sie ein Turbo-Wechsler?

- Ist Ihr Appetit oft größer als Ihr Magen?
- Nervt es Sie, ein Projekt abschließen zu müssen, bevor Sie mit einem anderen anfangen?
- Haben Sie eine schnellere Auffassungsgabe als andere Men-schen?
- Haben Sie ein schlechtes Gewissen, weil Sie neue Interessen so rasch wieder fallen lassen?
- Erkennen Sie im Gegensatz zu anderen häufig das Potenzial vieler Dinge?
- Vermuten Sie insgeheim, dass Sie gar nicht auf der Suche nach dem *einen* richtigen Projekt sind?
- Fühlen Sie sich wie in einem engen Käfig, wenn Sie sich an-passen müssen?
- Wünschen Sie sich eine berufliche Tätigkeit, bei der Sie täg-lich mit unterschiedlichen Projekten zu tun haben?

Wenn Sie die meisten Fragen mit Ja beantwortet haben, sind Sie ein Turbo-Wechsler und gehören somit zu den Scannern, die wahrscheinlich am wenigsten von ihren Zeitgenossen verstanden werden. Sie sind viel leichter ablenkbar als andere Scanner, aber nicht aus Mangel an Interesse, sondern weil sich etwas weitaus Faszinierenderes auftut. Häufig gibt es aber nicht einmal einen konkreten Auslöser. Allein der Gedanke, dass Sie irgendetwas Interessantes verpassen könnten, genügt schon.

Während Ihrer Kindheit war Ihr Verhalten keineswegs »auffällig«, da Kinder häufig von einer Aktivität zur nächsten springen. Solange Sie sich eingehend mit etwas beschäftigten, sahen Ihre Eltern keinen Grund zur Sorge. Wie Kinder (und wie alle anderen Scanner) genießen Turbo-Wechsler in der Regel alles, was sie tun, und haben großen Spaß daran.

Aber wenn sie älter werden, akzeptieren die Menschen um sie herum den permanenten Wechsel von einem Interessengebiet zum nächsten nicht mehr. Und wie die meisten Scanner reagieren auch Turbo-Wechsler empfindlich auf ablehnende Kritik. Sie können ihren Interessen dann nicht mehr mit ungetrübter Freude frönen, sondern machen sich immer häufiger Gedanken darüber, was »richtig« ist. Wenn sie erwachsen sind, wird ihnen die Lust an vielen Dingen häufig gründlich verleidet. Dann versuchen sie in erster Linie, Anerkennung zu bekommen. Schließlich müssen sie sich ja um einen »ordentlichen« Beruf kümmern. Und wo auf der Welt wird schon jemand geschätzt, der innerhalb von einer Woche ein Dutzend Mal seine Interessen wechselt? Oder gibt es etwa eine berufliche Tätigkeit, bei der gerade die Fähigkeiten eines Turbo-Wechslers gefragt sind?

■ Wo liegen die wahren Talente eines Turbo-Wechslers?

Selbst ein Turbo-Wechsler geht davon aus, dass sein Verhalten auf eine Aufmerksamkeitsschwäche zurückzuführen ist. Da er sich nicht dauerhaft auf ein Interessengebiet festlegen kann, macht er in keinem Bereich nennenswerte Fortschritte und läuft Gefahr, unter allen Scannern der Typ zu sein, der am meisten auf der Stelle tritt und am unproduktivsten ist. Um die Begabungen dieser Scanner zu erkennen, muss man genau hinsehen.

Jason, ein 47-jähriger Postangestellter, erklärte mir seine Situation folgendermaßen:

»Egal, ob ich einen Stapel Zeitschriften oder Gemüsesamentütchen durchsehe oder einen Flohmarkt besuche, ich wirke meiner Frau zufolge ständig so, als sei ich in Eile und auf der Suche nach etwas, das ich dringend brauche. Aber das ist nicht der Fall. Ich ergründe nur gerne, wie etwas funktioniert, wofür es verwendet wird und was man sonst noch alles damit anstellen könnte.«

Jason ist intelligent und schöpft seine Fähigkeiten bei Weitem nicht aus, da er nie lange bei einer Sache bleiben kann. »Alles sieht nur für eine kurze Weile toll aus«, erklärte er mir. »Mein ganzes Leben hat man mir gesagt, ich solle mich entscheiden. Jeder dachte, ich sei unreif und entscheidungsschwach oder ich hätte eine Aufmerksamkeitsstörung. Ich bin auf alle erdenklichen Lernschwächen und Aufmerksamkeitsstörungen hin getestet worden, aber die Ergebnisse waren nie eindeutig. Früher hat es mir Spaß gemacht, die Post zu sortieren, weil ich jeden Geschwindigkeitswettbewerb mit meinen Kollegen gewann. Ich warf die Briefe flinker als jeder andere in die richtigen Fächer. Vor Kurzem habe ich einen Job als Briefträger angenommen. Ich laufe den ganzen Tag herum, was gar nicht so schlecht ist. Die Bewegung tut meiner Gesundheit sicher gut. Aber ich weiß, dass ich viel mehr aus meinem Leben machen könnte.«

Jasons Denkweise hindert ihn daran, irgendetwas zu erreichen. Für ihn (und für Sie?) ist sie offensichtlich ein großes Problem.

Aber sie könnte auch seine größte Begabung sein.

▪ Kein Scanner hat ein so gutes Auge für Potenziale wie der Turbo-Wechsler

Viele Scanner arbeiten unglaublich flott. Tellerjongleure etwa sind die rasantesten unter den Zyklischen Scannern (das sind diejenigen, die immer wieder zu ihren Interessen zurückkehren). Sie können schnell wie der Blitz sein und gleichzeitig ein Dutzend Projekte am Laufen haben. Turbo-Wechsler hingegen verfügen bei all ihrem Tempo nicht über das Talent der Tellerjongleure. Ihre Begabung besteht nicht darin, etwas am Laufen zu halten, sondern einen Schatz zu entdecken und ihn zu heben.

Ich versuchte nicht, Jason diese radikal klingende Erkenntnis näherzubringen, sondern las ihm stattdessen einen Brief vor, den ich kurz zuvor erhalten hatte. Er hörte mit großem Interesse zu.

Der beste Job, den ich jemals hatte, bestand darin, ein dickes Buch über alle Universitäten in den Vereinigten Staaten zusammenzustellen. Es war ein gigantisches Projekt, und damals arbeiteten wir noch nicht mit Computern. Aber ich vermochte das Informationsmaterial der einzelnen Universitäten blitzschnell zu sichten und genau zu erkennen, was jeweils das Besondere an einer Universität war. Meine Chefs waren so beeindruckt, dass sie mir Assistenten zur Seite stellten, die die Detailarbeit erledigten. Ich dagegen sollte weiterhin die Stärken jeder Universität herausarbeiten. Und das war für mich ein Kinderspiel. Die eine hatte eine wunderschöne Lage, die andere einen tollen Campus und die dritte eine großartige Geschichte. Wieder eine andere konnte mit herausragenden Dozenten an der Fakultät für Geschichte und kleinen Teilnehmerzahlen in den Kursen punkten. Das Buch wurde ein großer Erfolg. Die meisten Universitäten schickten Dankschreiben und baten um die Erlaubnis, aus meinen Texten zu zitieren.

Als ich Jason ansah, hatte sich sein Gesichtsausdruck verändert.

»Das ist ein erstaunlicher Brief«, sagte er nachdenklich. »So etwas habe ich bisher noch nie gehört.«

»Ja, es verändert alles«, stimmte ich zu. »Bei diesem Projekt war die Fähigkeit gefragt, rasch ein bestimmtes Potenzial ausfindig zu machen. Wären Sie gut in einem solchen Job?«

»Mit Sicherheit!«, antwortete er. »Und das Tollste daran wäre, dass ich mich nicht entscheiden müsste. Ich hätte nie gedacht, dass man hundert interessante Dinge einfach nur anschauen kann, ohne eine Entscheidung zu treffen. Das hat für mich etwas ungemein Radikales!«

Dinge zu bewerten, ohne dabei eine Auswahl zu treffen, wirkt in der Tat radikal, aber eigentlich sollte es viel selbstverständlicher für uns sein. Wenn jemand eine natürliche Begabung hat, ein Potenzial in beinahe allen Dingen zu erkennen, wird es nicht gerade seine Stärke sein, Entscheidungen zu treffen. Und Jason erkannte allmählich, dass er möglicherweise gar keine Entscheidungen treffen musste.

Wir versuchten uns Tätigkeiten zu überlegen, die Jason Spaß machen könnten, bei denen er herausragende Leistungen erbringen und sein Scanner-Stil geschätzt würde. Wir ermittelten dafür die folgenden vier Voraussetzungen:

– Es sollte eine Tätigkeit sein, bei der Jason sich nicht für »das eine« oder »das andere« entscheiden musste, sondern sich mit allen Dingen befassen konnte.
– Sie sollte ihm grenzenlose Abwechslung bieten.
– Seine Fähigkeit, andere mit seiner Begeisterung anzustecken, sollte geschätzt werden.
– Rasche Einschätzungen, schnelles Arbeiten und Denken sollten belohnt werden.

Jason war vor lauter Eifer nicht mehr zu bremsen. Er zog einen Stift und einen kleinen Notizblock aus der Tasche, und wir begannen, in Windeseile Ideen auszutauschen.

»Man kann sich mit vielen verschiedenen Themen beschäftigen, wenn man als Reiseleiter arbeitet und Menschen mit in seine Lieblingsmuseen, zu Filmfestivals oder Modeschauen mitnimmt«, sagte er.

»Oder man arbeitet als Rechercheur in der Nachrichtenredaktion eines Fernsehsenders«, erwiderte ich, »da wechseln die Themen noch schneller.«

»Ja, das würde mir gefallen. Ich könnte überall da sein, wo's brennt! Warum habe ich noch nie daran gedacht? Ich mag die Abwechslung und die Herausforderung, mir etwas Neues einfallen zu lassen oder etwas zu reparieren, sofern es nicht zu lange dauert. So eine Art Troubleshooter am laufenden Band«, grinste er. »Ich könnte mir auch vorstellen, Kataloge zusammenzustellen, so wie es die Frau mit den Universitäten gemacht hat. Kataloge mit Spielzeug zum Beispiel oder mit Kleidung oder Campingausrüstung. Das könnte mir viel Spaß machen.«

»Das ist eine großartige Idee! Sie könnten auch kurze Informationstexte dazuschreiben, in denen steht, was den jeweiligen Artikel auszeichnet.«

»Ich könnte auch beschreiben, wie man die Produkte optimal nutzt«, nickte er. »Sobald ich einen Gegenstand ansehe, erkenne ich sofort, wie man ein Geschäft damit machen oder ihn als zeitsparenden Gebrauchsartikel verwenden könnte. Außerdem habe ich tausend Ideen, in welchem anderen Design man ihn herstellen könnte. Wenn ich die Geduld dafür hätte, wäre ich Erfinder.«

»Sie könnten auch die Angestellten in den Produktentwicklungsabteilungen großer Unternehmen darin schulen, Potenziale zu erkennen«, sagte ich.

Jason schrieb sich den Vorschlag auf und fügte hinzu: »Ich könnte neue Spielzeuge auf Spielwarenmessen vorstellen und die Vorzüge der einzelnen Artikel anpreisen. Das würde mir auch Spaß machen.«

Ein Turbo-Wechsler könnte darüber hinaus kurze Inhaltsangaben zu Drehbüchern schreiben, die Filmproduktionsfirmen angeboten werden, sowie Zusammenfassungen von Fördergeldanträgen.

»Ich hatte nicht die geringste Ahnung, dass ich mich für so viele Dinge bestens eigne«, sagte Jason. »Ich fühle mich auf einmal begabt anstatt lernbehindert.«

Er betrachtete seinen Notizblock und wurde nachdenklich.

»Allerdings fällt es mir schwer, meine Gedanken zu Papier zu bringen. Ich bin zu ungeduldig dafür. Ich habe nicht einmal die Geduld, sie in ein Aufnahmegerät zu diktieren.«

Wir waren auf ein Problem gestoßen.

Das war der einzige Bereich, in dem Jasons Geschwindigkeit ihm Schwierigkeiten bereitete. Doch in der Lage zu sein, seine bemerkenswerten Erkenntnisse und Einschätzungen zu Papier zu bringen, war das Pfund, mit dem er wuchern konnte. Er musste darüber hinaus lernen, die Ideen, die sein Geist so schnell und mühelos produzierte, festzuhalten, bevor sie seinem Gedächtnis wieder entglitten. Wenn es Jason gelang, Dinge langsam aufzuschreiben, würde ihm das die nötige Sammlung und Konzentration verleihen, die er brauchte.

Er war sich dessen bewusst. Wir saßen schweigend da. Dann hatte ich eine Idee.

»Können Sie zeichnen?«, fragte ich ihn.

»Ein bisschen«, antwortete er.

»Zeichnen Sie schnell?«

»Nein«, erwiderte er, »das ist so ziemlich das Einzige, was ich langsam mache, doch seltsamerweise stört mich das nicht. Ein Therapeut hat mir einmal gesagt, dass das Zeichnen für mich so ist wie das Singen für einen Stotterer. Es sorgt dafür, dass das Stottern verschwindet.«

»Das ist sehr gut. Dann können Sie eine Da-Vinci-Ideensammlung zusammenstellen. Damit wäre das Problem gelöst«, sagte ich lächelnd.

Turbo-Wechsler profitieren davon, wenn sie all ihre Ideen festhalten, so wie da Vinci es getan hat. So können sie ihre Ideen konkretisieren und im Gedächtnis behalten. Für Turbo-Wechsler ist das vielleicht noch wichtiger als für alle anderen Scanner. Denn wenn ein Turbo-Wechsler seine Ideen aus den Augen verliert, vergisst er leicht, was ihn ausmacht, und läuft dann Gefahr, dass andere ihn definieren.

Wer weiß? Möglicherweise greifen manche Turbo-Wechsler ihre Ideen auch wieder auf, wenn sie diese angesichts einer neuen Verheißung nicht mehr vergessen. Jason hatte es noch nie ausprobiert, und wahrscheinlich gefiel es ihm besser, als er erwartete. (Das Zeichnen kann ein perfektes Mittel sein, um das Tempo zu drosseln, wenn man zu schnell ist.)

»Sie sollten neue Ideen unbedingt festhalten, bis die Zeit dafür reif ist, Jason. Die Da-Vinci-Ideensammlung zu nutzen ist so, als würden Sie ein Glasgefäß über einen wunderschönen Käfer stülpen, damit er nicht davonläuft.«

»Ich könnte es ausprobieren«, sagte Jason.

Ich gab ihm noch eine weitere Aufgabe mit auf den Weg und bat ihn, mich anzurufen, wenn er damit fertig war. Wenn Sie ein Turbo-Wechsler sind, sollten Sie die Übung ebenfalls machen.

■ **Der Ideen-Katalog**

Verwenden Sie für diese Übung eine Doppelseite in Ihrem Scanner-Projektbuch, die Sie so gestalten wie eine Seite in einem Mode- oder Campingkatalog. Schreiben Sie als Überschrift »Der Katalog interessanter Einfälle« und darunter mindestens zehn Ideen. Zeichnen Sie nun zu jeder Idee eine kleine Bleistiftskizze oder ein Symbol, das die betreffende Idee repräsentiert. Es ist egal, wie die Zeichnungen aussehen, solange Sie wissen, was gemeint ist.

Unter der Skizze stellen Sie Ihre Idee nun in einem circa zehn Zeilen langen Werbetext vor, so als wären Sie ein Fabrikant und würden dieses Produkt in einem Katalog anpreisen.

Als Jason zur nächsten Sitzung kam, hatte er sich sein Projektbuch unter den Arm geklemmt und strahlte über das ganze Gesicht. Sein Projektbuch war ein großes schwarzes Malbuch, das er in einem Geschäft für Künstlerbedarf gekauft hatte. »Ich habe meinen Beruf gefunden«, verkündete er freudig und schlug das Malbuch auf, damit ich es mir ansehen konnte.

Jason hatte wunderbare Arbeit geleistet. Er war ein überraschend guter Karikaturenzeichner, und seine Skizzen waren witzig und bestechend selbstbewusst. Eine Zeichnung zeigte ein Strichmännchen auf einem Doppeldecker, das eine Fahne mit der folgenden Aufschrift schwenkte: »Entdecken Sie die versteckten Täler Kaliforniens!« Darunter hatte Jason einen Text geschrieben, der sich wie eine Kurzgeschichte las. Darin beschrieb er die beeindruckende Schönheit einiger Täler, die er einmal von einem kleinen Flugzeug aus gesehen hatte, und schlug vor, dass man sich ein Flugzeug mit einem Piloten mieten und mit einer Kamera ausgerüstet über die kalifornischen Berge und Täler fliegen sollte. Er hatte dafür tatsächlich lange Sätze formuliert. Die Doppelseite sah aus wie ein Kunstwerk.

▦ Das Redakteur-Modell

Anstatt sich zu zwingen, in einem normalen Job zu arbeiten, könnten Sie auch dieses Modell für sich in Erwägung ziehen: Bei einer Tageszeitung müssen die Redakteure täglich vor Redaktionsschluss entscheiden, welche der unzähligen Nachrichten in die Zeitung aufgenommen werden. Dabei ist es wichtig, das Potenzial jeder Nachricht rasch zu erkennen.

Wenn Sie ein Turbo-Wechsler sind, müssen Sie nicht viel bei sich verändern, um dieses Modell zu übernehmen, denn der äußere Rahmen entspricht Ihrer natürlichen Arbeitsweise und er verändert Ihre Einstellung sich selbst gegenüber. Sie werden sich mit anderen Augen betrachten, da Sie nun erkennen, dass Sie mit einem System wie dem Redakteur-Modell hervorragende Leistungen erbringen können.

Werkzeugkiste für Turbo-Wechsler

Das Lebensdesign-Modell für Turbo-Wechsler
Das Redakteur-Modell

Jobs für Turbo-Wechsler
Freier Journalist
Rechercheur in einer Nachrichtenredaktion
Troubleshooter
Kataloggestalter/Anzeigentexter
Erfinder
Verfasser von Gutachten und Inhaltsangaben
Börsenmakler

Spezialausrüstung für Turbo-Wechsler
Das Scanner-Projektbuch
Die Da-Vinci-Ideensammlung
Der Ideen-Katalog

Ich hoffe, Sie sehen Turbo-Wechsler (vor allem sich selbst) nun in einem anderen Licht. Sie sind nicht etwa jemand, der sich nicht entscheiden kann; Sie sind vielmehr ein Schöpfer zahlreicher fantastischer Ideen. Niemand sollte eine Brainstorming-Sitzung ohne Sie durchführen.

Ihr Meisterstück

Nun sind Sie mit meinem Handbuch für Scanner fast fertig und wissen, dass Sie *alles* tun können, was Sie tun möchten. Es gibt nichts mehr, was Sie einschränkt, und es muss Ihnen auch nicht mehr peinlich sein, wenn Sie Ihrer leidenschaftlichen Neugierde Tag für Tag neue Nahrung geben. Sie haben die Freiheit, jedes Interessengebiet zu erkunden, und das Recht, es wieder fallen zu lassen, wann immer Sie möchten. Sie sind ein Scanner, daher werden Sie immer Neugierde und Leidenschaft für viele verschiedene Dinge empfinden. Sie sind bereit, etwas Außergewöhnliches zu tun.

Sie *müssen* sogar etwas Außergewöhnliches tun, da Sie sonst nie wirklich zufrieden sein werden. Vielleicht erscheint Ihnen diese Vorstellung jetzt noch unmöglicher als zu der Zeit, als Sie dieses Buch zum ersten Mal aufgeschlagen haben. Ich will damit auf Folgendes hinaus:

Sie sollen sich mit Leib und Seele, mit Herz und Verstand in eine Ihrer Neigungen stürzen, und zwar mit all Ihrer Kraft. Treiben Sie mindestens eine Ihrer Passionen bis zum Äußersten.

Ja, ich meine es genau so, wie ich es gesagt habe. Auf den ersten Seiten dieses Buches stehen zwei Zitate. Das eine stammt von einer Scannerin, die befürchtet, dass sie ihre Fähigkeiten nie ganz nutzen wird, das andere von der Schriftstellerin Karen Blixen, die uns daran erinnert, dass wir uns alle nach der Chance sehnen, unser Bestes zu geben.

Sie werden nie mit sich selbst oder mit Ihrem Leben zufrieden sein, wenn Sie sich niemals für etwas entscheiden, bei dem Sie Ihr Bestes geben. Ein Scanner zu sein bedeutet nicht nur, dass Sie sich zu vielen Dingen hingezogen fühlen. Es bedeutet auch, dass Sie große Talente haben, die Sie nutzen sollten.

Wie schaffen Sie das? Wie gelingt es Ihnen, sich für nur eine Sache zu entscheiden und konsequent daran zu arbeiten? Wie erhöhen Sie Ihre eher niedrige Langeweile-Toleranzschwelle? Bedeutet es, dass Sie nicht länger ein Scanner sein können und sich in einen Spezialisten verwandeln müssen?

Ich werde jede dieser Fragen beantworten und Ihnen genau erklären, was Sie nun tun müssen.

▪ Welches Projekt könnte Ihren größtmöglichen Einsatz wert sein?

Sie können nichts verkehrt machen, solange Sie sich für etwas entscheiden, das Sie wirklich lieben.

Versuchen Sie um keinen Preis, etwas zu finden, das besonders »wichtig« oder »wertvoll« ist. Das führt nur zu unnötigen inneren Konflikten. Wählen Sie etwas aus, für das Sie sich begeistern, etwas, das Sie wirklich gut hinbekommen wollen. Es sollte etwas sein, an dem Sie die Welt gerne teilhaben lassen möchten. Sehen Sie es als Geschenk, das Sie hinterlassen, wenn Sie gehen.

Machen Sie sich auf keinen Fall zu viele Gedanken darüber. Ihre ersten Versuche, etwas zu vollenden, lehren Sie vor allem etwas über sich selbst und Ihre Arbeitsweise und bleiben möglicherweise nur Versuche.

Aber Sie sollten lernen, sich mit ganzem Herzen für etwas einzusetzen, und zwar so lange, bis Sie etwas haben, das Sie der Welt gerne zeigen möchten.

Ein aktiver Geist findet keine Erholung, indem er untätig ist. Scanner ermüden viel eher, wenn sie unterbeschäftigt sind. Daher sollten Sie sich mit der Vorstellung anfreunden, konsequent und voller Energie an etwas zu arbeiten, denn in Ihnen schlummern überaus originelle Projekte, die nur darauf warten, das Licht der Welt zu erblicken. Doch das wird nur geschehen, wenn Sie mindestens ein Projekt zum Abschluss bringen – oder auch alle Ihre Projekte, nacheinander.

▪ Werden Sie dabei immer noch ein Scanner bleiben dürfen?

Natürlich! Sie dürfen nie aufhören, ein Scanner zu sein! Schnuppern Sie weiterhin in alle neuen Dinge hinein, probieren Sie sie aus, und verschwenden Sie keinen Gedanken an das Ende. Es ist ein wichtiger Teil des gesamten Prozesses, zwischendurch immer wieder in den Scanner-Modus zurückzukehren. Es passt alles zusammen. Nun zeige ich Ihnen, wie Sie ein Scanner-Leben führen können, das Ihr »Meisterstück« mit einschließt.

▪ Erstens: Wählen Sie ein Projekt aus und legen Sie Ihr Ziel fest

Entscheiden Sie sich für ein Projekt, das Sie anziehend finden, und nehmen Sie es beherzt in Angriff. Halten Sie sich nicht zurück. Schreiben Sie ein Buch oder ein Theaterstück, bauen Sie einen Computer, bestehen Sie eine Prüfung oder gestalten Sie Ihr Haus zu einer Kunstgalerie um, um Ihre eigenen Bilder auszustellen.

Legen Sie im Vorhinein genau fest, wie das Resultat aussehen soll: Wenn Sie ein Buch schreiben, könnte es zum Beispiel ein zweihundertseitiges Manuskript sein. Wenn Sie ein Theaterstück schreiben, könnte das Ziel darin bestehen, es vor ausverkauftem Haus aufzuführen. Und was ist, wenn Ihre Aufgabe gar nicht so schwer ist? Wenn Sie beispielsweise nur den perfekten Käsekuchen backen oder einen perfekt aufgeräumten Schrank haben wollen? Das ist vollkommen in Ordnung. Etwas Wunderbares wird geschehen, wenn Sie Ihr Meisterstück fertigstellen, egal, wie »unwichtig« es Ihnen auch erscheinen mag. Je mehr Zeit und Mühe Sie allerdings darauf verwenden, desto bedeutungsvoller wird es.

▪ Zweitens: Setzen Sie sich einen konkreten Termin

Bei einem Manuskript für ein Buch können Sie einen konkreten Termin für eine Lesung im Freundes- oder Bekanntenkreis festsetzen (es sei denn, Sie haben eine wunderbare Verlagslektorin, die Sie freundlich, aber bestimmt an die Manuskriptabgabe erinnert).

Die Aufführung Ihres Theaterstücks könnte ebenfalls in privatem Kreis stattfinden. Wenn Sie es allerdings in einem Theater inszenieren möchten, gehört es zu Ihrem Projekt, einen geeigneten Aufführungsort zu finden und Werbung für das Stück zu machen. Möglicherweise ist der Computer, den Sie bauen, ein Geburtstagsgeschenk für jemanden. Dann muss er natürlich zu diesem Termin fertig sein. Und wenn Sie eine Kunstausstellung in Ihrem Haus organisieren, steht der Termin auf den Einladungskarten, die Sie verschicken werden.

▪ Drittens: Nehmen Sie Ihr Projekt in Angriff

Es wäre großartig, wenn Sie den Rest Ihres Lebens völlig außer Acht lassen und Tag und Nacht an Ihrem Projekt arbeiten könnten. Aber das ist ein Luxus, den nur wenige von uns sich leisten können. Daher müssen Sie sich Freiräume schaffen. Ein Projekt nur halbherzig anzugehen ist Zeitverschwendung und kann außerdem sehr demoralisierend sein.

Ich empfehle Ihnen, einen einfachen Abreißkalender anzufertigen, indem Sie einen Stapel Blätter zusammenheften.

Wenn Sie sich zum Beispiel eine Frist von siebzig Tagen setzen, müssen Sie siebzig Blätter zusammenheften. Auf das erste Blatt schreiben Sie die Zahl 70. Das bedeutet, Sie haben noch siebzig Tage Zeit, um Ihr Projekt abzuschließen. Jeden Tag reißen Sie nun ein Kalenderblatt ab, bis Sie das letzte Blatt mit der Aufschrift »Heute!« erreichen.

Spüren Sie, dass ein leichtes Stressgefühl in Ihnen aufsteigt, wenn Sie über den Kalender nachdenken? Ich kenne es gut. Genau dafür ist der Kalender da! Termine bringen Sie dazu, aktiv zu werden, eben weil sie Stress erzeugen. Aber zwischen dem Beginn Ihres Projekts und dem Moment der Wahrheit werden Sie sich voller Begeisterung einer Sache widmen, die Ihnen wichtig ist, und sich voller Energie auf Ihre Arbeit konzentrieren. Denken Sie daran: Sie werden am letzten Tag nicht vor ein Erschießungskommando gestellt – Sie werden vielmehr enorm stolz auf sich sein, weil Sie Ihr Ziel erreicht haben.

▪ Viertens: Feiern Sie Ihr großes Finale

Reißen Sie das letzte Kalenderblatt mit der Aufschrift »Heute!« ab, und machen Sie sich auf den Weg zu Ihrem Rendezvous mit dem Schicksal. Jemand wird Sie irgendwo erwarten oder bei Ihnen zu Hause auftauchen. Nehmen Sie das vollendete Werk mit, und begeben Sie sich für das große Finale auf die Bühne. Egal, welchen Zeitraum Sie insgesamt veranschlagt haben, Sie werden das Ergebnis heute präsentieren. Achten Sie bei der Planung dieses Ereignisses darauf, Menschen einzuladen, die Ihnen wohlgesonnen sind. Kritiker sind hierbei nicht erwünscht.

■ Fünftens: Kosten Sie Ihren Ruhm aus

Wenn der Applaus verklungen ist und das Konfetti wieder aufgekehrt, ist es an der Zeit, Ihren Ruhm ausgiebig auszukosten. Stellen Sie Ihr Meisterstück an einen gut sichtbaren Platz, und verlieben Sie sich jedes Mal, wenn Ihr Blick darauf fällt, erneut in Ihren wunderbaren Geist und Ihre grandiose Disziplin. Ein geeigneter Ort zur Aufbewahrung Ihres Projekts ist Ihr Lebenswerk-Regal (s. a. S. 132).

Beschriften Sie ein noch leeres Regalbrett mit der Aufschrift »Mein Meisterstück«. Auf das Regalbrett legen Sie nun Ihr Manuskript oder die Eintrittskarte und das Video (falls Sie eins haben) Ihres Theaterstücks oder die Fotos von der Party, auf der alle Ihren einzigartigen Käsekuchen probiert haben, oder Ihre Startnummer, falls Sie an einem Marathon teilgenommen haben.

Legen Sie darüber hinaus eine Karte mit der Bezeichnung des Projekts dazu – zum Beispiel »Verzehr des weltbesten Käsekuchens«. Vermerken Sie auf dieser Karte auch gut sichtbar die Daten, die den Anfang und das Ende des Projekts markieren.

Immer wenn Sie an Ihrem Regal vorbeikommen, sollten Sie Ihrem Projekt anerkennend zunicken oder zuwinken.

Und nun?

■ Schalten Sie nun wieder komplett auf Ihren Scanner-Modus um

Sie haben eine stärkende, aber gleichzeitig auch strapaziöse Reise hinter sich und sind wieder zu Hause in Ihrem Scanner-Land angekommen. Legen Sie Ihr Scanner-Projektbuch bereit, und lassen Sie es aufgeschlagen liegen, damit Sie alles, was Sie fasziniert, sofort aufschreiben können. Sehen Sie Ihre Zeitschriften durch, und machen Sie sich Notizen, wenn Sie auf etwas Tolles gestoßen sind. Legen Sie gegebenenfalls einen Ringordner für ein spannendes Projekt an. Gehen Sie, wohin Sie möchten, fangen Sie irgendetwas an, und beschäftigen Sie sich nach Herzenslust damit. Und denken Sie stets daran: *Sie müssen nichts abschließen, wenn Sie sich im Scanner-Modus befinden*. Sie haben hart gearbeitet, um Ihr letztes Projekt zu beenden, und müssen nun Ihre Kreativitätsspeicher mit neuer Energie und viel Sonnenschein auffüllen.

Und in sechs Wochen oder sechs Monaten oder sogar erst in sechs Jahren (Sie wissen selbst am besten, welcher Zeitpunkt richtig für Sie ist), wählen Sie ein weiteres faszinierendes Projekt aus, krempeln die Ärmel hoch, setzen sich einen neuen konkreten Termin und beginnen von vorne.

Jetzt kennen Sie ja schon den gesamten Prozess.

Falls Sie während Ihrer zweiten Runde an einem Moment anlangen, an dem Sie sich ernsthaft fragen, warum Sie, ein Scanner, sich dazu bereit erklärt haben, eine solch intensive, anstrengende, zielgerichtete Tätigkeit auszuführen, sollten Sie dieses Buch zur Hand nehmen, das Zitat am Anfang aufschlagen und es sich selbst langsam vorlesen.

Ich wiederhole es hier noch einmal:

»Durch die ganze Welt geht ein langer Schrei aus dem Herzen des Künstlers:
Gebt mir nur die Chance, mein Allerbestes zu tun!«

Wenn Sie ebenso empfinden, wird dieses Zitat Sie während einer Durststrecke daran erinnern, dass Sie sich dazu entschlossen haben, sich selbst diese Chance zu geben.

Ich ziehe meinen Hut vor Ihnen.

MEHR von Barbara SHER
Lesen Sie weiter im Buch

Wishcraft – Lebensträume und Berufsziele entdecken und verwirklichen.

In diesem ersten Buch von Barbara Sher nimmt die Autorin ihre Leserinnen und Leser an die Hand und hilft Ihnen, vage Wünsche und Ideen in greifbare Resultate zu verwandeln. Sie erkennen, was Sie wirklich wollen, und lernen, Ihre Wünsche und Träume Schritt für Schritt in die Realität umzusetzen. ›Wishcraft‹ ist zu einem Klassiker der Ratgeber-Literatur geworden. In Universitäten, Karrierezentren und überall da, wo es um Lebensplanung und Berufsfindung geht, ist dieses Buch zu finden. In den USA wurde ›Wishcraft‹ mehr als eine Million Mal verkauft.

Barbara Sher: Wishcraft. Lebensträume und Berufsziele entdecken und verwirklichen. Edition Schwarzer, ISBN: 978-3-9809204-0-7, Euro 18, Faxbestellung: 0541/6 00 51 40

Nehmen Sie Kontakt auf mit

Dr. Gudrun Schwarzer – der autorisierten Trainerin nach der Methode von Barbara Sher in Deutschland.

Die promovierte Sozialwissenschaftlerin arbeitet seit 2000 als Trainerin und Beraterin nach der Methode von Barbara Sher und hat drei ihrer bekanntesten Bücher ins Deutsche übersetzt. Ihr besonderes Anliegen besteht darin, die von Barbara Sher entwickelten Erfolgsteams bekannt zu machen.

Dr. Gudrun Schwarzer
Koksche Strasse 23, 49080 Osnabrück, Fon: 0541/8 71 77, E-Mail: schwarzer@osnanet.de

Wenn Sie

- ein Erfolgsteam in Ihrer Nähe suchen oder gründen wollen
- ein Seminar oder einen Vortrag besuchen wollen
- eine Ausbildung zur/zum Erfolgsteamleiter/in absolvieren möchten

oder ganz einfach

- das Buch ›Wishcraft‹ von Barbara Sher bestellen wollen

dann besuchen Sie die Website **www.gudrun-schwarzer.de**